초일류기업의 품질 유전자

초일류기업의 품질 유전자

발행일	2022년 1월 3일

지은이	최종락		
펴낸이	손형국		
펴낸곳	(주)북랩		
편집인	선일영	편집	정두철, 배진용, 김현아, 박준, 장하영
디자인	이현수, 허지혜, 안유경	제작	박기성, 황동현, 구성우, 권태련
마케팅	김회란, 박진관		
출판등록	2004. 12. 1(제2012-000051호)		
주소	서울특별시 금천구 가산디지털 1로 168, 우림라이온스밸리 B동 B113~114호, C동 B101호		
홈페이지	www.book.co.kr		
전화번호	(02)2026-5777	팩스	(02)2026-5747

ISBN	979-11-6836-107-2 03320 (종이책)	979-11-6836-108-9 05320 (전자책)

경영자·관리자를 위해 쉽게 쓴 품질철학서

초일류기업의
품질 유전자

최종락 지음

기업을 둘러싼 환경변화와 외적 위협에서 살아남으려면
고품질에 대한 철학과 사고체계로 무장하라!

북랩 book Lab

사업사회가 고도화되면서 소비자의 지위는 엄청나게 높아졌다. 생산이 소비를 따라가지 못하던 시대와 달리 산업혁명기(期)를 지나면서 대량생산이 가능하게 됨으로써 생산이 소비를 크게 앞지르게 되었다. 미국의 경제학자 윌리엄 해럴드 허트(William Harold Hutt, 1899~1988)가 '소비자 주권'이라는 용어를 처음 사용한 지 이미 85년이 지났다. 이제 기업은 고객만족의 차원을 넘어 SR(Social Responsibility, 사회적 책임)의 주체로 서게 되었다. 이것은 시대와 사회의 준엄한 요구다.

고객만족의 핵심은 고품질(高品質)이다. 고품질은 기업의 한두 부서의 노력만으로는 불가능하며 전(全) 사원의 동참과 협업을 통해 가능하다. 그래서 품질은 음악에 있어 독창이나 중창이 아닌 '합창'이라고 할 수 있고, 독주가 아닌 '오케스트라'라고 할 수 있다.

기업은 고품질에 적합한 훌륭한 업무 프로세스를 구축해야 할 것이다. 좋은 프로세스란 기반구조와 운영환경을 완벽하게 갖춘 프로세스이며, 고품질 제품은 좋은 프로세스 운영에 의해 자연스럽게 실현되는 것이다. 기업은 문제 해결 역량을 바탕으로 제품과 프로세스를 끊임없이 혁신해야 하고, 혁신을 통한 성과는 철저하게 유지 및 관리 되어야 한다.

　무엇보다 가장 기저에서 품질을 떠받치는 것은 구성원의 성숙하고 높은 품질의식이라는 점도 잊어서는 안 된다. 품질의식이 확보되지 않은 기업의 모든 기술과 관리체계는 결국 사상누각(沙上樓閣)이 되고 만다.

　저명한 품질전문가인 크로스비(P.B Crosby)는 결의(Determination), 교육(Education), 실행(Implementation)이라는 기업의 '품질백신'에 대해 역설했다. 품질에 대한 全 구성원의 생각과 행동을 한 곳으로 향하게 하는 품질문화의 구축 없이는 고품질의 실현은 불가능하다. 또한 이를 위한 리더의 솔선수범은 무엇보다 중요하다.

　품질은 그 산출물이 눈에 보이지도 않고 생성과정이 따로 존재하지도 않는다. 물론 '검사'라는 별도의 품질 활동이 있기는 하지만 엄밀하게 말하면 품질이 만들어지는 과정이라고 할 수는 없다. 개발·설계·제조·운송·설치 등 개별 업무를 거쳐 제품이 실현될 때 그 과정에서 소리 없이 품질이 만들어지는 것이다. 그래서 고품질을 위해서는 위에서 열거한 모든 조건이 바탕이 되어야 한다.

이 책이 나오기까지 3년여의 세월이 걸렸다. 아주 오랜 시간 심혈을 기울였다는 뜻이 아니라, 저자가 기업에 재직하면서 주말이나 공휴일 등 틈틈이 출간을 준비했다는 뜻이다. 품질에 대해 그동안 '보고, 듣고, 읽고, 쓰고, 경험한' 것들을 정리해야 한다는 책임감 내지는 의무감 때문에 졸작이지만 본서를 준비하게 되었다.

제I부에는 고객과 고객만족의 중요성을 실었고, 제II부에는 품질에 대해 저자가 가진 생각과 경험을 마치 수필처럼 쉽게 읽을 수 있도록 표현해 보았다. 마지막 제III부에는 품질과 관련된 이론적인 내용을 중심으로 구성하였다.

꿩은 한국의 대표적인 텃새로 알려져 있는데, 자기가 태어난 골짜기를 평생 한 번도 벗어나지 않을 만큼 행동반경이 좁다고 한다.

꿩은 자신이 사는 좁은 골짜기 주위에 대형 콘크리트 건물이 들어서는 것도 눈치채지 못한 나머지, 건물에 유리가 끼워질 무렵이면 투명한 유리에 날아와 머리를 박고 죽어 나가는 일도 있다. 한국의 모든 기업이 꿩이 아닌 매처럼 변화를 이해하고 변화에 기민하게 대응하는 기업으로 거듭나기를 소망한다.

지금 기업을 둘러싼 환경변화와 외적 위협은 열거하기도 힘들만큼 무수히 많다. 이렇게 어려운 상황에서 기업들이 조금이나마 고품질에 대한 철학과 사고체계로 무장하는 데 본서가 도움이 되었으면 좋겠다.

2021년 저자 씀

목차

Ⅱ 고품질의 사상과 DNA

III 고품질 달성하기

일러두기

일부 인용문의 경우 저작권자의 사전 허락을 구하지 못했습니다.
문제 시 연락해 주시면 알맞은 조치를 취하겠습니다.

먼저,
고객 이해하기

기업의 사명에 관해 이야기할 때 수익 창출을 통한 주주 이익의 극대화나 종업원 만족, 사회적 책임(CSR) 실현 등 여러 가지를 들지만, 이러한 사명들은 모두 고객만족이라는 가치를 성공적으로 실현할 때 비로소 달성이 가능한 가치들이다. 즉 수익 창출, 종업원 만족, 사회적 책임 실현 등은 고객만족이라는 가치가 선행됨으로써 달성이 가능한 후행적 가치라는 점을 분명히 해야 한다.

기업의 최우선 가치, 고객만족

모든 일에는 과정(Precess)과 결과(Result)가 있다. 품질에도 요인(Cause)이 있고 특성(Effect)이 존재한다. 특성은 품질의 결과물(Y)이고 요인은 그 결과물의 값과 성질을 결정짓는 독립변수(X)다.

기업이 지속 가능을 넘어 성장하는 데 필요한 기초는 무엇일까? 그것은 당연히 '고객만족'이라는 가치일 것이다. 고객만족을 달성하지 못하는 기업이 성장하거나 지속 가능한 비법은 존재하지 않는다.

기업의 사명은 수익 창출을 통한 주주 이익의 극대화나 종업원 만족, 사회적 책임(CSR) 실현 등 여러 가지가 있겠지만, 이러한 사명들은 모두 고객만족이라는 가치를 성공적으로 실현할 때 비로소 달성이 가능한 가치들이다. 즉 수익 창출, 종업원 만족, 사회적 책임 실현 등은 고객만족이라는 가치가 선행됨으로써 달성이 가능한 후행적 가치라는 점을 분명히 해야 한다. 우리말에 '제사보다 잿밥에 눈멀다'라는 속담이 있는데, 고객만족을 위한 노력보다 우선에 두는 가치가 있다면 이것은 '제사'보다 '잿밥'에 관심을 두는 것과 다르지 않다. 로마가 전성기였던 시절, 모든 길이 서양문명을 대표하는 도시인 로마로 통한다고 했듯이 소비자 주권이 강화된 현재에 있어 기업에게 열려 있는 모든 길은 '품질'로 통한다.

기업의 사훈이나 비전 등을 살펴보면 고객만족 또는 고객중시의 개념이 명확하게 드러난 경우가 많지만, 일부 기업의 경우 내부역량 또는 경쟁력 등 다소 부차적인 내용만으로 사훈이나 비전을 구성한 경우도 있다. 물론 고객의 개념을 사훈에 명확하게 적시하지 않았다고 해서 고객이나 고객만족을 등한시하는 기업이라고 생각하지는 않는다. 내부 역량이 어느 정도 축적되어야 실질적인 고객만족 달성이 가능하다는 것도 전혀 잘못된 말은 아니다.

사훈이나 비전은 그 기업이 추구하는 경영이념이며 신념과 방향성을 담고 있으므로 직원을 포함한 내·외부 관계자에게 주는 메시지가 매우 크다. 따라서 모든 기업은 규모나 내부 상황과 관계없이 가장 높은 차원의 경영이념에 고객과 고객만족을 명확하게 드러내야 한다고 생각한다.

그렇게 하기 위해서는 생각의 전환이 필요하다. 기업이 내부역량을 높이고 경쟁력을 키운 다음 고객만족을 추구하는 것이 아니라 고객만족을 먼저 실행하고 그 과정 중에 내부역량과 경쟁력을 높이는 것이다. 행복해서 웃는 것이 아니라 웃어야 행복해진다는 형식논리와 유사하다. 소비자 주권이 지고지순의 가치로 자리매김한 현대에 있어 기업은 고객과 고객만족을 최우선의 가치로 삼아야 한다. 고객을 중시하고 고객만족을 위해 노력하는 기업은 자연스럽게 성장이라는 열매가 따라붙는다.

　기업이 고객을 만족시키기 위해서는 일단 고객이 불편을 느끼지 않도록 해야 하는 것은 지극히 당연한 것이다. 그러나 어느 기업 할 것 없이 불가피하게 고객에게 불편을 끼치거나 고객을 난처하게 만드는 상황을 연출하곤 한다. 그래서 이에 대해 경영 차원에서 주의를 기울이고 원활하게 대응해야 할 것이며, 최선을 다해 재발하지 않는 체계를 구축해야 한다. 고객 불만을 제거하는 활동은 전사적 차원에서 매우 심도 있고 주도면밀하게 계획되고 실행되어야 할 것이다.

　미국 품질관리학회는 실증적 조사를 통해 고객에게 불만을 일으키는 요인은 크게 다음의 두 가지라고 지적한다.

- 제품(상품)의 품질 저하 → 제품 품질의 문제
- 고객의 기대에 못 미치는 서비스 → 서비스 품질의 문제

　또한 2020년 소비자고발센터에 제기된 국내 자동차 메이커 5개 사에 대한 업체별 소비자 민원 유형 및 분류는 다음의 표와 같다.

	품질	A/S	계약	사고	서비스	기타	합계
H사	38.0%	33.7%	12.7%	1.4%	12.7%	1.4%	100.0
K사	30.1%	36.2%	13.0%	3.3%	13.0%	4.5%	100.0
S사	34.2%	36.8%	7.9%	5.3%	14.0%	1.8%	100.0
L사	36.6%	35.4%	3.7%	8.5%	13.4%	2.4%	100.0
G사	41.0%	30.8%	10.3%	5.1%	7.7%	5.1%	100.0

2020년 자동차 업체별 민원 유형별 분류 (출처: 소비자고발센터)

위의 조사 결과들에 따르면 결국 고객들은 제품 또는 서비스의 품질 Issue로 인해 가장 큰 불편을 겪고 있다.

품질철학서인 본서에서 고객에 대한 이야기를 가장 먼저 꺼내는 것은 위의 조사에서도 보듯이 고객만족은 궁극적으로 품질 만족을 기반으로 하지 않고서는 달성하기 어렵기 때문이다. 본서에서 저자는 기업들이 더 이상 고객 불만을 야기하지 않기 위한 품질 활동의 방향과 방법에 대해 그간 '보고, 듣고, 읽고, 쓰고, 경험한' 이야기들을 차근차근 풀어나갈 것이다.

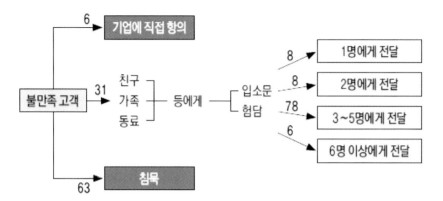

고객 불만의 확산 경로 (단위: %)[1]

---
1)   미국 와튼 스쿨, 2006 불만고객 연구보고서

미국의 제너럴시스템(General System)이 '소비자의 입소문'에 관한 조사를 한 적이 있다. 이 결과에 의하면 소비자들은 보통 제품이나 서비스에 만족하게 되면 평균 6명의 지인에게 본인의 경험을 알리지만, 반대로 제품이나 서비스에 불만을 느끼게 되면 평균 22명에게 본인의 불쾌한 경험을 알린다는 것이다.

유사한 조사로 미국의 와튼스쿨이 크리스마스를 전후로 쇼핑을 한 미국 소비자 1,186명을 대상으로 설문 조사를 한 적이 있다.

만약 한 매장에서 불만을 경험한 고객들이 있다고 할 때, 그들 중 상당수가 그 매장에 다시 방문하지 않는데, 기업에 직접 항의하는 고객은 단 6%에 불과하다는 것이다. 그럼 그들은 해당 제품을 재구매하지 않는 것으로만 불만의 표출을 마무리하는 것인가? 그렇지는 않았다. 그들은 기업에 직접 항의하는 대신 주변의 동료, 가족, 친구들에게 불만을 털어놓는 쪽을 택한다. 불만 고객의 30%가 일종의 '소리 없는 보복'을 하는 것이다. 정확하게 불만 고객 100명 가운데 31명이 친구, 가족, 동료에게 입소문과 험담을 하며, 이 31명은 또 약 372명에게 불만을 전파한다는 것이다.

이 연구에서 볼 수 있듯이 불만족 경험이 전해지는 과정은 마치 눈덩이가 불어나는 것과 유사하기 때문에 기존고객은 물론 미래 잠재고객의 상실로까지 이어진다. 사람의 말은 한 단계씩 건너가면 증폭되기 마련인데 나쁜 소문일수록 증폭되는 속성이 강하다.

그런데 정작 기업은 이러한 상황을 눈치채지 못하는 경우가 많다. 기업이 모르는 사이에 무서운 '고객의 복수'는 서서히 기업을 삼키는 것이다.

02

기술과 품질, 그리고 고객

제조업에 있어서 기술과 품질은 기업의 쌍두마차(雙頭馬車)라고 불러도 될 만큼 중요하다는 데 이견이 없을 것이다. 기술과 품질은 어느 한쪽이 다른 쪽에 비해 더 중요하다거나 덜 중요하다고 자신 있게 말하기 어려울 만큼 경영에 있어 매우 중요한 요소들이다. 국어사전(辭典)에 기술은 '사물을 잘 다룰 수 있는 방법이나 능력'으로, 품질은 '물건의 성질과 바탕'으로 정의되어 있다. 그런데 많은 사람이 기술과 품질의 개념과 효용에 대한 그릇된 오해에 빠져 있다고 본다.

기술이 독창이라면 품질은 그것이 한데 어우러진 합창이라고 할 수 있다. 또한 기술이 기악이라면 품질은 그것들이 한데 모여 연주하는 오케스트라에 비유할 수 있다고 머리말에서 언급했다. 물론 품질의 관점에서 기술을 바라보는 본서의 입장에 대해서는 일정 부분 독자들의 이해가 필요하다.

기술은 품질을 확보하는 데 필요한 요소지만, 기술만으로 품질이 확보되는 것은 절대 아니다. 다시 말하면 품질은 기술의 도움을 받아 기업의 목표인 고객만족을 달성하게 된다. 그 대가가 돈

(수익)이며, 이를 통해 기업은 주주이익을 극대화하고 종업원의 복리를 증진시킬 수 있다.

기술이 고객을 만족시키는가? 아니면 품질이 고객을 만족시키는가? 정답은 당연히 품질이다. 이 점에 대해 저자가 생각하는 기술과 품질의 차이를 구체적으로 비교하면서 설명하고자 한다.

❮ 기술은 수단이고, 품질은 목적이다

기업이 고객에게 제품을 판매하는 행위를 좀 더 구체적으로 표현하면 기업은 사실상 제품의 품질을 고객에게 판매하는 것이라고 보는 편이 타당하다. 제품 또는 서비스의 품질에 의해 고객은 만족을 얻기도 하고 불만족을 느끼기도 한다.

고객과 접촉하는 순간을 일컫는 MOT(Moment Of Truth: 진실의 순간)는 서비스업계에서 매우 중요한 개념이다. 원래 MOT는 스페인의 투우에서 나온 말로 투우사가 소의 급소를 찌르는 순간을 일컫는 말이다. 서비스업계에서 MOT는 고객을 향한 직원의 응대 자세나 고객이 서비스 환경 등에 대해 느끼는 감정이 고객만족에 지대한 영향을 미친다는 의미로 사용된다.

서비스업과 달리 제조업에서 MOT는 제품에 대해 고객 평가가 이루어지는 순간이다. 고객은 품질을 통해 제품 또는 기업과 만난다. 그래서 기업이 1차적으로 추구해야 할 것은 '고품질'이다. 여기서 기술은 고품질을 지원하는 수단이 된다. 품질이 기술을 지원하는 수단이라고 생각해서는 안 된다.

　기술개발을 업(業)으로 하는 연구기관의 경우는 기술 그 자체로 사업을 영위하고, 또 고객과 만난다. 그러나 일반적인 제조업과 서비스업은 품질을 통해 고객과 만나게 되고, 기업의 이익 창출의 수단은 당연히 제품 또는 서비스의 품질이다.

　기술은 품질에 기여하지만 고객의 입장에서 보면 기술은 눈에 잘 보이지 않거나 느껴지지 않는 경우가 대부분이다. 그렇지만 품질은 고객의 오감에 의해 관찰되고 느껴지고 전달된다. 스마트폰에 내장된 기술이 AMPS이든, CDMA이든, LTE이든, 5G든 크게 상관하지 않는 고객이 대부분이다. 스마트폰 소비자는 제품에 구현된 원천기술이 무엇인지에 관해서는 관심이 없는 경우가 대부분이다. 물론 일부의 Early adaptor(초기 수용층) 고객이나 기술 트렌드에 민감한 고객은 제품에 내장된 핵심기술 내지는 시스템 표준을 중시하기도 한다. 그러나 대부분의 일반적인 고객은 통화안정성·속도·해상도·사용편리성 등의 품질특성에 초점을 맞추어 제품을 평가한다. 즉 대부분의 고객은 제품의 기술에는 크게 관심이 없고 오직 제품의 품질에 집중한다.

　마찬가지로 자율주행 자동차에 채택된 센서나 통신장치 등과 같은 원천기술 트렌드 역시 아주 일부의 소비자에게만 관심의 대상이 될 뿐 대부분의 고객에게는 그렇지 않다. 대신 소비자는 이러한 기술을 바탕으로 실현된 편의성·안전성·신뢰성 등의 일반적인 자동차 품질 특성에 의해 제품을 평가할 것이고, 만족과 불만족을 결정할 것이다.

2021년 들어 국내 이동통신 3사의 5세대(5G) 이동통신 품질 논란 탓에 오히려 한 세대 뒤진 기술인 롱텀에볼루션(LTE, 4G) 가입자 수가 17개월 만에 다시 반등하는 다소 기이한 현상이 발생하였다. 상용화된 지 2년이 지나 한창 가입자를 확보해야 하는 5G가 이전 단계인 LTE의 기세에 눌려 오히려 가입자 증가세가 둔화된 것이다. 이것이 바로 대다수의 고객은 기술보다 품질에 집중한다는 사실을 입증한다.

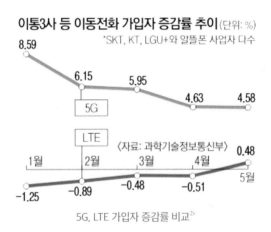

5G, LTE 가입자 증감률 비교[2]

◄ 품질은 기술과 과학적 관리가 결합돼야 비로소 구현된다

기술과 과학적 관리의 합(合)이 품질이라고 생각한다. 기술적 성과로 확보한 메커니즘이 양산이라는 상품화 과정을 거친 후에도 100% 완벽하게 정상적으로 구현되어야 한다. 이 과정에는 과학적 관리가 필연적으로 필요하다. 고품질은 과학적 관리 없이 기술 그

---

2)   서울신문 https://www.seoul.co.kr/news/newsView.php?id=20210705021017

자체만으로는 절대 구현될 수 없다.

세계 1등 원천기술을 확보하였음에도 불구하고 만성적인 품질문제로 어려움을 면치 못하는 기업들의 사례들을 적잖이 볼 수 있다. 기술에 과학적 관리가 더해져야 고품질이 확보된다.

그럼 과학적 관리란 무엇일까? 사전적으로는 '주먹구구식이 아닌 과학적으로 확립된 도구에 의해 사람과 공정을 지원하고 통제하는 것'이다. 예컨대 100만 개의 생산품 중 3.4개의 불량만이 허락되는 6시그마 공정을 구현하는 것은 제품 원천기술만의 힘으로는 불가능하다. 제조공정에서 통계적 공정관리(SQC), 표준화, 자동화, 미연방지체계, IT Infra, 설비에 대한 예방·예지 보전 등 다방면의 종합적이고도 체계적인 과학적 관리가 추가로 필요하다. 기술만으로 품질이 확보된다는 것은 불가능하다.

$$T(\text{기술 진보}) + C(\text{과학적 관리}) = Q(\text{고품질})$$

얼마 전, 저자는 모 지역신문에서 '딸기 재배, 기술로 승부한다'라는 기사제목을 보았다. 이 기사를 읽고 나서 '딸기 재배, 품질로 승부한다.'라고 혼잣말로 기사제목을 고쳐서 다시 읽었다. 왜냐면 해당 기사에 소개된 딸기 재배의 성공 요인은 원천기술의 영역이라기보다는 토양산도관리, 수분관리, 적외선온도계설치, 각종 측정기 사용, 해충트랩, 환경관리, 데이터 수집기 등 과학적 품질관

리 활동이었기 때문이다. 물론 이런 관리기법을 도입하는 과정에서 원천기술의 일부가 동원되어 도움을 주었으리라는 것은 부정하지 않는다. 그러나 실제 농가에서 성공적인 딸기 재배가 가능했던 것은 원천기술과 과학적 관리기법의 결합에 의한 품질경영의 성공이 있었기 때문이었다. 이처럼 기술과 품질에 대한 정확한 개념이해가 중요하다고 생각한다.

적지 않은 제품 엔지니어들은 앞서 설명한 기술과 품질의 관계에 이의를 제기할지 모른다. 제품 엔지니어들의 입장에서 품질이란 단순히 제품의 상태를 관리하는 기업 내부의 기능일 뿐이며, 이와 달리 기술은 제품을 실현하는 핵심역량이라는 생각을 할지 모른다. 한국에 진정한 품질경영을 달성한 기업이 외국에 비해 많지 않은 이유가 바로 이러한 인식의 오류에서 온 것이 아닌가 생각한다.

그간 기술의 진보가 제품 경쟁력을 끌어올린 역사적 사실을 부정하지 않는다. 기술경영의 가속화는 기업 생존권이 달린 중차대한 문제인 것에 대해서도 이의를 제기하지 않는다.

그러나 기술의 진보 위에 과학적 관리를 실현해서 진정한 품질경영의 기반을 다져나가는 기업만이 세계적 1등 기업이 될 수 있다는 점을 꼭 기억해야 한다.

03

고객의 소리는 기업의 나침반

산업혁명 이전에는 대량생산이 어려워 공급이 소비를 따라가지 못했다. 19세기를 지나면서 전기 에너지 기반의 대량생산 혁명이 시작되면서 공장에 전력이 보급되었고, 이를 통해 컨베이어에 의한 대량생산체계가 확립되었다. 이로 인해 고객의 지위는 과거 공급자에게 순응하던 방식에서 공급자를 지배하는 방식으로 변화되었다. 고객의 니즈를 모르는 기업의 비즈니스는 생존을 보장받지 못하는 엄청난 지각변동의 상황을 맞게 된 것이다.

일본 도요타자동차(이하 도요타)의 크라운 승용차 사례는 도요타는 물론 모든 기업에게 VOC(Voice Of Customer)의 중요성을 일깨운 전설과 같은 일화로 전해지고 있고, 아울러 도요타의 현지·현물주의가 태동하게 된 대표적인 계기가 되기도 했다.

도요타자동차의 크라운 모델

도요타자동차의 유럽 고객 미팅

도요타의 크라운 모델은 처음부터 자국 내수 승용차 시장을 염두에 두고 개발되었고, 설계와 생산에 이르는 대부분의 과정이 도요타 고유의 기술로 이루어졌으며, 당시 수입차에 비해 손색없는 일본 최초의 승용차였다. 패전 후 세계를 향한 일본인의 자랑거리가 되기도 했다고 한다. 특히 당시 기후, 환경 등 일본 국내 여건에 가장 적합한 자동차로 소비자들에게도 호평을 받았으며, 1956년부터 이어진 일본의 경기 호황에 힘입어 큰 인기를 얻게 되었다.

독자 기술로 승용차의 대히트에 고무된 도요타는 1958년에 일본 승용차로는 처음으로 크라운을 미국에 수출했다. 미국 수출을 위해 도요타는 미리 판매망을 확보하는 등 치밀하게 준비를 해나갔다. 그러나 일본의 거친 도로 환경에 맞춰 개발된 크라운은 미국 시장에서 의외의 약점을 드러냈다. 견고하게 만든 차체는 무거운 탓에 연비가 좋지 않았고, 미국의 잘 닦인 도로에서 오랜 시간 고속으로 달리기에는 힘이 부족했으며 심한 스트레스로 엔진 부품이 견디지 못했던 것이다. 또한 캘리포니아의 데스밸리(Death Valley) 같은 곳은 기온이 섭씨 50도를 넘어서 크라운이 제 성능을 전혀 발휘하지 못했다.

크라운이 생산국인 일본의 도로 여건과 기후 상황에 적합한 차종이기는 했지만, 수출국인 미국의 상황과는 엄청난 괴리를 나타내었던 것이다.

지금은 3현주의(현장, 현물, 현상)에 뛰어난 도요타지만, 당시는 제품의 현지주의에 실패한 것이다. 당시 수출 시장에 대한 경험이 부족했던 도요타로서는 이런 부분을 사전에 예지하고 대응하지 못했다. 한마디로 고객의 사용 환경과 특성을 사전에 예지하지 못한 것이다.

이러한 실패사례를 접하면서 도요타는 VOC에 관해 관심을 갖기 시작했고 수출을 위한 모든 관심은 현지주의에 수렴해야 한다는 귀중한 교훈을 얻게 되었다. 고객의 여건과 상황을 중시하고, 나아가 고객의 목소리를 찾아 경청하는 것이 경영과 품질에 있어 가장 중요한 KSF(Key Success Factor)라는 것을 깨달았다.

VOC(Voice of Customer)란 글자 그대로 '고객의 소리'를 말한다. 고객이 존재하지 않는 한 기업은 생존할 수 없다. 따라서 고객의 불만과 불평에 집중하지 않는 기업이 생존할 수 있는 길은 없다고 앞에서 강조했다. 앞서 말한 바와 같이 현대는 산업혁명 이전과 달리 소비자가 수많은 제조사 중 하나를 스스로 선택하는 시대로 바뀌었기 때문이다.

기업의 입장에서 고객의 소리(VOC)는 급변하는 경영환경에서 사업의 방향성에 대한 중요한 정보를 제공한다. 즉, VOC는 기업의 경영전략을 세울 수 있는 중요한 단서가 되기 때문에 매우 중요한 경영의 요소다.

III부에서 언급할 제조업 3대 품질은 일반적으로 설계품질 → 제조품질 → 시장품질의 순서로 많이 설명되지만, 저자는 이 순서를 시장품질 → 설계품질 → 제조품질의 순서로 이야기하는 것이 옳다고 본다. 왜냐면 시장에서 고객에 의해 평가된 품질이 사내의 설계품질에 반영되고, 나아가 제조품질로 이어지기 때문이다. 지엽적인 지적이라고 생각할지 모르지만, 고객의 입장과 의견을 설계의 입력요소로 전환하는 것에서 품질 활동이 시작된다는 점에서 매우 중요한 의미를 지닌다.

VOC를 무시하면 어떤 일이 일어날까? 고객의 소리를 듣지 않거나 듣지 못하면 고객의 불만은 미해결 상태로 남겨지고, 이는 어느 순간 기업의 생존이 위협받는 막다른 골목으로 내몰아지는 요인으로 작용한다. 이 경우 기업의 입장에서 고객은 자신이 느꼈던 불만을 떠들고 다니는 '걸어 다니는 최악의 광고판'이자 '테러리스트'인 것이다.

저자는 약 15년 전 FAT(Factory Acceptance Test)에 입회하는 고객의 요청사항 또는 지적사항을 효과적으로 관리할 목적으로 간이 전산화를 통해 Data Base를 운영한 적이 있다. 어쩌면 이것도 지금 이야기하는 VOC 시스템의 한 형태 내지는 사례가 아닌가 생각한다.

VOC 시스템 운영의 가장 큰 목적은 수집된 VOC를 토대로 고객의 요구수준에 부합하는 개선 활동을 수행하는 것이다. 그리고 VOC 시스템 성패는 고객에 의해 제시된 깊이와 수준에 부합하는 기업의 내부 개선을 진행하는 것에 있다. 즉 수집 자체보다 수집된 정보를 이용한 개선 활동이 백배 천배 중요하다. 예를 들면 고객이 "저소음 제품 개발과 생산 능력을 확보해 달라." 하는 VOC를 제시했다고 한다면 기업은 저소음 제품에 대한 시장의 요구 변화, 저소음 제품의 경쟁사 개발 동향 등을 파악하여 과연 이 과제(VOC)를 채택할 것인지, 기각할 것인지, 보류할 것인지를 결정하는 과정을 거쳐야 한다. 물론 예를 든 이 정도의 회사 전략 수준의 VOC라면 경영진의 의사결정이 수반되어야 할 것이다. 만약 실무자가 이런 깊은 검토를 생략하고 단편적인 조치로 VOC를 종결처리 해버린다면 큰 잘못이다. 또한 실무자가 '소음시험을 요청하는 고객이 주문한 제품에 대해서는 반드시 출하 전 소음시험을 시행할 것'이라는 다소 어정쩡한 조치로 해당 VOC를 종결 처리해 버리는 것도 잘못이다. 앞에서 VOC 시스템 성패는 수집된 VOC를 제대로 된 깊이와 수준의 내부 개선으로 연계시키는 내부 활동에 있다고 했다. 고객은 꼭짓점이 네 개인 네모 VOC를 제시했는데 꼭짓점 하나는 빼버리고 세모 수준의 해결책을 수립하고 종결 처리한다면 VOC 시스템은 성과를 발휘할 수 없다. 물론 고객의 소리라고 해서 100% 무조건 기업의 내부 개선으로 연계해야 하는 것은 아니다. 그래서 수집된 VOC의 채택 여부를 객관적으로 판단하는 과정은 매우 중요하다. 이러한 검토 과정에서 해당 기업의 제품전략·시장전략·고객전략이 동원되고 반영되어야 한다.

소음시험을 통해 이상 소음의 제품을 걸러냄으로써 규격을 만족하는 제품을 선별할 수는 있을 것이다. 그러나 사내 개선조직이 이러한 단순하고 형식적이며 표층적인 자세로 VOC 활동을 대한다면 효과는 그다지 크지 않다. 회사의 입장에서는 훌륭한 개선의 기회를 상실하는 것이 되고 만다.

현업이 바빠서 VOC를 제대로 처리하지 못하는 경우도 있겠지만, 대개의 경우 자신이 수행하는 일의 목적을 제대로 이해하지 못하고 일을 하는 것이 더 문제다. 모든 활동이 다 그렇지만 실제적이고 효과적인 개선으로 이어지지 않는 품질 활동은 일종의 '낭비'에 불과하다.

VOC 시스템을 운영하면서 현업의 개선 책임자가 수립한 VOC의 해결방안이 내용상으로 적절하고 충분한 것인지 검토하고 통제하는 기능이 존재해야 한다. 또한 월, 반기 등 주기적으로 수집된 VOC에 대해 개선 대책 수립률·개선실행률·고객통보율 등을 지표화하여 관리하는 것도 의미 있는 활동이다.

VOC는 매 건에 대해 체계적 관리를 통해 제기한 고객이 놀랄 정도의 수준으로 개선을 실행하는 매우 구체적 활동이어야 한다. 최소한 다음과 같은 일반적인 단계가 내실 있게 운영되어야 한다고 생각한다.

⚔ VOC 수집

다양한 채널을 통하여 유입되는 고객의 소리(VOC)를 우선 빠짐없이 취합한다. 고객과의 만남 또는 전화 통화를 통해서 고객이 경험한 불편 또는 개선 필요 사항이 시스템에 등록되고 관련자에게 공유되는 전사 통합 관리체계가 필요하다.

⚔ 분류화

고객의 소리의 내용, 시기, 주제, 요구내용 등 다양한 유형으로 분류하는 것이 필요하다. VOC를 건별로 분류해서 대책을 수립하여 개선하는 활동도 필요하고, 좀 더 종합적인 차원에서는 VOC의 항목이나 내용의 추이가 어떤 방향으로 흘러가고 있는지 경향을 분석하여 취약점 또는 리스크를 거시적 관점에서 개선하는 과제해결 활동도 필요하다.

⚔ 대책 수립 및 업무 개선

각 VOC의 성격에 비추어 개선대책을 수립하고 시행할 부서 또는 부문에 과제가 할당되어야 하며, 목표 기간을 설정하여 개선을 진행해야 한다. 가급적 책임자를 지정하는 것이 책임감 고취와 완결형 업무에 도움이 될 것이다. 비단 품질 분야가 아니더라도 기업의 모든 업무에 책임과 권한을 명확히 하는 것이 목표달성의 기본이다.

VOC를 토대로 추진하는 개선과제는 크게 조치형과제와 탐색형 과제가 있다. 현 상태에서 발생원인도 잘 알고 조치방안도 명확한 과제는 조치형과제다. 반면 발생하는 문제의 원인을 잘 모를 경우도 있는데 이런 과제는 탐색형과제다. 이 두 과제의 해결 과정과 난이도는 전혀 다르다. 탐색형과제는 원인분석(RCA, Root Cause Analysis) 과정을 제대로 거쳐야 올바른 개선대책을 수립할 수 있다. 빠른 조치를 진행하기 위해 어설픈 원인분석 과정을 거치게 되면 도출된 개선대책도 어설픈 수준이 될 수밖에 없다. 결국 이렇게 되면 어렵게 파악한 VOC는 무용지물이 되고 말 것이다. 본서에서는 원인분석의 중요성에 대해 이후에도 아주 많이 언급할 것이다.

VOC 관리시스템에 각각의 VOC가 조치형과제인지 탐색형과제인지 구분 관리하는 것도 PS(Problem Solving, 문제 해결) 능력 향상 차원에서 도움이 된다.

✁ 모니터링 및 신속한 공유

개선된 내용은 지속해서 회사의 기존 품질 유지·통제 프로세스에 등재하여 정상적으로 이행 및 준수되고 있는지 확  인하는 것이 필요하다. 사람이 일일이 그 이행 여부를 손발로 확인하는 것은 전근대적인 방식이다. 각종 IoT, 센스, 자동화 장치 등을 통해 자동으로 이행 여부가 확인되고 관리되어야 한다.

그리고 개선된 사항은 가급적 정중한 방법으로 문제를 제기한 고객에게 통보하는 것이 필요하다. 사소할지 모르지만 이런 행위를 통해 고객은 기업에 신뢰를 보낼 것이다.

　　효성그룹은 최근 그룹 차원의 'VOC 기반 데이터 경영'을 추진함으로써 산업계의 주목을 받고 있다. 그간 우리나라 기업들의 VOC 활동이 특정 부서 차원 내지는 계열사 차원의 활동으로 진행된 것이 일반적이었다면 효성그룹은 최고경영자인 조현준 회장이 직접 필요성을 천명하고 전 계열사가 동참하는 혁신활동으로 추진하는 점이 특이하다.

　　효성그룹은 또한 글로벌 컨설팅 기업과 협력하여 VOC 플랫폼과 운영체계를 구현하는 C-Cube 프로젝트를 진행하기도 하였다. C-Cube 프로젝트는 고객의 소리(VOC)는 물론 고객의 고객인 최종고객의 소리(VOCC, Voice of Customer's Customer), 심지어 경쟁사(VOCO, Voice of Competitor)의 목소리까지 경청하도록 한다. 효성그룹은 이를 토대로 빅데이터 기반의 고객 대응 프로세스를 구축하는 활동을 진행하였다. 경영 하부의 기능적 차원에서 VOC 활동이 이루어진 경우는 다수가 있으나, 효성그룹과 같이 최고경영자가 직접 주재하여 전 계열사 차원에서 체계적인 VOC 활동 프로젝트가 진행된 것은 국내는 물론 해외에서도 사례를 찾기가 쉽지 않다.

04

고객의 불만은 가급적
全 직원에게 알려야 한다

　제품과 서비스에 대한 고객의 불만은 없어야 마땅하다. 그러나 만약 제품과 서비스로 인한 고객 불만이 생기거나 반복된다면 즉각 그리고 가급적 모든 직원에게 이를 알려야 한다. 특히 공정의 자동화율이 높은 업종에 비해 플랜트나 조선 등 수작업 비중이 높은 업종일수록 고객의 불만은 전 직원이 즉각 알 수 있도록 해야 한다. 품질문제로 고객 불만이 발생하여도 그것을 전 조직원들에게 전파하지 않거나 전파하는 체계를 운영하지 않는 후진적 품질 기업이 적지 않은 것이 현실이다.

　전 조직원이 고객의 품질 불만을 인지해야 하는 이유는 조직원이 위기감을 공유해야 하기 때문이다. 사람의 행동을 유발하는 요인 가운데 위기감은 매우 중요한 요소다. 위기감의 부재는 개선이나 변화에 무감각한 조직을 만들 수 있다. 역설적이지만 위기감은 사람을 성장시킨다. 그리고 개인의 변화는 회사의 변화로 이어지기 마련이다. 불안감이 사람으로 하여금 막연한 두려움과 공포를 느끼게 하는 반면 위기감은 긍정적인 행동을 유발한다. 위기감은 직원들에게 개선의 필요성과 책임감을 인식하게 하는 중요한 요소다. 많은 연구 결과가 증명하는 바와 같이 위기감이 없는 기업은 느슨하고 의욕 없는 조직으로 퇴화한다.

미국의 저명한 경영학자 필립 코틀러(Philip Kotler)는 "직원들이 위기감(Sense of Urgency)을 느끼게 만드는 것이 조직변화를 이끄는 첫 단계다."라고 했다. 회사가 품질의 위기에 처해 있음에도 불구하고 경영진과 직원이 그것을 적절하게 공유하지 않는다면 직원들을 개선과 혁신에 동참시킬 수 없다. 변화와 혁신을 요구하는 경영진들의 방침에 대해 직원들은 책임 강요라고 생각할 수도 있다. 왜냐하면 위기를 자각하지 못하고 있기 때문이다.

경영진은 솔직한 문제의 전달과 함께 근원적인 원인이나 실제적인 해결책을 제시하고 자신감을 심어줌으로써 전 직원이 변화의 필요성을 느끼게 해야 한다. 그래야 직원들의 자발적인 노력을 끌어낼 수 있다. 그것이 진짜 위기감이다.

고객 접점의 최전방에 있는 고객지원팀이나 A/S팀이 고객 클레임을 접수한 후 그 클레임의 처리에만 전념하고 그것을 사내 직원에게 전달하려는 노력에는 적극적이지 못한 경우가 있다. IT시스템 등을 통해 즉각적으로 사내 구석구석으로 최전방의 품질문제가 전달되어야 한다. 교육 등을 통해 일선 직원에게 전파되는 단계에서는 문제 자체나 문제의 심각성만 전달되어서는 안 되며, 개선을 위해 노력해야 할 사항도 함께 전달되어야 한다. 이런저런 문제가 생겼으니 심각성을 각자가 알아서 느끼라는 식의 전파는 잘못된 방식이다.

불량사례를 교육할 때 문제의 사실적 현황만 전달해서는 안 되며 근본 원인과 각자가 개선해야 할 포인트를 구체적으로 알려주어야 한다. 그렇지 않으면 직원들은 불량사례를 귓등으로 듣고, 문제의 본질도 잘 이해하지 못하고 넘어가 버리는 경우가 잦다. 이것은 효과 없는 전파 활동의 전형적인 모습이다.

중대 품질문제는 회사가 시장에서 '이길 수 있는 여력'을 빼앗아가는 암(癌)적인 존재다. 고객만족을 실현하지 못하는 기업은 경쟁에서 뒤처질 수밖에 없다. 경영진들은 고객 불만의 접수·처리·사후관리 과정에 있어서 일부만 관여하는 소위 '그들만의 리그'가 되지 않도록 해야 하며, 일선 직원들이 회사 품질 현황과 수준을 정확하고 올바르게 인식하도록 해야 한다.

◀ 반복해서 이야기하라

다 그렇지는 않지만, 제조 현장의 기능직 사원들은 일반적으로 언어로 전달되는 정보에 대한 수용에 상대적으로 민감하지 못한 경우가 많다. 단순·반복 업무를 오랜 기간 반복해서 수행하다 보니 점차 그런 모습으로 바뀌게 된 것일 수 있다.

그래서 품질 위기나 불량 사례를 전파할 때는 가급적 반복해서 전달해야 한다. 생산 현장에서 전달자(강사)는 자신의 이야기를 상대방이 100% 이해할 것이라고 생각하지만, 사실은 전달한 내용의 약 20% 정도만이 대상에게 수용된다. 따라서 직원들의 의식변화를 유도하고, 회사의 품질 위기를 전파하려면 동일한 이야기를 최소 5번은 반복해야 한다.

직원교육에 소극적인 기업일수록 산업체 교육이 별로 효과가 없다고 생각하는 것 같다. 교육을 제대로 그리고 반복해서 하지 않기 때문에 교육의 효과가 나타나지 않는 것이고, 그렇다 보니 교육이 무용지물(無用之物)인 것처럼 느껴지는 것이다. 매일 아침 콩나물 시루에 주는 물은 콩나물에 흡수되지 않고 시루 밖으로 빠져나가 버리는 것처럼 보인다. 그러나 놀랍게도 그런 과정을 거쳐 콩나물은 성장한다.

외부 전문 강사를 활용하는 것도 좋지만 자세와 스킬이 뛰어난 사내 강사를 선발·육성하는 것도 품질교육의 효과를 높이고 변화의 주체인 인재를 육성하는 좋은 방법이다.

☚ 교육 시 개선방안도 함께 이야기해서 '진짜 위기'를 느끼게 하라

질책하거나 짜증스러운 마음으로 불량 사례를 전파하면 직원들은 잘 받아들이지 않고 행동 변화도 더디다. 직원들은 코틀러가 말한 허위적 위기감(False Urgency)을 느낄 뿐이다. 질책을 당한 사람은 자신의 행동에 대해 조금이라도 더 핑계를 대려고 상황을 가장하기도 하고, 가급적 빨리 그 일을 자신의 기억 속에서 털어버리려고 노력하게 된다.

불량 사례가 주는 교훈, 반성할 점, 시스템적 개선방안, 의식의 변화점 등을 함께 이야기하면서 '할 수 있다'는 자신감을 심어주고 동참을 권유하는 것이 효과적이다. 관리자가 먼저 '열린 마음'으로 상황을 이해한 후 변화를 요구하고 자신감을 심어주어야 한다. 즉, 품질문제를 직원들에게 전파할 때는 정확한 사실 전파는 물론 불량의 교훈, 시사점, 반성할 점 등을 중심으로 쉽고 명확하게 전달해야 한다.

품질문제가 발생한 기술적 원리만 잔뜩 이야기하고 결론으로 '앞으로 조심하라' 하는 식으로 교육을 끝내는 방법으로는 아무런 변화를 기대할 수 없다.

결의는 공감이라는 과정을 거쳐야 일어난다는 것과 공감은 위기를 공유함으로써 생긴다는 것을 유념해야 한다.

❮ 품질의식도 정량화(Score)하고 추이를 관리하라

Ⅱ부에서 품질의 참특성과 대용특성을 설명할 것이다. 참특성이란 철판의 강도와 같이 제품이 실제로 갖추어야 할 품질 특성이고, 대용특성이란 이를 직접 측정·평가하기 어려울 때 참특성을 해석하여 그 대용으로 개발하여 사용하는 품질 특성이다. 철판의 강

도는 매번 파괴를 통해 강도를 측정할 수 없기 때문에 RT(방사선 투과시험), UT(초음파 탐상시험) 등의 비파괴시험을 대용특성으로 대신 사용한다.

　기업의 고유 품질경쟁력은 측정이 불가능한 참특성을 대용특성으로 전환하는 능력이라고 할 수 있다. 이러한 맥락에서 눈으로 볼 수 없는 '사람의 품질의식'이라는 참특성을 관리하기 위한 대용특성의 활용을 권한다. 구체적인 방식은 정기적인 품질의식 설문조사를 시행하는 것이다. 5점 척도의 설문을 구성할 경우, 긍정형 질문에 대해서는 '매우 그렇다'를 5점 방향에 배치하고, 부정형 질문에 대해서는 '매우 그렇지 않다'를 5점 방향에 배치하여 설문을 설계하면 항목별 응답결과를 합산하기만 해도 일종의 품질의식의 지표(Indicator)를 산출할 수 있다. 설문 문항을 특징별로 그룹화하여 그룹별 수준, 부서별 수준, 직급별 수준 등을 파악할 수 있고, 나아가 설문조사를 정기적으로 시행한다면 이러한 품질의식의 변화를 시간적 추이를 반영한 개념으로도 파악할 수 있다. 설문 결과 나타난 취약점을 보완할 수 있는 부분별·직급별·내용별 맞춤형 교육프로그램도 기획하여 실행할 수 있을 것이다.

삼성전자는 생산라인을 중단시키더라도 불량을 선진 수준으로 낮추도록 했으며, 한 품목이라도 좋으니 세계 제일의 제품을 만들기로 했다. 사람의 질을 높이기 위해 인사제도를 개선하고, 또한 창의적이고 자율적인 조직문화를 만들어나갔다. 경영의 질을 높이기 위해 실질적으로 도움을 줄 수 있는 정보인프라를 구축하고, 사업구조를 고도화시켰다.

삼성전자의 뼈를 깎는 의지를 보여 준 대표적 사례가 1995년 3월에 있었던 불량 제품의 화형식이다. 당시 삼성전자의 무선전화기 사업부는 품질이 제대로 갖춰지지 않은 상태에서 무리하게 완제품 생산을 추진함으로써 제품 불량률이 무려 11.8%까지 올라가는 심각한 상황이었다.

불량은 암(癌)적인 존재이고, 양을 버리고 질로 가기 위해 모두 변할 것을 다짐한 지 1년이 지났음에도 불구하고 여전히 불량이 근절되지 않는 것에 대한 원성이 높았다. 故 이건희 회장은 "수준 미달의 제품을 만드는 것은 죄악이다. 회사 문을 닫는 한이 있더라도 반드시 시정해야 한다."라며 문제의 심각성을 강하게 질타했다.

1995년 1월 고객들에게 사죄하는 마음으로 무조건 새 제품으로 교환해주는 특단의 조치를 취하도록 했다. 이와 함께 수거된 제품을 모두 소각함으로써 임직원들의 불량의식도 함께 불태울 것을 행동으로 제안했다. 15만 대, 150여 억 원 어치의 제품이 수거되었고 화형식을 통해 전량 폐기 처분됐다. 자기 손으로 힘들게 만든 제품이 불타는 것을 보면서 임직원들은 눈시울을 붉혔다고 한다. 불량품 화형식은 전 임직원의 마음을 하나로 묶는 계기가 되었다.

05

귤을 세는 아버지

오래전 KBS ⟨TV동화 행복한 세상⟩에 소개된 '귤을 세는 아버지' 편에서 받은 잔잔한 감동을 소개하고자 한다.

어느 날 과일가게에 찾아온 손님이 주문한 귤을 주인의 아들이 손님의 차에 실어주려고 하자 과일가게 주인인 아버지가 급하게 달려 나와 상자 속 귤을 모두 바닥에 쏟아 썩은 귤 5개를 발견한 후 신선한 귤로 바꿔주었다는 일화다. 이 일화를 통해 작가는 정직과 믿음의 미덕을 강조한 것 같다.

KBS ⟨TV동화 행복한 세상⟩ '귤을 세는 아버지' 편

동화 속의 아버지가 자신의 생업인 과일 장사에 임했던 기본 자세에 생각에 대해 생각해 보았다.

먼저 동화 속 아버지는 기본적으로 정직한 성품을 가진 분이었던 것 같다. 당장 눈앞의 이익보다는 자신의 가게를 찾는 고객과의 신의나 교분을 중시한 사람인 것이다. 즉, 고객만족에 대한 열의와 정직에 대한 소신이 투철한 장사꾼이다. 그 결과는 어떻게 됐을까? 아마 아버지가 가진 특유의 정직을 경험한 고객들은 과일 가게의 단골이 되었을 것이고, 고객들은 과일의 신선도만큼은 의심 없이 구매했을 것으로 추측된다. 이것이 아버지와 고객 사이를 이어주는 매개가 되어 아버지의 과일 가게는 번창하지 않았을까 생각한다.

고객만족이란 고객과의 정신적 신뢰를 바탕으로 한다. 아버지의 과일 가게 손님들이 아버지에게 보내는 정신적 신뢰의 원동력을 꼽는다면 바로 '정직'이다.

기업 경영 역시 규모가 다를 뿐 본질은 고객을 대상으로 하는 과일 장사와 크게 다르지 않을 것이다. 고객의 형태는 제품 또는 서비스의 종류에 따라 다양할 수 있지만, 형태와 무관하게 기업과 고객의 바람직한 관계는 바로 신뢰와 정직이다. 귤을 파는 것과 선박을 판매하는 것에 있어 그 마음의 기본과 자세는 크게 다르지 않을 것이다.

고도화된 기업 환경에서 고객을 만족시키는 요소는 다양하다.

제품과 서비스의 품질과 신뢰성은 고객의 만족과 불만족을 결정하기도 하고, 고객의 요구에 체계적으로 대응하는 A/S(After Service) 및 B/S(Before Service) 활동도 고객에게 만족을 주는 활동이다. 그러나 그 기본에는 정직이 있어야 한다. 기업의 사회적 책임(CSR)이 강조될수록 정직을 중시하는 기업문화는 더더욱 기업 경쟁력의 요체가 될 것이다. 요즘 기업환경에서 많이 회자되는 투명경영의 개념도 바로 정직한 마음으로 기업을 경영하는 것이 그 기초를 이룬다.

아버지는 정직한 마음으로 귤의 품질을 보장했고, 그것이 고객의 마음을 움직였을 것이다. 품질을 속이지 않는 자세, 품질에 대해서는 최선을 다하는 자세가 투명경영의 출발점이 아닌가 생각한다. 바야흐로 '고객만족'을 넘어 '고객감동'으로, 더 나아가 '고객졸도'의 시대가 열렸다고 이야기한다. 그러나 시대와 상황을 막론하고 기본은 바로 '정직한 마음으로 고객을 대하는 것'이다.

또 하나의 좋은 사례를 소개하려고 한다.
일본 MK택시의 운전기사는 비 오는 날에 짐을 들고 있는 손님을 보면 반드시 택시에서 내려 손님의 짐을 직접 트렁크에 실어준다고 한다. 물론 인적이 드문 골목길을 한참 가자고 해도 전혀 불평하지 않는 것은 당연하고, 목적지에 도착하면 손님보다 먼저 내려 트렁크에서 짐을 꺼내준다고 한다. 또한 회사 로고가 새겨진 우산을 빌려주며 다음에 MK택시를 이용할 때 그 기사에게 반납해달라고 이야기한다는 것이다. 그리고 손님이 집에 들어갈 때까지

헤드라이트로 길을 비춰주는 길라잡이 서비스도 한다는 것이다. 정성스러운 마음을 담은 서비스는 MK택시의 단골손님이 되는 것으로 돌아왔다. 이것은 경영자의 철학으로부터 비롯되지 않으면 불가능한 일이다. 이러한 디테일한 서비스 행위는 회사의 방침에 의하지 않고는 실현되기 어렵고 모든 직원에게 예외 없이 습관화되기 쉽지 않기 때문이다.

일본 MK택시

최근 반대의 경우가 우리나라에서 크게 문제가 되었다.

2020년 어느 날, 모 유업의 특정 유제품을 먹으면 코로나19 예방이 가능하다는 사실과 전혀 다른 연구 결과가 발표되었다. 그런데 이 발표회가 해당 유제품을 생산하는 모 유업의 후원을 받은 행사였고, 발표자도 모 유업에 재직 중인 직원이라는 사실이 드러나 논란이 되었다. 오너 회장은 기자회견을 열어 눈물의 사과를 하며 57년 오너경영에 마침표를 찍었다고 한다. 위의 두 사례와는 매우 대비되는 사례다.

 품질경영의 출발점이자 결승점은 고객과 고객만족이다. 품질경영 활동은 자사(自社)가 아닌 고객의 관점에서 디자인되고 실행되어야 한다. 고객들에게 인지되는 품질이 곧 제품이나 서비스의 만족도다. 따라서 고객의 시각으로 자사의 제품과 서비스 품질을 지속해서 바라보고 평가해 보아야 한다. 기업 내부의 품질비용이 조금 줄어들었다고 해서 자사의 품질이 향상되었다고 평가하는 것은 조금 이르고 섣부르다. 물론 성과가 창출된 것은 맞지만 고객 관점에서 만족감이 향상된 것과는 괴리가 있을 수 있다.

 고객의 만족 여부에 대해 기업 스스로 지레짐작하는 것은 철저히 경계해야 한다. 고객이 진정 원하는 바를 알아내고 고객이 고품질이라고 인정하게 될 때까지 내부 프로세스와 제품을 지속해서 개선해야 한다.

The POSCO Quality

고객의 혼까지 감동시키는 초일류 품질

품질 헌장은 품질 비전과 3대 핵심가치로 구성돼 있습니다.
품질 비전인 'The POSCO Quality'는 '포스코는 곧 품질의 상징이며, 고객의 혼까지
감동시키는 초일류 품질 달성을 추구한다'는 것을 의미합니다.
3대 핵심가치는 Customer Inside, Basic Inside, Synergy Inside이며, 각각의 핵
심가치에 따라 직원들이 갖추어야 할 행동강령은 다음과 같습니다.

▲

Customer Inside	Basic Inside	Synergy Inside
고객의 잠재 니즈까지 반영하여 고객 가치를 창조한다.	기본과 원칙을 중시하고 편차와 낭비를 제거한다.	신뢰와 소통으로 Supply Chain의 동반성장을 추구한다.

포스코패밀리 품질헌장

고품질의 사상과
DNA

작은 일을 작은 일로 보지 않는 것이 품질을 위한 기본자세다. 신(神)도 가히 침몰시킬 수 없는 배라고 불렸던 타이타닉호는 100원짜리 리벳의 불량 때문에 처참하게 침몰했다. 우리 주변의 크고 작은 품질문제는 아주 사소한 문제에서 비롯되는 경우가 너무 많다.

06
ROI에 ROQ를 추가하라

기업의 재무관리 지표로 ROI(Return on Investment, 투자자본수익률)가 있다. ROI는 순이익을 투자액으로 나눈 값으로 투하된 자본 1원당 순이익을 나타내는 지표라고 알고 있다. 만약 A회사와 B회사가 모두 똑같이 10억 원의 이익을 냈는데, A회사의 투자자본은 70억 원이고 B회사는 100억 원이었다고 하자. 단순한 수익의 관점에서는 A회사와 B회사가 동일한 성과를 내었지만, 투자자본 대비 수익률의 관점에서는 A회사가 B회사에 비해 효율적인 경영을 했다고 봐야 할 것이다. 이처럼 ROI는 Input을 고려한 효율성에 초점을 맞춘 개념이다.

ROI는 기업의 이익이 투하하는 자본에 의해 발생한다는 것을 의미하고 있기도 하다. 사실 기업이 돈(수익)을 벌기 위해서는 돈(투자자본)의 투하가 필요하다. 건물·기계·사람 등 돈을 들이지 않고 획득할 수 있는 생산요소나 리소스는 없다.

미국 산업계에서 품질관리에 대한 새로운 물결이 일어날 때쯤, 유명한 경제 전문 주간지 『비지니스위크誌』에 소개된 새로운 물결의 이름은 바로 ROQ(Return On Quality)였다. 미국 밴더빌트대학교의 로랜드 러스트 교수가 주창한 개념이다. 성균관대학교 박영택 교수의 품질경영론에도 ROQ에 대해 소개되어 있다. ROQ는 ROI의 개념을 응용한 것으로 고품질을 통해 기업의 수익을 높이자는 것이다. ROQ이론은 '품질이 좋으면 기존 고객의 이탈은 방지할 수 있고, 새로운 고객은 계속 유입될 수 있다는 사실'에 기반을 둔다. 이렇게 되면 매출액이 상승하게 되고 고정비 분산으로 인해 원가를 낮출 수 있게 된다. 원가 경쟁력을 갖추게 되면 이것은 또다시 제품의 핵심 경쟁력이 되기 때문에 경쟁기업의 추격에서도 자유로울 수 있다. 그럴수록 고객은 더더욱 그 기업을 떠날 수 없는 상황이 된다. 이것이 바로 대표적인 긍정적 선순환 메커니즘인 것이다. 즉 금상첨화(錦上添花) 격으로 좋은 일이 일어나는 상황이 되는 것이다. 본서의 제III부에 '품질은 공짜다'라는 교훈을 언급할 것인데, 위와 같은 선순환 메커니즘이 형성되기만 한다면 고품질은 큰 노력 없이 달성할 수 있게 된다.

이 모든 선순환의 출발이 바로 품질에서 비롯되기 때문에 21세기형 기업은 ROI(자본투자 수익률)에만 매달릴 것이 아니라 ROQ(품질투자 수익률)에도 집중해야 한다는 것이다.

반대의 상황은 어떨까?

어떤 제품이 유사한 가격과 인지도를 갖춘 제품에 비해 품질이 떨어진다면 과연 고객이 지속해서 이 제품을 구매해 줄 것인가? 단골이었던 고객들도 경쟁사로 발길을 돌리게 될 것이 뻔하다. 그리고 이런 나쁜 품질이 시장에 소문나게 된다면 신규고객이 유입되는 상황은 쉽지 않을 것이다. 이로 인해 매출액이 줄고, 고정비 부담이 상승할 것이며, 제조원가도 올라가게 된다. 기업은 당연히 판가(販價)를 올리지 않으면 부도의 위험에 직면하게 된다. 품질도 엉망인데 가격마저 높은 제품을 누가 구매해 줄 것인가? 이것이 바로 저품질에 의한 악순환 메커니즘이다.

그래서 기업의 모든 경영활동은 바로 품질에서 시작되어야 한다. 만약 그동안 수익에 대한 메커니즘에만 주목해왔다면 이제 품질을 통해 돈을 버는 새로운 메커니즘에도 함께 눈을 떠야 한다. 고품질에 의한 긍정적 선순환의 메커니즘을 선택할 것인가, 아니면 저품질에 의한 악순환의 메커니즘을 선택할 것인가?

저자는 경기도 포천에 소재한 D社의 홈페이지를 방문하고 깜짝 놀랐다. 이 회사의 권두호 대표는 회사 홈페이지에 'ROQ의 정신을 기업이념으로 삼아 품질경영으로 기업의 안전성을 높이고, 고객 제일주의 서비스를 창출함으로써 최고의 제품만을 생산, 공급하고 있습니다'라며 품질경영에 대한 의지를 밝히고 있다. 우리나라에도 ROQ 개념을 회사의 비전에 적시하는 기업이 있다는 사실에 놀랐다.

업종을 막론하고 기업의 궁극적인 목적은 돈을 버는 데 있다. 그것을 부정할 수는 없다. 기업의 품질경영 역시 결국은 이윤 추구를 위해 존재하는 것이기 때문에 21세기 품질경영의 패러다임은 ROQ(Return On Quality)에서 찾아야 할 것이라고 생각한다.

07

1:10:100의 법칙과 품질

    서비스 부문에서 처음 말콤볼드리지상을 받은 미국의 유명한 물류회사 페덱스(FedEx)의 경영원칙에 '1:10:100의 법칙'이 있다. 이는 서비스 업종을 넘어 제조 업종에도 매우 의미심장한 교훈을 주는 법칙으로 인정받고 있다.

FedEx[3]

---

3)   FedEx Newsroom https://newsroom.fedex.com/newsroom/fedex-express-and-delhivery-come-together-to-unlock-cross-border-potential-in-india

어떤 문제에 대해 설계·개발 단계 등 초기에 문제를 발견하게 되면 이를 고치고 해결하는 데 '1'의 비용이 들고, 이를 설계·개발 단계에서 발견하지 못하고 생산 단계로 넘어간 뒤 뒤늦게 발견하게 되면 이를 고치고 해결하는 데 '10'의 비용이 필요하며, 만약 공장에서 발견하지 못하고 불량품이 고객 손에 들어가 클레임이 발생하면 '100'의 비용이 든다는 것이다. 실제로 미국의 로체스터에 위치한 IBM 사업장에서 실제 데이터를 기준으로 이 비율을 조사해본 결과 1:13:92로 나타났는데, 이는 1:10:100에 매우 근사한 수치다. 즉 FedEx의 1:10:100의 경영철학이 단순히 개념이나 구호 차원을 넘어 매우 과학적 사실에 근거한 실증적 이론이라는 증거다. 1:10:100의 법칙은 초기 대응의 중요성을 강조하는 법칙이다.

1-10-100 Rule

1:10:100 법칙[4]

1865년 미국 동화작가 마리 메이프스 도지(Mary Mapes Dodge)가 쓴 『한스 브링커(Hans Brinker)』라는 동화에 한스가 부모의 심부

---

4)   https://vinev.tistory.com/13

름을 다녀오는 길에 제방 쪽에서 물 흐르는 소리가 들려서 가보니 제방에 구멍이 나 있어서 손바닥으로 구멍을 막아 마을 사람들을 살린 이야기가 나온다. 문제가 크게 확대되지 않은 초기 단계에는 어린 소년의 손바닥으로도 제방을 막을 수 있었다. 만약 소년이 제 방의 구멍을 발견하지 못했다면 시간이 흐를수록 수압에 의해 제 방의 구멍이 더욱 커졌을 것이고, 결국은 둑이 무너지는 결과를 피 하지 못했을 것이다.

모든 문제는 문제가 시작된 후 시간이 흐를수록 점차 감당하기 힘든 더 큰 문제로 발전하는 특징을 가지고 있다. 우리 속담에 '호 미로 막을 것을 가래로 막는다'라는 말도 이와 유사한 의미인 것 이다.

전체 품질비용을 최소화하려면 설계·개발 단계 제품 수명 주기 내에서 발생할 수 있는 모든 불량 및 결함 가능성을 예측하여 제 거하는 것이 최선이다. 기업마다 선행 품질관리에 힘을 쏟는 것도 바로 이 때문이다.

하인리히의 법칙[5]

5) https://namu.moe/w/%ED%95%98%EC%9D%B8%EB%A6%AC%ED%9E%88
%EC%9D%98%20%EB%B2%95%EC%B9%99

1:10:100의 법칙은 역시 초기 대응의 중요성을 강조하는 또 다른 이론인 '하인리히 법칙'과 함께 이해하는 것이 좋다.

하인리히 법칙은 '대형 참사는 사전에 아무런 징후 없이 발생하는 것이 아니라 참사 전에 300번의 가벼운 조짐을 보이며, 29번의 예사롭지 않은 좀 더 큰 징후를 나타낸 후에야 발생한다'는 것이다. 300번의 가벼운 조짐도, 29번의 더 큰 징후도 모두 감지 못하거나 그냥 넘기면 결과적으로 대형 참사는 피할 수 없다.

참사가 사전 징후 없이 일어나는 일은 세상에 거의 없다고 보는 것이 맞다. 사회나 기업이나 징조를 인지하지 못하거나 초기 대응을 하지 않는 것이 실질적인 문제다. 사고라는 결과가 문제가 아니라 징조를 무시하거나 대응하지 않는 것이 문제다. 저자가 경험한 바로도 큰 품질사고는 항상 이전에 징후를 보인 후에 나타났던 것 같다.

성공한 기업과 실패한 기업의 차이는 여기에서 갈린다. 성공한 기업은 조그만 품질실패일지라도 심각하게 인식하며 대처하는 기업이고, 실패한 기업은 그렇지 못한 경우다. 운명이란 어느 누구에게 완전히 불리하거나 완전히 유리하게 작용하지 않는 법이다.

품질경영의 자원과 활동을 가급적 BP(비즈니스 프로세스)의 앞 단계로 가져가야 한다. 품질 활동이 BP의 어느 단계에 집중되어 있는지를 살펴보면 그 회사의 품질 수준을 정확하게 판단할 수 있다. 만약 품질 자원(Resource)의 90%가 출하 전 최종검사 단계에 집중되어 있다면 그 회사는 자신들이 수립한 품질계획(QP, Quality Plan)

을 100% 달성한다고 하더라도 품질에서는 이류, 삼류를 결코 벗어날 수 없다. 반대로 품질 자원의 상당 부분을 선행품질 단계에 집중하는 회사는 예방 중심의 품질관리가 가능하게 됨으로써 일류 수준의 고품질을 달성할 수 있다.

즉 품질 활동은 두괄식(頭括式)을 지향하는 활동이다. 앞 공정으로 품질의 인력과 Gate를 지속적으로 전진시켜 나가야 한다.

모든 결함 요인은 당연히 출하 전에 발견되어 조치되어야 한다. 이것이야말로 고객의 기본적인 요구이고 고객에 대한 최소한의 예의다. 이것이 지켜지지 않으면 고객의 손에 불량 제품을 넘겨주는 심각한 과오를 범하는 것이 된다. 출하 전에 발견하고 조치하는 것보다 좋은 것은 제조 단계에서 모든 결함 요인을 발견하여 조치하는 것이다. 나아가 그보다 더 좋은 것은 설계 단계에서 모든 결함 요인을 조치하는 것이며, 그보다 더 좋은 것은 개발 단계에서 문제 발생 가능성을 제거하는 것이다. 문제의 발견과 조치는 가급적 프로세스의 앞 단계에서 이뤄지도록 시스템을 설계하고 구축해야 한다.

사소한 품질문제가 발생하였을 때, 이를 면밀하게 살펴 그 원인을 파악하고 잘못된 점을 시정하면 대형사고를 방지할 수 있지만, 징후가 있음에도 이를 무시하고 방치하면 돌이킬 수 없는 대형사고로 확대되고 만다.

모든 크고 작은 클레임을 철저히 분석해야 한다. 발생원인이 무엇인지, 재발을 원천적으로 방지할 수 있는 효과적인 방안이 무엇인지를 파악·도출해야 한다. 이 과정에서 각 부문의 협조와 협업은 꼭 필요하다. 철저한 분석을 통해 도출한 대책을 실행계획서(Action item)에 등록하고 각 항목의 추진 실무자와 관리 책임자를 지정해야 한다.

개별 클레임 건에 대한 이상과 같은 활동은 이른바 시정조치 활동이라 부르며, 나아가 종적으로(시간 추이 차원) 데이터를 분석하여 현재까지 발생한 누적 클레임의 유형과 경향의 이해를 통해 집중 개선을 시행하는 중대·고질적 품질 과제 개선 활동이라고 부른다. 이 둘은 항상 병행되어야 한다. 왜냐면 각자의 약점을 상대방이 보완해주기 때문이다. 그리고 이러한 제대로 된 품질 활동은 개선의 영역이 아닌 일상 업무의 영역으로 전 직원들에게 인식시켜야 한다.

또한 경영층 또는 관리자의 질책이 무서워서 품질문제를 숨기거나 정확하게 노출하지 않는 것은 회사를 병들게 하는 가장 나쁜 행동이다. 노출되지 않는 문제가 개선될 수는 없기 때문이다.

1994년 맥도날드에서 커피를 주문하던 할머니가 커피에 화상을 입는 사건이 벌어졌다. 할머니는 즉각 맥도날드를 상대로 소송을 제기했고 소송에서 승소하였다. 일반 커피의 온도보다 지나치게 높은 온도 때문에 10년간 700여 건의 화상 사고가 있었지만 맥도날드는 이를 알고도 개선하지 않았다고 한다.

법원은 맥도날드로 하여금 할머니에게 286만 달러를 지급하라는 명령을 내렸다. 할머니가 화상치료를 위해 지불한 비용은 고작 16만 달러에 불과했지만, 나머지 270만 달러는 징벌 성격의 손해배상금이었다. 이 사건 이후 맥도날드는 커피의 온도를 낮췄고, 다른 패스트푸드 업체들은 이 사건을 계기로 '커피가 뜨거우니 조심하라'라는 경고 문구를 컵에 새기는 등 안전조치를 강화하였다.

이처럼 초기에 문제가 해결되지 않거나 해결이 지연됨으로써 회사가 물어야 하는 비용손실은 기하급수적으로 증가한다. 전 세계적으로 이러한 징벌적 손해배상제도는 점차 확산되는 추세에 있다.

08

모래성이론(Sand Cone Theory)과 품질

바닷가에서 모래성을 높이 쌓아 올리는 비결은 무엇일까? 그것은 기초가 되는 하층부를 튼튼하게 하는 것이다. 다음의 그림과 같은 형태의 모래성을 쌓을 때 가장 아랫부분을 단단하게 만들면 모래성을 높이 쌓을 수도 있고, 어느 정도 파도에 견딜 수도 있을 것이다. 반대로 그렇지 못한 모래성은 작은 파도에 휩쓸려 그 형체를 알 수 없게 된다. 이것이 바로 '모래성 이론'이다. Ferdows 교수가 주장한 '모래성 이론'은 고객 중심의 환경에서 품질은 기업 경영의 가장 기초가 된다는 것을 강조한 이론이다. 모래성의 토대가 되는 가장 아래층에는 품질이 존재하고 있어야 하고, 그 위에 납기·유연성·원가·생산성 등이 순차적으로 존재되어야 기업의 전체 경쟁력이 강해진다는 개념이다. 품질이 제대로 되지 않은 상태에서 다른 경쟁요인이 아무리 강화된다고 하더라도 결코 지속 가능한 것이 될 수 없다.

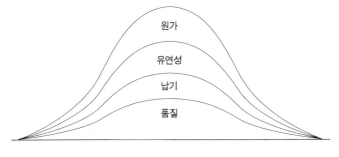

모래성이론의 형상화

고품질을 실현하지 않고 1등 기업으로 발전한 사례는 거의 없다.

기업의 경영자, 특히 오너들의 가장 큰 관심사는 돈(원가)에 집중된 경우가 많다. 중소기업 또는 중견기업 규모의 대표자는 자금·견적·수금 등 돈과 관련된 업무는 대표 자신이 직접 챙기는 경우가 많고, 그 외의 다른 분야 업무는 하부에 일임하는 경우가 많은 것 같다. 이는 기업에 있어 그만큼 돈이 중요하다는 것을 의미하는 것이기도 하겠고, 돈에 대한 열망이 강하기 때문이기도 할 것이다. 기업이 기본적으로 이윤을 내지 않는 한 살아남을 수 있는 길은 없기 때문에 이러한 경영자의 태도는 일견 당연하다고 할 수 있다. 그러나 돈을 맹목적으로 추종한다고 해서 돈을 많이 벌 수 있다면 모든 사람이 매일 밤낮 '돈 노래'를 부를 것이다.

사실 기업은 대표나 오너가 관심을 기울이는 분야가 특화되기 마련이다. 대표, 특히 오너의 관심이 품질에 가 있어야 비로소 돈을 벌 수 있는 발판이 마련된다고 말하고 싶다. 앞서 ROQ에 대해 이야기하면서도 이와 유사한 언급을 했다.

　직원 수가 약 100명쯤 되는 중소기업인 G테크는 자신들이 공급한 부품의 문제로 발주처의 완제품이 최종고객으로부터 큰 클레임에 걸렸다. 발주처는 금전적 손실은 물론 최종고객으로부터 적잖은 신뢰도 상실하게 되었다. 발주처의 품질부서장은 문제가 된 공급선의 품질 담당과 진지하게 문제의 원인과 대책을 논의하였고, 그 논의 결과를 토대로 G테크로부터 품질개선 계획을 문서로 접수받았다.

　약 1개월 후 발주처의 품질부서장은 G테크가 제출한 품질개선 계획이 제대로 이행되는지를 확인하기 위해 G테크를 방문했다. 당시 G테크의 품질 담당이 자리를 비워 대표에게 관련 내용을 문의한 결과, G테크의 대표는 발주처에 제출한 품질개선 계획의 내용이 구체적으로 무엇인지조차 잘 모르고 있었다. 실망한 발주처의 품질부서장이 G테크 대표자에게 품질에 대해서는 대표가 직접 챙겨줄 것을 요청하자 대표자는 "품질문제 하나하나를 어떻게 대표가 모두 챙기겠냐?"라며 오히려 타박을 했다는 것이다.

　이 사례를 통해 독자 여러분들은 어떤 느낌을 받는가? 사실 우리 주변에 이런 경우들이 적잖이 있다고 생각한다.

　자신들의 품질문제로 고객에게 큰 피해를 주었음에도 불구하고 G테크 대표는 여기에 대해 크게 관심을 기울이지 않았다.

품질이 전제되지 않은 상태에서 사업의 지속 가능을 담보할 수는 없다. 품질의 기초 위에 서지 않고 원가나 납기, 생산성 등에만 관심을 기울이면 모든 것은 사상누각이 되고 만다. 일시적으로 성과가 나타날지는 모르지만, 그것을 지속 가능한 성과라고 이야기할 수 없다. 무너질 수밖에 없는 모래성을 높이높이 힘들게 쌓아 올리는 것과 다르지 않다. 독자 여러분이 소속된 회사의 모래성에는 몇 층에 품질이 위치하고 있는지 생각해 보기 바란다.

품질의 기초 위에서 납기·유연성·원가·생산성 등을 추구하는 기업이 되어야 한다. 그것이 소비자주권 시대가 기업들에게 요구하는 '기본'이다.

09
타이타닉호 침몰의 비밀

해상사고 역사상 최악의 사고는 그 유명한 타이타닉호 침몰일 것이다. 타이타닉호는 당시 세계에서 가장 큰 여객선임은 물론 수영장, 사우나, 스쿼시 경기장 등 많은 편의시설을 갖춘 초호화 여객선이었고, 안전에도 엄청난 투자를 해서 '신(神)도 침몰시킬 수 없는 배'라는 별명이 붙었었다고 한다. 타이타닉호는 1912년 4월 영국을 떠나 미국 뉴욕으로 첫 항해에 나선 지 5일 만에 북대서양에서 빙하와 부딪쳐 2시간 30분 만에 침몰했다. 이 사고로 승선인원 2,208명 중 1,513명이 사망했는데, 이 사고는 숱한 이야기를 남기면서 여러 차례 영화로도 제작이 되어 세계 사람들의 심금을 울리기도 했다.

1998년 미국 국립표준기술원 조사 결과, 타이타닉 사고는 철판 연결에 사용된 리벳의 강도 부족으로 철판 이음부가 파손되어 생긴 것으로 결론이 났다. 그래서 타이타닉호는 100원짜리 리벳 불량으로 침몰했다는 말이 나돌았다. 초호화 유람선이던 타이타닉호가 순식간에 침몰한 결정적인 원인이 불량 리벳이라는 조사

결과는 사고 자체만큼이나 엄청난 충격을 안겨 주었다. 이 배의 잔해가 발견된 뒤 기술자들은 침몰 원인을 알아내기 위해 많은 연구를 했다고 한다. 일반적인 추측과 달리 선체에는 빙하와의 충돌로 인해 생길 수 있는 큰 구멍 같은 것은 없었고, 대신 뱃머리 철판 6곳에서 얇은 틈만 발견되었다고 한다. 미국 국립표준기술연구원의 티머시 포엑 박사와 존스홉킨스대 제니퍼 후퍼 매카티 박사는 자신의 저서『무엇이 타이타닉호를 침몰시켰는가?』에서 불량 리벳이 타이타닉호를 급속도로 침몰시킨 주범이라고 주장했다.

침몰된 타이타닉의 잔해에서 찾은 리벳 48개를 당시 만들어진 다른 리벳과 비교 분석한 결과 사고 부위의 리벳들은 비교 대상의 제품에 비해 슬래그 성분을 3배 이상 많이 함유하고 있다는 사실을 밝혀냈다. 슬래그가 많은 리벳은 충격에 약하고 작은 충격에도 파손될 가능성이 높다는 것이다.

타이타닉을 건조했던 북아일랜드 벨페스트의 할랜드&울프社(Harland & Wolf Company)가 건조를 진행하던 1911년 5월 31일 작성한 문서에는 당시 이 회사가 타이타닉호 외 초대형 여객선 3척을 동시에 건조하느라 리벳 수급 문제가 발생했다는 것이 기록되어 있다. 따라서 조선소는 평소 쓰던 고등급 철강재 대신 한 등급 아래 철강재로 만든 리벳을 사용했다는 것이다. 또한 리벳 제조 기술자가 부족해서 숙련공 대신 기술이 낮은 리벳공들을 고용했다고 한다. 결국 조선소는 리벳 수급난으로 인해 하중이 많이 걸리는 선체 중앙에만 고등급 철강재 리벳을 사용하고 나머지 부분에는 일반 철 리벳을 썼다는 것이다. 물론 이 과정에서 강도에 대한 검증은 생략되었을 개연성도 크다.

조사 결과 타이타닉호 선체에 틈이 생긴 6곳은 철 리벳과 강철 리벳의 경계선이었다. 이 경계선의 리벳들이 부서지면서 배에 생긴 틈으로 바닷물이 밀려 들어와 배가 순식간에 가라앉았다는 것이다. 정상적인 리벳이 사용되었더라면 타이타닉호의 침몰 시간을 늦춰 훨씬 많은 생존자 구출이 가능했을 것이다.

타이타닉호 사고는 사소한 원인이 불러온 어마어마한 결과의 역사적인 결정판이다. 생산 현장에서 발생하는 심각한 품질 사고의 근원을 파고 들어가면 이처럼 사소한 원인에 기인한 품질 사고가 의외로 많다. 정해진 작업 방법대로 작업하지 않았다든지, 당연히 해야 할 품질확인을 생략해서 생긴 문제라든지, 검증이 되지 않은 저등급 부품을 사용했다든지 하는 등이 문제의 원인으로 밝혀지는 경우가 많다. 그래서 '기본으로 돌아가자'라는 구호가 산업현장에 홍수처럼 넘쳐나고 있는 것이다.

생산량이나 납기를 맞추기 위해 품질을 양보하는 것도 큰 문제다. 특히 우리나라 국민들은 무엇이든 '빨리빨리' 해야 직성이 풀리는 것으로 유명하다. 물론 시간적 여유가 없는 이유도 있겠지만 습관적으로 뭐든 속히 마무리해야 직성이 풀리는 일종의 강박을 갖고 사는 것이다. 뭐든 빨리하려는 강박은 기본을 무시할 개연성을 안고 있다. 그동안 '빨리빨리'가 국가 산업화의 기초를 마련하는 데 일조했다면 이제 국격에 맞는 품질을 확보하기 위해서는 '빨리빨리'가 가진 병폐의 위험에 집중해야 한다.

품질 측면에서 보면 이상에서 설명한 것과 같은 '나쁜 강박'이 있는가 하면 '착한 강박'도 있다. 품질 활동에 필요한 강박은 뭐든 확실하고 완벽하게 해내려는 형태의 강박이다. 이것이 바로 '착한 강박'이다.

기본을 갖추고 중시하는 문화가 정착된 현장이라면 제품과 서비스의 고품질화는 머지않아 달성되겠지만, 기본을 무시하는 분위기가 팽배한 현장이라면 아무리 고차원적인 품질혁신을 추진한다고 하더라도 사상누각이 될 것이다.

타이타닉호를 건조한 북아일랜드 벨페스트의 할랜드&울프社가 당시 많은 수주잔량을 고려해서 계약 시 고객에게 좀 더 충분한 납기를 요청했더라면 리벳의 품귀현상에 대해 좀 더 안정적으로 대응할 수 있었을 것이다.

감당하지도 못할 스피드를 경쟁력의 하나로 인식하는 이상 대형 품질 사고는 늘 우리 곁을 떠나지 않을 것이다.

1970년대 우리나라 기업들의 짧은 납기 대응력은 수주 경쟁에서 긍정적인 역할을 하기도 했다. 그러나 지금 우리나라는 세계 10위권의 경제 규모를 갖춘 선진국이다. 이제 국격에 맞는 고품질 전략으로 세계시장을 공략해야 할 것이다. 이런 때일수록 기본이 무시되어서는 안 되며 기본을 다지는 품질 활동이 더욱 필요하다.

　업무의 기초가 되는 회사의 기준과 절차를 대하는 분위기를 보면 회사의 품질 수준을 판단할 수 있다.

　조금 다급한 상황이 되면 경영진부터 하부직원까지 모두 절차를 무시하거나 등한시하는 회사가 있다. 반면 어떠한 상황에서도 절차위반을 품질사고 이상의 큰 문제로 생각하고, 납기나 원가 등 다른 요인과 품질을 바꾸지 않는 확고한 품질문화를 구축하는 기업들도 있다. 물론 융통성이라는 것도 때로는 필요하지만 기준과 절차를 어긴 융통성은 독단이고 일탈이다.

　기준과 절차를 무시하는 회사가 고품질을 달성하고자 하는 것은 사과나무에서 배가 열리기를 기대하는 것과 유사하다. 기본을 무시한 융통성은 문제 해결 능력이 아니다. 융통성은 기준과 절차의 범위 안에서 발휘되어야 한다. 더욱이 기준과 절차를 무시하는 융통성이 경영진에 의해 행사될 때 회사의 품질문화는 기대할 수 없는 지경으로 추락하고 만다.

타이타닉호 전경[6]

침몰의 원인이 된 리벳[7]

6) https://ko.wikipedia.org/wiki/RMS_%ED%83%80%EC%9D%B4%ED%83%80%EB%8B%89

7) https://ko.ilovevaquero.com/biznes/5462-zaklepochnye-soedineniya-dostoinstva-i-nedostatki.html

10

품질은 모든 일의 합작품

만약 구매부서가 가격에만 매몰되어 무조건 싼 값으로 검증이 안 된 부품을 구매한다면 완제품의 고품질이 보장될까? 물론 구매 활동의 고려사항이 오로지 품질 하나라면 그것도 올바른 일은 아니다. 구매부서는 품질·납기·원가·경영 안정성 등을 동시에 고려한 균형 잡힌 조달업무를 해야 할 것이다. 그러나 일부 기업의 구매부서는 원가절감에 너무 치중하여 부품 품질은 다소 등한시하는 경우가 있다. 이러한 모습은 개선되어야 마땅하다. 앞서 타이타닉호가 100원짜리 불량 리벳에 의해 침몰한 사실은 특히 구매 부분에서 주목해야 할 것이다. 구매부서가 가격 인하를 통해 달성한 원가절감의 수천, 수만 배의 돈이 단 한 건의 불량 처리 비용으로 사용되는 사례는 너무나 많다. 전사적 차원에서 보면 구매 원가절감은 기업 간 경쟁이 심화되는 상황에서 피할 수 없는 대세다. 여기서 중요한 것은 변경된 공급선과 변경 예정 부품에 대한 사전·사후 품질검증을 확실히 하는 것이다. 필히 이런 과정이 뒤따라야 품질의 양보 없는 원가절감이 실현될 수 있다.

인사부서의 직원 선발, 그리고 물류부서의 운송 업무 등은 품질과 무관할까? 그렇지 않다. 회사의 모든 기능과 역할은 품질과 직·간접적으로 모두 다 연결되어 있다. 소비자 주권이 강화되면서 단 한 건의 품질문제만으로 회사는 소생 불가능할 정도의 막대한 손실을 볼 수 있다. 고객에게 인지되는 품질 수준은 회사의 모든 부서가 얼마나 품질 활동에 적극적으로 동참하느냐에 달려있다. TQC(Total Quality Control, 전사적 품질관리)나 TQM(Total Quality Management, 전사적 품질경영)도 바로 이런 이유에서 도입·확산된 품질 개혁운동이다.

도요타자동차의 창업주 기이치로(豊田喜一郎)는 '품질의 통'이라는 교훈적인 이야기를 남겼다. '품질의 통'은 '이상한 통'이라고도 불리는데, 이 이야기는 오랜 시간이 지났음에도 불구하고 변하지 않는 진리처럼 많은 사람에게 교훈을 주고 있다.

도요타의 '품질의 통' 교훈은 일부 부서가 아무리 높은 품질 성과를 낸다고 하더라도 품질 활동에 가장 소극적인 부서의 업무 품질 수준에 의해 회사 전체의 품질 수준이 결정된다는 것이다.

품질의 통(왼쪽: 통A, 가운데: 통B, 오른쪽: 통C)

왼쪽 통A에 채울 수 있는 물의 최대량은 가장 낮은 널판의 높이까지일 것이다. 이 높이를 초과한 양의 물이 담기더라도 물은 가장 낮은 널판으로 인해 통 밖으로 흘러나간다. 통A를 구성하는 각 널판의 높이는 일률적이지 않고 들쑥날쑥하지만, 이 통에 채워질 수 있는 물의 양은 가장 낮은 널판의 높이가 결정한다.

기이치로는 품질 역시 회사의 모든 부서·부문 중 업무 품질 수준이 가장 낮은 부서 또는 부분에 의해 결정된다는 주장을 제시한 것이다.

회사의 모든 부서와 기능이 품질경영에 참여하지 않고는 품질성과를 거둘 수 없다. 전원참여는 회사의 품질경영의 성패를 가르는 가장 중요한 요소다. 기이치로의 '품질의 통'은 이러한 전원참여의 필요성을 가르치는 교훈인 것이다.

인사부서는 인재를 선발하여 양질의 교육과 훈련을 거쳐 개인의 특기와 역량에 부합하는 부서에 인력을 배치할 책무가 있다. 생산요소 중 가장 중요한 사람(Man)의 품질을 보장하기 위해서다. 구매부서는 양질의 부품을 적절한 가격으로 적기에 공급할 책무가 있다. 설비관리부서는 설비 조건을 최고의 상태로 유지하기 위해 사전적·사후적 보전(Maintenance)을 완벽하게 수행해야 한다. 설계부서는 고객의 요구사항과 자사의 제조 여건을 고려하여 제품의 사양과 규격을 결정해야 한다. 제조부서는 설계부서가 내려준 사양에 준하는 적합품질을 실현할 책임이 있다. 검사부서는 반제품 및 완제품에 대한 완벽한 검사·검증을 통해 불량품이 사외로 유출되는 것을 방지해야 한다. 물류부서는 출하 후 운송·보관 품질을 관리해야 한다. 이상 언급한 여러 기능부서 중 품질과 무관한 부서가 있을까? 모든 부서가 품질에 직·간접적으로 연결되며 모든 인원이 품질에 관여하고 있다. 만약 특정 부서의 업무기능이 저하되면 다른 부서가 실현한 고품질이 정상적으로 유지될 수 없다. 예를 들어 제조부서에서 고품질의 제품을 생산했다 하더라도 운송관리의 미흡으로 운송 중 제품에 파손과 손상이 생기게 되면 고객은 최종 인도된 제품을 그 회사의 품질 수준으로 인식할 것이다.

'품질의 통' 교훈을 제품에 적용하면, 제품을 구성하는 여러 부품 중 수명 분포가 가장 낮은 부품에 의해 완제품의 수명이 결정된다는 사실이 성립된다.

여러분이 만약 유능한 목수라면 이 왼쪽의 '품질의 통'을 어떻게 개조할 것인가? 저자라면 먼저 통의 가장 높은 널판의 높이까지 모든 판의 높이를 일률적으로 키우는 방식으로 개조를 할 것이다. 낮은 널판의 끝에 조각 나무를 덧대는 방식으로 가장 높은 판의 높이로 전체 널판의 높이를 키우는 것이다. 이것을 품질 활동에 비유하면 바로 '불일치 해소' 또는 '낭비제거 활동'이다. 제약이론의 Critical constraint(치명적 제약)를 제거하는 활동이라고 해도 좋고, Bottle neck(병목구간)의 개선이라고 이름 붙여도 좋다. 이러한 개조 활동을 거치게 되면 왼쪽 통A는 가운데 통B의 모양으로 개선된다. 제약을 일으키는 부문·업무·부품에 대한 중점 개선을 통해 전체의 수준을 상향시키는 활동이다. 통B의 모습으로 개선되면 통A에 비해 담을 수 있는 물의 양은 증가하게 된다.

그 다음 단계의 통의 개조 방안을 고민해 보자.

독자 여러분이 통B를 갖고 있다면 그 다음 단계에서 어떤 방식으로 통의 모양을 개조하는 것이 성과향상, 즉 통에 담을 수 있는 물의 양을 늘리는 방법일까? 그것은 통B를 구성하는 모든 널판을 동시적으로 한 뼘 이상 키우는 2차 개선일 것이다. 이것은 회사의 Value up(가치 창출) 차원의 혁신을 하는 것이다. 경쟁과 시장에서 이길 수 있는 힘, 고객에게 특별한 만족을 제공할 수 있는 힘이 바로 경쟁력이며, 기업은 경쟁사를 능가할 수 있는 특유의 역량을 갖추어야만 지속이 가능하다. 이러한 역량 향상의 과정을 품질의 통에 비유하면 통B에서 통C로 도약하는 것이다. 이 단계는 또한 기업의 혁신이 요구되는 시점이다.

통A에서 통B로 옮겨가는 과정을 '개선'이라고 부른다면, 통B에서 통C로 가는 과정은 '혁신'이라고 해도 좋다.

앞에서도 언급한 '전사적 품질경영'은 영어 'Total Quality Management'의 우리말 표현이다. 줄여서 TQM이라고도 부른다. 전사적(또는 종합적) 품질경영은 제품이나 서비스를 생산하는 과정과 고객에게 전달하기까지의 모든 단계, 심지어 전달 후의 A/S나 제품의 폐기과정 등까지 포함하는 개념이다. 왜냐하면 품질은 토탈 완벽성을 추구하는 활동이기 때문이다.

앞서 설명한 것처럼 고객이 만족하는 품질을 갖춘 제품이나 서비스를 제공하기 위해서는 시장조사·연구개발·제품기획·설계·생산·구매·외주·제조·검사·판매 및 A/S 뿐만 아니라 재무·인사·교육 등 기업활동의 모든 단계가 동참하는 품질 활동이 필요하다. 이처럼 TQM은 '全 부분의 全 사원이 全 단계'에서 품질경영이라는 공통의 목적을 위해 일하는 것이다. 따라서 이를 지휘하고 조율하는 최고경영층의 강력한 리더십은 TQM 성공의 핵심 요소다.

미국에서 실시한 소비자 평가에서 어느 전자회사가 매우 낮은 평가를 받았는데, 그 이유를 찾기 위해 항목을 살펴보니 제품의 가격·사이즈·효율·성능·디자인 등 모든 면에서 좋은 점수를 받았지만 단 한 가지, 사용 설명서의 문서 품질이 평균 이하의 낙제점을 받았기 때문이라고 한다. 조잡한 사용설명서가 소비자들에게 혼란을 일으킬 수 있다는 이유로 소비자들로부터 매우 낮은 평가를 받았다는 것이다.

토탈품질(TQ: Total Quality)은 제품의 질뿐만 아니라 경영과 업무, 근무 환경, 조직구성원의 자질까지도 품질 활동의 범주에 포함해야 하는 소위 '토탈 완벽성'의 개념을 담고 있다.

품질경영은 '나부터, 지금부터, 작은 것부터' 시작하는 전사원에 의한 TQM 활동이다.

1985년에 이미 시작된 한국의 TQM

포항제철 회장을 역임한 박태준 前 회장은 재임 시절이었던 1985년, 품질에 대한 다음과 같은 주옥같은 일화를 남겼다.

"회사가 가장 중요시해야 할 품질은 전 직원의 모든 업무의 질이며, 업무의 품질이 좋으면 당연히 제품의 품질이 좋아져서 회사가 발전하는 것이므로 전 직원은 업무 수행 시 문제의식을 갖고 맡은 바 직무를 충실히 이행해 주기 바랍니다."

위의 어록은 전사적 품질경영(TQM, Total Quality Management)에 관한 사전적 정의에 가까울 정도로 핵심적인 내용을 담고 있다. 당시 품질에 대한 인식은 불량품을 선별하는 검사 중시의 활동이 고작이었다. 그리고 품질 업무를 경영의 하부기능의 하나로 인식한 것이 당시의 수준이었다. 그러나 박 회장은 품질을 '검사'라는 하나의 기능(Function)으로 바라보지 않고 경영의 차원에서 최고경영자로부터 일선 사원까지 참여해야 하는 핵심 영역으로 바라보았다.

그리고 또 한 가지는 품질이 프로세스와 업무 과정을 통해 높아진다는 관점, 즉 제품 품질은 업무의 품질 결과라는 점, 나아가 고품질이 프로세스의 체계와 운영으로 달성 가능한 것이라는 혜안을 가졌던 것이다.

박 회장이 '전 직원'의 '업무의 질'을 높이는 활동의 차원에서 품질 활동을 정의한 것은 분명 시대와 대세를 앞선 것이었다고 생각한다.

11

결함누출이론

결함누출이론이란 제조 시 불량으로 재작업 과정을 많이 거친 제품일수록 고객에게 인도된 후 다른 결함을 일으킬 확률이 높다는 뜻을 가진 이론이다. 이 이론은 모토로라의 빌 스미스가 출하 후 수집된 제품의 A/S 데이터를 분석하는 과정에서 발견하였는데, 고객에게 인도 후 발생한 대부분의 고장 제품은 제조 시 재작업이나 수리를 거친 제품이었다는 것이다. 즉 공장에서 재작업을 많이 거친 제품일수록 출하 후에 공장 재작업에 기인한 추가 품질문제의 발생 확률이 높아진다는 것이다.

대형 플랜트 제품의 경우, 제조 리드타임이 수개월에서 수년까지 소요되는 경우도 있는데, 출하 전 최종기능시험에서 품질문제가 발생하면 제품 수리를 위해 제품 해체가 불가피한 경우가 많다. 부분적인 해체만으로 수리가 가능한 경우라면 완전해체보다 수리 범위와 시간과 비용의 낭비를 줄일 수는 있을 것이다. 하지만 일단 해체를 거칠 경우 신규 제조와 비교해 조립 방법 면에서 비정형화와 난이도가 높고 품질관리도 까다롭다. 이물이나 수분에 취약한 제품이라면 해체 과정에서 이물, 수분 유입 가능성은 신규 제작과정보다 훨씬 높을 것이다. 그래서 대형 플랜트를 생산하는 기업의 경우 별도의 수리공장을 운영하는 경우도 있다. 이 얼마나 불필요한 낭비인가? 재작업의 건전성을 확인하기 위해 정상 사용조건보다 가혹한 조건으로 시행하는 전기적·기계적 기능시험의 추가도 어떤 식으로든 제품의 성능에 영향을 미칠 수 있다.

결함누출이론을 뒤집어 이야기하면 제조과정에서 결함 없이 생산된 제품은 출하 후에도 고장이 거의 발생하지 않는다고 할 수 있다. 그래서 저자는 세상에 소개된 품질 표어 중 가장 훌륭한 것은 '처음부터 올바르게, 마무리는 완벽하게'가 아닌가 생각한다. 처음부터 올바르게 해야 한다는 것은 세상의 모든 일에 통용되는 이치다. 와이셔츠의 맨 위 단추가 잘못 끼워졌다면 그 아래 단추들을 정상적으로 채울 방법은 없다. 항공기 안전 역시 이륙 후 5분과 착륙 전 5분에 달렸다고 한다. 제조 현장 또한 마찬가지다. 처음부터 올바르게 해야 하고, 마무리가 완벽해야 클레임과 품질비용을 감축하는 성공적인 품질을 실현할 수 있는 것이다.

이상과 같은 이유로 저자는 품질지수의 하나로 '직행률'을 관리할 것을 추천한다. 제조공정에서 품질문제로 도중에 수정(Rework)이 일어나지 않고 첫 공정에서 마지막 공정까지 Direct로 통과되는 제품 수의 비율을 관리하는 것이다. 한 제품이 모든 제조공정을 거쳐 출하될 때까지 단 한 건의 품질문제도 발생하지 않았다면 완벽

품질 즉, '직행'에 해당한다. 직행률이 높아야 재공재고도 줄고 생산성이 올라가며 출하 이후 품질문제도 줄일 수 있다. 불량률과 품질비용이 품질 분야의 대표적인 관리지수라면 직행률은 불량률로 관리할 수 없는 '초기 완성도'라는 특성을 관리할 수 있는 장점이 있다.

---

① 공정: 100개 생산하여 80개가 양품(양품률 80%, 불량률 20%), 불량품 20개를 수정하여 100개를 ② 공정으로 넘김

② 공정: 100개 넘겨받아 90개가 양품(양품률 90%, 불량률 10%), 불량품 10개를 수정하여 100개를 ③ 공정으로 넘김

③ 공정: 100개 넘겨받아 97개가 양품(양품률 97%, 불량률 3%)

예컨대 위와 같이 공정이 진행되었다면 누적 직행률은 0.8×0.9×0.97로 계산하여 69.8%가 되는 것이다.

공정이 길고 복잡한 제품의 경우 '직행'에 성공한 완제품이 생산되면 해당 직원들을 격려하는 이벤트를 갖는 것도 동기부여에 도움이 될 것이다. 처음부터 올바르게 하고 마무리는 완벽하게 하는 것이 결함누출이론을 극복하고 최고 품질을 달성할 수 있는 유일한 길이라는 점을 명심해야 한다.

12
품질경영의 4대 범주

품질경영(QM, Quality Management)이란 품질 활동과 관련된 가장 포괄적이고 종합적인 개념이다. QM은 마치 자동차와 같아서 하부의 네 바퀴가 모두 정상적으로 굴러야 앞으로 나아갈 수 있다. 그 각각의 바퀴는 QP(Quality Planning, 품질기획), QC(Quality Control, 품질관리), QA(Quality Assurance, 품질보증), QI(Quality Innovation, 품질혁신)이다. 요즘 기업들은 유행처럼 품질부서 명칭을 '품질경영부' 또는 '품질경영팀'으로 사용하는 것을 많이 볼 수 있는데, 부서 명칭을 그렇게 정했다고 해서 그런 기업이 모두 올바르고 균형 잡힌 품질경영 활동을 한다고 볼 수는 없다. QI, QC, QA, QP의 기능이 함께 유기적으로 수행될 때 비로소 올바른 품질경영을 추진하는 회사라고 할 수 있다.

각각의 네 기능을 독립된 부서 단위에서 수행할 수도 있고, 회사의 규모를 반영하여 하나의 부서 내에 각각의 소파트 내지는 담당자를 두는 형태로 운영할 수도 있다. 중요한 것은 네 개의 기능이 함께 유기적으로 작동되어야 한다는 것이다.

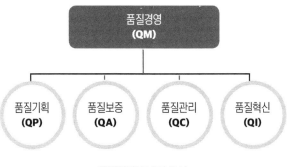

품질경영(QM)의 구성

❮ 품질기획(Quality Planning)

품질경영의 장·중·단기 전략을 수립하고, 이를 달성하기 위한 품질목표를 세우고, 품질목표를 달성하는 데 필요한 자원을 구성하고 활동체계(Quality process)와 활동계획(Quality plan)을 수립하는 것이다. 품질 조직 간 역할을 조정하며, 나아가 TQ(Total Quality, 전사적품질) 차원에서 회사의 모든 현업 부문의 품질 활동을 체계화하고 리딩하는 역할이 필요하다. 이것이 품질기획 기능이다.

❮ 품질보증(Quality Assurance)

품질 요구사항이 충족될 것이라는 신뢰를 소비자에게 제공하는 데에 중점을 두는 활동으로 단순히 제품의 수준을 평가하는 것이 아닌, 제품의 신뢰성과 사후관리까지 기업의 품질 책임을 보증하는 활동이라고 할 수 있다.

사실 QP와 QI는 단어 자체가 가진 전달력이 강하고 명확하지만, 이에 반해 QA의 개념은 좀 막연하게 느껴진다. 특히 QC(품질을 관리하는 것)와 QA(품질을 보증하는 것)의 차이가 쉽게 이해되지 않을 수 있다.

품질관리(QC)란 아래에서 설명하겠지만, 제품이나 서비스가 요구사항을 충족하는지 확인하고(품질 수준 평가) 시정조치를 관장하는 활동이다. 즉, 적합품질을 관리하는 활동이 품질관리다.

이에 반해 품질보증(QA)이란 품질관리 활동의 수준을 넘어 고객의 만족을 위해 품질 수준을 평가하는 것은 물론 신뢰성이나 사후관리 등 조직이 고객을 위해 품질을 보증하는 좀 더 폭 넓은 개념이며, 제품의 라이프 사이클 전체를 관리하는 활동이다. 그렇게 하기 위해서는 제품의 품질 수준 평가를 넘어서 전체 프로세스를 평가하고 관리해야 하며, 고객의 요구사항이 적절히 설계품질에 반영되었는지 등도 관리해야 한다. 시장품질이 설계품질에, 설계품질이 적합품질(제조품질)에 반영되었는지 전반적으로 평가하고 관리하는 활동도 이에 해당한다.

⌯ 품질관리(Quality Control) 또는 품질통제

실현된 제품(또는 부품, 반제품 등) 또는 서비스가 품질 요구사항을 충족하는지를 평가하고, 그 결과 불일치(Nonconformance)가 발생할 경우, 수정 및 재작업 등의 시정(Corrective action) 활동에 주안점을 둔 활동이다. 쉽게 말하면 제조업에서 품질검사 또는 품질통제 활동이라고 부르는 업무 영역이 QC에 가까우며, 제품이 기본적으로 충족시켜야 할 특성의 만족 여부를 각종 기준·규격·시방 등에 의거 판단하는 행위다. 세부적으로는 부품검사, 중간검사, 최종검사, 출하검사 등이 존재한다. 부적합 제품이 발생하면 품질관리 부서는 NCR(Non-conformance Report)을 발행하여 전파·보고하고, 설계·제조 등 품질실패 책임조직이 적절한 시정(수정 작업)을 하도록 하고 재발 방지를 위한 활동계획을 수립하도록 하여야 한다. 그리고 조치 결과는 품질관리 부서에 의해 확인되어야 한다.

품질 수준이 낮거나 프로세스 구축이 미흡한 기업의 경우 초기에 품질통제(검사)에 집중하는 것도 필요하지만, 프로세스가 안정된 후에도 이 단계에만 머물러 품질 활동을 전개하는 것은 효과적이지 않다. 검사는 불가피하게 필요한 기능이지만 검사 활동에 100% 의존하는 품질 활동은 품질 수준 향상에는 분명한 한계를 가지고 있다는 점을 명심해야 한다.

◀ 품질혁신(Quality Innovation)

품질 요구사항을 충족시키는 능력을 증진하는 활동을 말한다. 제품 자체의 품질을 구체적으로 개선하는 활동도 포함되고, 제품의 품질을 만들어 내는 원류인 프로세스 개선 활동도 이에 해당한다. 미해결된 고질적 품질문제를 개선하기 위해 기업에서 추진하는 활동 전반이 이에 해당하며, 최근 FMEA(Failure Mode & Effect Analysis, 고장유형 및 영향성 평가)를 통해 고장모드와 영향을 분석해서 개선하는 활동 등도 모두 품질혁신 활동의 범주에 포함된다고 하겠다. P-D-C-A 사이클의 관점에서 설명하자면 맨 마지막 A(Action) 단계라고 할 수 있다.

QM과 QM 네 바퀴의 개념만 잘 이해해도 기업에서 수행되는 품질 활동의 범위와 내용을 대략적으로는 이해한 것이라고 생각한다.

13
유지와 개선의 양 날개

　동·서양을 막론하고 고대에 국가끼리 서로 영토 전쟁을 벌이던 시대의 영토 확장 과정은 대개 비슷하지 않았을까 생각해 본다. 전쟁을 통해 이웃국가의 영토를 빼앗는 과정이 먼저 이뤄졌을 것이고, 그 다음에는 빼앗은 영토를 자국의 영토로 정식으로 편입하는 과정, 즉 통치를 통해 자국화(自國化)하는 과정이 이뤄졌을 것이다. 만약 이 두 번째 과정이 생략되거나 부실하게 되면 전쟁을 통해 어렵게 획득한 영토는 잠시 자국 국기가 꽂혔을 뿐 머지않아 또 다른 힘센 주변국의 손아귀에 들어가게 될 가능성이 높다. 즉 새롭게 편입된 영토에 자국의 통치와 치안이 미치게 함으로써 비로소 진정한 영토 확장이 완성되는 것이다.

　좀 어설픈 비유인지 모르겠으나, 저자는 개별 기업이 품질역량을 제고하는 것도 위와 같은 두 단계의 과정을 거치지 않나 생각한다. 전쟁을 통해 영토를 확장하는 것은 '품질개선'에 비유될 수 있다. 그리고 편입된 영토에 통치를 통해 영속적으로 자국화 하는 것은 '품질 유지'에 비유될 수 있다.

실무에서 품질 활동을 수행하는 많은 인력들도 품질 활동을 개선과 유지의 두 관점에서 균형 있게 바라보지 못하고 있는 것 같다. 품질 활동을 개선과 유지로 나누어 개념을 이해하는 것이 매우 합리적인 시각이다.

스텝(Step) 그래프

품질개선을 포함한 대다수의 개선효과는 스텝커브(Step Curve)의 형태로 나타난다. 아니 스텝커브의 형태로 나타나야 한다. 2차원 그래프에서 X축을 시간, Y축을 품질의 수준 또는 역량으로 본다면 Y축 방향으로 상승하는 구간은 '개선'의 과정인 것이다. 반대로 X축 방향으로 지속되는 것은 '유지'의 과정인 것이다. 즉 개선과 유지가 서로 교대로 일어날 때 품질은 공고하게 운영된다. 수평 부분을 '정체기'라고 말하는 분도 있을지 모르지만, 이 기간을 정체기로 보는 것보다는 개선된 사항이 각종 관리 도구를 통해 무너지지 않도록 견고하고 튼튼하게 자리 잡도록 하는 과정이라고 보는 것이 더 타당하다고 생각한다.

유지되지 않고 무너지는 모든 개선 활동은 '낭비'에 불과하다. 정확한 통계는 없으나 현장에서 이뤄지는 모든 개선 중 대략 5~20% 정도만이 실제 지속 유지되면서 유·무형의 효과를 나타낸다고 한다. 유지기는 정체기가 아니라 개선을 정착시키는 '정착기'다. 전쟁에서 승리해서 영토를 확장한다고 하더라도 확장된 영토를 제대로 자국화하지 않으면 이내 이웃 국가에 다시 뺏기는 것과 마찬가지다.

개선의 결과는 유지기를 통하여 견고하게 다져져야 한다. P-D-C-A 사이클에서 P(Plan)와 D(Do)를 개선의 과정이라고 볼 수 있고 C(Check)와 A(Action)는 유지의 과정에 해당한다. C와 A 단계의 활동이 부재하거나 미약하면 D(Do)를 통해 이룬 개선은 얼마간은 운영되겠지만 뿌리가 약하기 때문에 쉽게 무너지고 만다. 애써서 추진한 P(Plan)와 D(Do)를 낭비로 만드는 것이다. 이렇게 되면 결국 개선은 '무너지는 개선'이 되고 마는 것이다.

규정된 회사의 품질 활동이 정상적으로 추진되었음에도 불구하고 품질문제가 계속 생긴다면 이때가 바로 '개선'이 필요한 시점이다. Q-Jump가 필요한 시점이 된 것이다.

품질경영 활동을 QP(품질기획), QA(품질보증), QC(품질통제), QI(품질혁신)으로 구분했을 때 마지막 QI 부분이 개선 활동의 영역이다. 즉 발생원인이 규명되지 않은 품질문제가 발생한다면 불량의 원인규명을 통해 개선으로 이행시켜야 한다.

일본의 어느 전자 부품 공장에서 수개월간 지속해서 이유를 알수 없는 불량품이 나왔다고 한다. 공장장을 비롯한 정예의 품질 인원들이 원인을 찾았지만 거듭된 노력에도 불구하고 아무런 진척이 없었다. 경영진도 골머리를 앓기는 마찬가지였는데, 뜻밖에도 이문제의 해결사는 18세의 여성 기능직 사원이었다고 한다. 경영자와 엔지니어들이 해결방안을 찾지 못하고 우왕좌왕하는 동안 그녀도 문제 해결 방안을 찾는 데 나름대로 몰두하고 있었던 것이다. 그러던 어느 날 점심시간 모두 식사를 하러 나간 뒤 텅 빈 생산라인에 앉아서 찬찬히 내부를 둘러보던 그녀는 때마침 철커덕하며 인근을 지나가는 전차 소리를 들었다고 한다. 그 순간 그는 "바로, 이거야!" 하면서 자리를 박차고 일어나 곧바로 회사에 정밀조사를 의뢰하여 고질 불량의 원인이 바로 공장 인근 철로를 달리는 전차의 미세한 진동이라는 것을 증명하게 되었다. 진동이 오랫동안 지속되면서 제품을 찍어내는 프레스 수평이 기울어져 불량품이 발생한 것이었다. 이것은 마키노 노보루 前 미쓰비시종합연구소 소장이 발굴한 실화다. 이 문제는 기대 이상의 문제의식을 느낀일개 사원이 회사의 고질적인 품질문제의 원인을 발견한 사례다.

반대로 유지활동의 사례를 살펴보자. 박판철판을 자르는 슬리팅 머신의 칼날은 철판의 절단횟수(시간)에 비례하여 마모된다. 칼날이 마모되면 절단면의 품질이 저하될 것이고 이를 방지하기 위해 일정량의 철판을 절단한 칼날은 다시 연마한 후 사용해야 한다. 물론 칼날 연마를 위해 사외에 반출한 기간에 사용할 대체 칼날도 보유하고 있을 것이다.

정해진 주기에 정해진 방법대로 칼날을 연마하는 것은 품질 유지 활동에 해당한다. 품질 유지 활동은 사내 품질기준에 규정되어야 하고 관련자들은 규정된 내용을 준수해야 한다.

만약 품질 유지에 필요한 모든 실행사항이 사내 기준에 일목요연하게 규정되어 있지 않다면 품질계획이 제대로 구축되지 못한 회사라고 볼 수 있다.

만성적이고 고질적인 품질문제를 해결하는 활동이 품질개선 활동이다. 그리고 개선 활동이 완료된 이후에 일정 기간 동안 개선의 효과가 지속되는지, 동일한 부적합이 생기지 않는지를 관리하는 것은 유지활동이다. 즉 유지활동이란 제품과 관련된 부적합 사항이 개선된 이후의 사후관리 활동이며, 그 구체적인 방법은 개선사항을 QC-공정도 등의 QP(Quality Plan)에 등재하여 일상적 통제를 하는 것이다.

개선된 사항은 반드시 유지활동으로 전환되어야 한다. 그래서 개선과 유지는 교대로 일어나야 한다. 개선 활동의 결과는 유지활동에 바통을 넘겨주어야 한다. 그렇지 않으면 개선 역시 낭비가 되고 만다.

14

과잉품질이 아닌 충분품질로

과잉품질이란 고객이나 시장이 요구하는 수준 이상의 고품질 제품 또는 서비스가 실현된 것을 말한다. 또한 제품을 구성하는 여러 품질 특성 중 상대적으로 중요성이 낮은 품질 특성에 고객 요구 이상의 높은 비용을 투입하여 품질이 실현된 것도 이에 해당한다.

저자는 본서에서 품질은 기업에 있어 절대적 가치이며 생존하기 위한 필수요소이며, 기업은 항상 최고품질을 추구하는 자세를 가져야 한다고 주장했다. 그런데 느닷없이 과잉품질의 문제를 지적한다면 이미 이야기한 품질의 절대성과 모순되는 이야기인가? 또한 과잉품질의 문제를 지적하는 것이 적당주의 품질을 추구해도 괜찮다는 이야기인가? 이 두 물음에 대한 대답은 모두 'No'이다.

여기서 문제 삼는 것은 고객과 시장이 요구하는 수준 이상을 추구하는 것과, 여러 특성 중 덜 중요한 품질특성에 더 많은 공을 기울이는 이른바 Mismatch(부조화)에 대한 것이다. 이런 관점에서 최고품질과 과잉품질은 엄연히 구분해서 이해해야 한다. 즉 최고품질은 추구하되 과잉품질이 실현되는 것은 경계해야 한다. 과잉품질은 회사의 이익을 빼앗아가는 것이지만 최고품질은 회사의 이익을 보장한다.

과잉품질을 지양하면서 최고품질을 지향해야 한다는 점에서 저자는 '충분품질'이라는 개념을 강조하는 것이다. 고객과 시장의 요구에 비추어 최고의 품질을 실현하는 것이 바로 충분품질이다. 동일한 회사의 생산품이라도 Target 시장에 따라 충분품질의 수준은 달라질 수 있다. 이 시장, 저 시장 구분 안 하고 천편일률적인 수준의 제품을 실현한다면 품질기획이 잘못된 회사다. 이렇게 되면 특정한 고객은 제품에 만족하겠지만 또 다른 고객은 불평할 수밖에 없는 Mismatch(부조화)의 상황이 벌어질 것이다.

❮ 충분품질로의 전략 전환 사례

1934년에 창업한 세계 최대 규모의 지퍼(Zipper) 제조사 YKK는 2010년 중·후반을 거치면서 과잉품질에서 충분품질로 회사의 품질 전략을 수정하였다. 요즘도 홈쇼핑 채널을 보면 청바지 등 의류에 YKK 지퍼가 달린 것이 적잖은 Merit인 것처럼 홍보하는 것을 보게 된다.

당시 YKK는 품질을 일종의 성역으로 여기면서 세계 어디든지 고품질의 상품을 공급하는 것이 자신들의 가치인 동시에 프라이드라고 생각했다고 한다.

그러나 그 이후 고객요구와 무관한 고품질 전략이 자신들의 시장을 스스로 놓치게 되는 원인이 되었던 것을 알게 되었다. 지퍼 사업부 부사장은 'Too much(과잉품질)'가 아닌 'Good enough(충분품질)'로 전환할 것을 발표하였다. 즉 품질 지상주의 전략에서 맞춤형 판매량 확대전략으로 전환하면서 시장과 수익 확대를 동시에 달성한 것이다. 모든 시장의 제품 품질을 낮추는 것이 아니라 각 Target 시장의 요구를 충분히 만족하는 수준의 품질로써 경영의 혁신을 꾀한 것이다. 결국 품질 활동의 결승점은 품질경영(QM)을 넘어선 경영품질(MQ)이어야 한다는 점을 일깨워 주는 사례이기도 하다.

요즘 코로나19의 영향으로 의료기관 등에서 사용하는 일회용 방역복의 수요가 폭발적으로 늘었다. 만약 한번 입고 버리는 일회용 방역복에 고가의 YKK 지퍼를 사용한다면 이것은 당연 과잉품질이 될 것이다.

다시 한 번 강조하지만 품질지상주의에 빠져 무조건적으로 최고 품질을 추구하기보다는 시장과 고객의 요구에 맞추는 충분품질 전략으로 나아가야 한다.

YKK 지퍼를 채택한 청바지[8]

---

8) https://m.blog.naver.com/PostView.naver?isHttpsRedirect=true&blogId=sud23997& logNo=40198575648

◄ 특성 간 품질 부조화 사례

기계 부품의 가공정밀도를 예를 들어 설명하려고 한다.

기계 부품은 부위별로 요구되는 가공정밀도가 다른 경우가 많다. 해당 부품이 조립되는 부위가 다르고 부위별 기능이 각각 상이하기 때문이다. 따라서 설계자는 부품의 품질기능 전개를 통해 부위별로 기능에 적합한 가공정밀도를 부여하는 것이 마땅하다. 그러나 핵심 기능과는 무관한 부위에 지나치게 높은 가공정밀도를 부여하거나, 반대로 주요 기능을 하는 부위에는 상대적으로 낮은 가공정밀도를 부여하는 경우가 있다. 이것은 필요특성에 대한 해석오류로 인한 품질 부조화(Mismatch)에 해당한다. 하나의 부품에 대해서도 부위별로 적용한 특성이 미달되거나 반대로 남아도는 현상이 함께 나타나는 것이다. 요구 성능에 비해 낮은 등급이 적용되었다면 불량이나 품질 사고로 이어지는 큰 문제가 생기겠지만, 요구특성에 비해 지나치게 높은 등급이 적용되는 것 역시 바람직하지 않다.

또한 고객이 요구하지도 않는 수준의 과포장으로 비용을 낭비하는 경우도 과잉품질의 사례에 해당된다.

이는 설계자 또는 개발자가 도면과 사양을 작성하는 과정에서의 부주의와 실력 부족에 기인하는 경우가 많다. 자신이 설계하는 부품의 기능과 또는 용도에 대한 이해가 부족할 경우 부위별로 정확한 품질 특성을 지정하기가 쉽지 않다. 그래서 낮은 사양으로 설계함으로써 불량의 리스크를 안고 가는 것보다 무작정 높은 사양을 적용하는 편이 훨씬 안전하기 때문이다. 이 문제가 설계 검토과정에서 노출되어 사양이 조정되는 경우도 있겠지만 그렇지 못하고 넘어가는 경우도 많다. 이러한 현상은 개발과정의 선행품질 활동이 충분하지 못한 경우에 많이 일어나며, 생산 형태별로는 수주생산 방식에서, 제품별로는 비표준화 제품에서 흔히 발생한다. 엄밀하게 말하자면 설계자나 개발자의 실력 부족을 돈으로 대신하는 것과 크게 다르지 않다.

또한 발주처의 검사원들에 의해 과잉품질이 조장되는 경우도 있다. 우리나라 검사원들은 도면에 별도로 표시되지 않는 외관품질에 대해 지나치게 미려할 것을 요구하는 경우가 많다. 발주처와 체결된 계약이나 도면·시방 등 사양에 명기된 수준 이상의 품질을 제공할 의무는 없다. 발주처의 검사원 역시 도면과 사양에 명기된 것 이상의 고품질을 요구해서는 안 된다. 이는 품질 우선주의와는 전혀 다른 이야기다.

이상 언급한 설계자·개발자·검사원의 문제는 모두 부품이 가진 기능과 성능에 대한 몰이해에 기초한다. 자신에게 돌아올 책임을 회피하기 위해 과잉품질을 요구하는 경향도 있다는 것을 부인할 수 없다.

본서에서 언급할 카노의 품질유형 중 '무관심 품질영역'에 돈을 들이는 것은 잘못된 품질 활동이다.

품질에 있어서 '최적이 최고'라는 생각으로 무장해야 하겠다. 최적에 못 미치는 것도, 최적을 넘어서는 것도 부적합(Nonconformance)이라는 사고가 필요하다. 이것이 품질경영을 넘어서 경영품질로 나아가는 인식 전환의 출발점이라는 것을 꼭 염두에 두자.

도요타의 대표적 생산방식인 TPS의 핵심 개념인 JIT, 즉 'Just In Time'을 우리말로 번역하자면 '정확하게, 딱 그 시간에'다. 적기(適期)관리를 강조한 말로, 부품을 조달할 때 소요되는 일자에 비해 지연 입고되면 생산 차질이 불가피하고, 반대로 소요 일자에 비해 조기 입고되는 경우도 불필요한 재고 증가를 유발시킨다. 생산방식에서 적기관리가 중요하듯이 품질 활동에서도 적합품질은 더없이 중요하다.

15

고전(古典) 속 품질철학

저자는 품질과 품질경영에 대해 많은 생각을 하면서 우리 고전(古典) 속에 녹아 있는 품질철학을 발견하고 무릎을 쳤던 적이 있다. 대표적으로 두 구절만 언급하고자 한다.

중용

안빈낙도의 전경

❮ 논어, 본립이도생(本立而道生)의 품질철학

논어의 학이(學而) 편에 '본립이도생(本立而道生)'이라는 말이 나오는데, 이는 '근본이 서면 도(道)는 저절로 생긴다'라는 뜻이다. 유학이 근본에 힘쓰는 학문이라고 일컬어지는 것도 바로 이런 가르침 때문이 아닌가 생각한다. 저자는 이 한자성어와 동일한 뜻을 가진 서양 격언을 찾는다면 바로 'Back to the Basic'이 아닐까 생각한다. 품질은 '기본(Basic)'으로부터 출발한다. 어렵게 생각하지 않아도 된다. '불량품은 받지도 만들지도 보내지도 않는다'라는 것이 바로 품질에서의 'Basic'이다. 물론 말은 쉽지만 쉽게 성취할 수 있는 수준이 아닌 것은 사실이다. 회사가 정한 기초질서를 지키는 것 역시 품질의 기본이다.

기업의 조직과 구성원은 기본으로 돌아가야 한다. 얼마 전 K-타이어는 장기 보관품 절단식을 진행하면서 '어려운 상황일수록 항상 기본으로 돌아가서 생각하고 행동해야 한다'라며 모든 현장에서 'Back to the Basic'을 품질과 고객만족의 최우선 가치로 삼는 선포식을 가진 바 있다. 이는 고품질 일류회사로 도약하기 위한 매우 의미 있는 행동이라고 생각한다.

품질 활동에 있어 기본을 지키는 것보다 중요한 것은 없다. 기본을 지키다 보면 기본 이상의 가치와 실적이 뒤따르게 된다.

성공하는 기업을 만들기 원하면서 정작 기초는 다지지 않고 그 열매만 바라보면서 직원들을 다그치고만 있지는 않은지 되돌아보아야 할 것이다.

K타이어의 불량품 절단식 모습[9]

☚ 중용 23장, 품질경영의 교과서

중용 23장에는 다음과 같은 글귀가 나온다.

"曲能有誠이니 誠則形하고 形則著하고 著則明하고 明則動하고
動則變하고 變則化니 唯天下至誠이야 爲能化니라."

"작은 일도 무시하지 않고 최선을 다해야 한다.
작은 일에 최선을 다하면 정성스럽게 된다.
정성스럽게 되면 겉에 배어 나오고 겉에 배어 나오면
겉으로 드러난다.
겉으로 드러나면 이내 밝아지고 밝아지면 남을 감동시키고
남을 감동시키면 이내 변하게 되고, 변하면 생육된다.
그러니 오직 세상에서 지극히 정성을 다하는 사람만이 나와
세상을 변하게 할 수 있는 것이다."

---

9) 소비자가 만드는 신문 http://www.consumernews.co.kr/news/articleView.html?idxno
=519787

2014년에 개봉된 영화 〈역린〉으로 인해 중용 23장은 더욱 유명해졌다. 정조와 신하의 경연 중에 나오는 중용 23장의 문장은 영화의 핵심 주제 이상으로 큰 감동을 주었던 것으로 기억된다. 중용 23장의 정신이야말로 품질인이 추구해야 할 정신이고, 품질 활동의 바람직한 개념이 되어야 한다고 본다.

작은 일을 작은 일로 보지 않는 것이 품질을 위한 기본자세다. 본서에서 언급했듯이 신(神)도 가히 침몰시킬 수 없는 배라고 불렸던 타이타닉호는 100원짜리 리벳의 불량 때문에 처참하게 침몰했다. 우리 주변의 크고 작은 품질문제는 아주 사소한 문제에서 비롯되는 경우가 너무 많다.

정성을 다해서 일하는 것은 품질을 위한 기본자세다. 그리고 정성은 몸에 습관화되면 자연히 밖으로 드러난다. 밖으로 드러남으로써 타인에 대한 영향력이 생기게 된다. 회사의 관리자에 의해 시행되는 어떤 공식적인 교육보다 기준준수가 몸에 배인 모범적인 동료가 전해주는 비언어적 교육이 더 효과적이다. 그래서 회사는 모범적인 리더를 육성하고 그들이 타인에게 모델이 되도록 육성·지원하는 활동에 전력을 다해야 한다. 이것 역시 중요한 품질 활동의 일부다.

관리자 자신은 솔선수범하지 않으면서 예하의 직원들에게 교육 내지는 지시만 하는 것은 공허하고 파급력이 약하다. 말로써 행동을 만드는 것이 아니라 행동으로 말하는 것이 올바른 품질 교육이고 품질의 기초다. 관리자나 리더에게는 더더욱 중요한 덕목이 이

솔선수범이다. 리더들은 타인의 사고방식이 본인과 다를 수 있다는 것을 인정해야 한다. 다른 사람이 자신을 따르게 하려면 따뜻함과 포용, 상대방에 대한 이해가 필요하다. 오로지 진정성 있는 포용만이 남이 자신을 따르게 하는 비결이다.

본서에서 수없이 언급했듯이 품질경영에서 리더십이 갖는 역할은 아무리 강조해도 지나치지 않다.

구성원 모두가 스스로 몸소 자신의 역할을 다하려고 노력하고 실천할 때 그 조직은 중용 23장에서 말하는 '밝은 조직'이 된다. 밝아진다는 것은 일류기업으로 성장하고 그 결실이 직원들에게까지 미치는 것을 말할 것이다.

16

제로디펙트
(ZD: Zero Defect)

우리나라에서는 '제로디펙트 운동(ZD)'이라고 하면 불량을 줄이기 위한 의식개혁 운동 정도로 인식하는 것이 일반적이다. 제로디펙트 운동의 기원은 1962년 미국의 품질 학자 크로스비가 주창한 품질혁신 활동이며, 비슷한 시기에 미국의 세계적인 무기 제조업체인 록히드 마틴社에서 품질개선을 위해 시행한 종업원 동기부여 프로그램이 본격적인 시초라고 할 수 있다.

록히드 마틴 로고[10]

---

10) https://ko.m.wikipedia.org/wiki/%ED%8C%8C%EC%9D%BC:Lockheed_Martin_logo.svg

당시 록히드 마틴은 美 육군에 미사일 납기를 대략 2개월 정도로 공급을 하고 있었는데, 갑자기 고객인 美 육군으로부터 납기를 2주일(25%)가량 당겨달라는 요청을 받게 되었고, 록히드 마틴의 책임자는 이의 수용여부를 검토한 결과 첫째, 불량 등으로 인한 재작업이 없으면, 둘째, 검사를 다시 하는 일이 없으면, 셋째, 설계를 다시 하는 일이 없다면 美 육군이 제시한 납기 단축이 가능하다는 결론에 먼저 도달하였다. 그래서 다시 하는 일을 없애기 위해 처음부터 정확하게 한다는 사상을 바탕으로 전 직원의 실수를 제로화하는 캠페인을 벌이기 시작했다. 록히드 마틴의 경영진은 美 육군의 제안을 회사의 시스템이 수용하기 위해서는 경영진 자신의 의식변화가 전제되어야 한다는 결론에 먼저 도달하였다. 완전무결이 필요한데, 그간 완전무결이 실현되지 못한 원인은 구성원 모두가 완전무결을 기대하지 않았기 때문이었다는 것이다.

　록히드 마틴은 ZD운동을 벌이기 전에는 작업자가 범하는 실수의 3가지 보편적 원인이었던 지식 부족, 지원 설비 부족, 주의 부족 중 마지막 주의 부족에 대해서는 경영진이 별로 관심을 두지 않았다고 한다. 그래서 ZD 운동의 첫 단추를 작업자들이 주의를 집중하여 업무를 수행하는 환경을 조성하는 것으로 정하였다. 경영진은 교육과 특별 프로그램 등을 통하여 작업자들이 이러한 원칙에 점차 익숙해지도록 변화시켜 나갔다. 록히드 마틴의 ZD운동은 구체적인 문제 해결 기법이라기보다는 사고방식, 동기부여, 작업자의 인식 등에 비중을 둔 활동이다.

美 록히드 마틴社가 제조한 F-35 전투기[11]

❮ 록히드 마틴의 ZD 운동의 동기부여 순서

－ 실수의 원인을 시스템 차원에서 제거하고, 확실한 목표를 세운다.

　즉 직원들에게 '잘하라'고 말하는 것이 아니라 '잘 할 수 있는 구조'를 먼저
만들어 주었다는 것이다.

－ 자기가 실행하는 일의 원리와 중요성을 각인(교육)시킨다.

　사람은 그 원리와 중요성을 모르면 그만큼 주의를 집중하지 않는다는 것이다.

－ 각자 소그룹별로 개선 목표를 부여하고 실적을 달성하도록 한다.

　성공체험의 경험은 사람의 정신에 긍정적인 기운(Boom)을 일으키며 다른
사람에게로 확산되는 성질을 가진다.

－ 목표를 달성한 소그룹이나 공적이 있는 개인에게 과감하게 표창한다.

　인정받고 싶은 욕구를 충족시켜 주면 더욱 성장한다. 의도적인 '스타 만들기'
활동을 벌여 사람들의 정신에 가능성과 긍정의 기운을 심어야 한다.

---

11) 　LOCKHEED MARTIN　https://www.lockheedmartin.com/en-us/products/f-35.html

오늘날 ZD운동을 추진하고자 한다면 품질마인드를 구축하기 위한 품질의식 개량운동, 그간 근절하지 못한 중대·고질적 개별 품질 문제를 개선하는 품질개선의 두 축을 중심으로 전개하는 것이 좋겠다.

여기서 중요한 것은 Defect의 범위와 대상을 완제품·반제품·부품 등 물건에만 한정하지 않고 업무 과정의 인적실수(Human Error)나 고객에게 야기되는 불만(Complain)까지 확대하여 정의하는 것이 좋다. 또한, 제조부서 뿐만 아니라 설계·개발 부서는 물론 사무·간접 부문까지 포함한 전사를 대상으로 활동하는 것이 좋다.

Zero Defect의 바람직한 범위와 대상

직원들의 의식 수준은 모든 변화운동의 기본이 되지만, 단지 그것만으로 일류의 고품질을 달성할 수는 없다. 물론 완벽한 품질의식으로 무장된 조직이라면 시간이 좀 걸리더라도 언젠가는 올바른 궤도를 거쳐 고품질에 도달할 수 있을 것이다.

정확히 말하면 품질의식의 기초 위에서 중대·고질적인 품질문제를 적극적으로 개선하는 활동을 추진해야 한다. 제품의 신뢰성, 안전성, 회사의 이미지, 지속 가능 경영을 위협하는 기업의 고질적이고 중대한 불량요인(X)을 찾고 해결하는 활동에 집중해야 한다. 개선 없는 관리는 현상유지 이상의 효과를 절대 기대할 수 없다. 중대·고질적인 문제를 해결하는 활동을 거치지 않고 일상적 관리에만 집중한다면 결국 현재의 품질 수준 이상의 개선은 이뤄내기 어렵다.

≡ Zero Defect의 국내 원조는 해인사 팔만대장경

유네스코에 세계적인 문화유산으로 등재된 팔만대장경은 고려 고종 때(1236~1251) 연인원 2만 명이 동원되어 16년간 86,340경(5,200여 만字)을 구양순체로 제작하였는데, 오자와 탈자가 전혀 없는 완벽한 수준의 경지다.

우리 민족은 서양보다 일찍이 Zero Defect를 달성한 민족이라고 자부해도 좋을 것이다.

17
숨겨진 공장(Hidden Factory)

　제품이나 서비스가 만들어지는 곳은 현실 세계에 존재하는 가시적(可視的)인 공간이다. 그런데 6시그마 활동론에 의하면 이러한 가시적 공장(Visible factory, 보이는 공장)과 달리 보이지 않는 공장이 따로 존재한다는 것이다. 이것은 상당히 철학적 차원을 내포하는 개념이다. 고객 클레임·폐기·재작업 등과 같이 겉으로 드러나는 손실 비용은 전체 품질비용의 단 4~6%에 불과하며, 더욱 심각한 것은 파악 또는 측정이 불가능한 영역에서 발생하는 피해라는 점이다. 이것이 회사 전체 비용의 약 25~30%에 달한다는 것이다. 이렇게 눈에는 보이지 않지만 비용을 발생시키는 공장이 바로 숨겨진 공장(Hidden Factory)이다.

　Hidden Factory는 가시적인 품질비용 외에 그보다 훨씬 더 큰 규모의 보이지 않는 비용을 발생시키는 공장이다.

　빙산은 보이는 부분보다 훨씬 더 많은 부분이 물속에 잠겨 있다고 해서 이 보이는 부분을 '빙산의 일각(The tip of an iceberg)'이라고 부른다. 빙산은 자기 덩치의 약 5~10%만 수면에 드러내고 나머지는 물속에 감추고 있다고 한다. 물 위에 드러난 부분만을 빙산의 전체 사이즈라고 생각하면 큰 오산이다. 수면 아래에 보이지는 않는 90~95%의 빙산이 바로 숨겨진 공장과 동일한 의미다. 즉 눈에 보이는 공장에서 발생하는 비용에 비해 눈에 보이지 않는 공장에서 발생하는 숨겨진 비용이 엄청나게 크다.

이 '숨겨진 공장'의 크기가 커질수록 '보이는 공장'의 효율은 그에 비례하여 저하되고, 회계장부에 나타나지도 않고 정확한 추적도 불가능한 어마어마한 낭비가 발생한다.

보이는 공장과 보이지 않는 공장은 서로 상충적(相衝的) 관계에 있다. 한쪽이 크면 다른 쪽은 줄어들게 되지만, 반대로 한 쪽이 줄어들면 다른 쪽은 자연스럽게 커지는 그런 관계다. 공장의 운영 프로세스가 매우 효과적이고 품질문제가 거의 발생하지 않는 구조라면 그만큼 '숨겨진 공장'의 크기는 줄어들게 된다. 반대로 '눈에 보이는 공장'이 갖가지 문제를 갖고 있고 운영 프로세스가 엉망이고 품질문제가 다발하고 있다면 '숨겨진 공장'은 그 크기가 확대되어 '눈에 보이는 공장'의 크기와 효율을 저하시키는 암(癌) 덩어리 같은 존재가 되고 만다.

6시그마 활동론에서는 눈에 보이는 공장과 숨겨진 공장에서 발생하는 품질비용을 합산하여 COPQ(Cost Of Poor Quality)라고 이름하고, 기존의 품질비용(Q-Cost)이 저품질의 피해 전체를 나타내지 못하는 한계를 보완하는 개념으로 제시하였다. 즉 6시그마에서의 손실 비용은 빙산 아래에 존재하는 폭넓은 개념의 손실, 즉 기회 손실 비용까지도 포함하는 것이다.

품질문제가 생기면 재작업공수가 발생하고, 추가 자재비가 소요 되며, 설비비·동력비·지체보상금 등의 비용도 추가 발생한다. 이것 은 다 눈에 보이는 영역, 즉 수면 위에 나타나는 비용이다. 그런데 불량과 재작업으로 인한 피해는 단순히 여기에서 그치지 않는 것 이 일반적이다. 안전문제, 대고객 신인도 저하, 후속오더 수주실패, 설비 마모, 후속 생산오더 지연, 불필요한 시간 외 근로 발생 등 회 계상 정확하게 집계할 수 없는 2차 피해가 발생한다. 즉 빙산의 수 면 아래에 숨어 존재하는 피해다.

Hidden Factory 개선에 접근하는 바람직한 방식은 프로세스의 가시성(可視性)을 높이는 방법으로, 모든 프로세스의 문제가 투명 하게 드러나도록 분석하는 것이다.

빙산의 일각과 Hidden factory[12]

---

12) https://blog.naver.com/PostView.naver?blogId=iochord&logNo=222044953610&re direct=Dlog&widgetTypeCall=true&directAccess=false

◁ 프로세스 가시성(可視成) 향상

프로세스의 가시성이란 제조 기업 내부의 업무 프로세스, Transaction, 리소스 투입 등 전체적 상황을 정확하고 완벽하게 파악할 수 있는 능력을 의미한다.

기업이 가시성을 확보하는 일, 즉 자사의 전반적 비즈니스 상황을 명료화하는 일은 이론적으로 매우 기본적이고 당연한 것처럼 보이지만 현실은 그다지 쉽지 않다. 제조 활동의 전체적 가시성 파악은 상당히 어렵고 큰 노력이 수반된다. 하지만 프로세스를 단위 업무로 나눠서 파악하고 지속적으로 문제점을 찾아서 개선하는 방식으로 접근하면 프로세스 가시성 확보가 가능하다는 것이 선진 선도 기업들의 경험담이다. 문제를 모르는 것이 가장 큰 문제이며, 문제가 드러나지 않는 것은 프로세스가 불필요하게 복잡하거나 비효율적이기 때문이다.

부품 공급 지연, 공정 지연, 사양 변경, 주문 변경, 불용 재고 및 과다 발주 등과 같이 제조업에서 빈번하게 발생하는 문제들이 많다. 이 문제들을 더 파고 들어가면 프로세스 정의서 내용과는 다른 업무 흐름, Hidden 프로세스, 잘못 설계된 업무 프로세스 등이 원인인 경우가 많다. 이런 현상을 상세히 파악하고 분석하는 것이 프로세스 가시성 확보의 시작점이다. 이것이 바로 프로세스의 품질을 높이는 활동이며, 프로세스의 품질은 제품 품질로 자동적이고 자연스럽게 연계된다.

기업의 품질인력은 프로세스 가시성을 밝혀내는 역량이 필요하다. 제품의 검사를 통해 고품질을 확보하려는 노력은 아주 오래 전에 그 수명이 다했다고 해도 과언이 아니다. 프로세스 지향이란 프로세스를 통해 품질을 확보하는 활동을 의미하며, 품질인력은 프로세스를 진단하여 문제점을 밝히고 가시성을 높이는 일이 본인들의 주업(主業)이라는 점을 인식해야 한다.

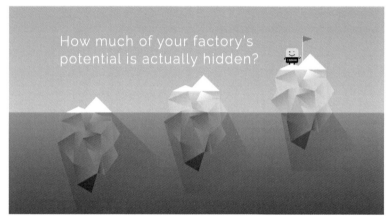

Hidden Factory의 단계적 가시성 향상[13]

---

13) https://evocon.com/articles/oee-software-investment/

18

품질문화(品質文化)는
리더십이 좌우한다

유별나게 품질 관련 플래카드나 슬로건을 많이 붙여 놓은 회사
가 있다. 공장 벽과 사무실, 심지어 출입문이나 화장실에도 품질에
대한 결의나 궐기가 담긴 문구로 도배된 회사의 경우다. 대표적 품
질전문가인 데밍은 본서의 Ⅲ부에서 소개할 자신의 품질원칙 14가
지에서 '각종 구호, 슬로건, 경고문은 실제 품질을 높이는 것에 크
게 도움이 되지 않는다'라는 지적을 했다.

품질에 대한 구호나 슬로건 그 자체가 나쁜 것은 전혀 아니다.
품질혁신에 대한 결의를 밝히고 직원들의 동참을 호소하는 데에는 구호나 슬로건이 도움이 될 수 있다. 그러나 표어나 슬로건을 게시하는 것만으로 사람들의 품질에 대한 의식과 자세가 향상될 것으로 생각하는 것은 잘못이다. 데밍의 지적도 바로 이런 부분을 꼬집은 것이다. 회사의 품질문화 성숙도는 벽이나 식당에 걸려있는 구호나 슬로건의 내용이나 숫자에 비례하지 않는다.

바람직한 품질문화는 무엇보다 최고경영자의 품질경영에 대한 의지와 솔선수범에 의해 결정된다. 많은 전문가의 지적과 같이 품질경영의 성공의 요체는 바로 리더십이다. 기업경영의 모든 분야가 경영자의 리더십에 의해 좌우되지만 품질 분야는 더더욱 그렇다. 왜냐하면 품질은 회사의 모든 활동의 총합으로 나타나는 것이기 때문이다. 그리고 품질은 무형의 의식과 철학, 프로세스, 일하는 방식에 의해 크게 영향을 받기 때문이다. 고품질을 실현하는 데에는 올바른 품질문화가 전제되어야 한다. 문화는 일하는 방식을 결정하는 동시에 소속된 인원을 공유된 가치에 동화시키는 힘을 가지고 있다.

리더십은 인원의 적극 참여를 유도하고, 조직 목적과 방향의 통일성을 기하고, 목표를 달성하기 위해 조직의 전략·방침·프로세스·자원을 한 방향으로 정렬시키는 원동력이다. 고품질을 달성하기 위해서는 최고경영자의 리더십이 가장 중요하겠지만, 오직 최고경영자 한 사람의 리더십만으로 충분하다는 것을 의미하지는 않는다. 각 계층의 리더에게 리더십이 필요하고, 그것이 적절하게 발휘

될 때 품질경영은 목적을 달성할 수 있다. 특히 CQO(Chief Quality Officer)의 역할이 중요하다.

일반적 리더십과 마찬가지로 품질리더십의 양 날개는 '방향설정 능력'과 '통솔력'이다. 최근 일부 기업에서는 리더십을 통솔력과 등치되는 개념으로 인식함으로써 커뮤니케이션과 스킨십 등만 지나치게 강조하는 경향이 있다. 그러나 이것만을 온전한 리더십이라고 보기에는 충분하지 않다. 동호회나 사교 모임의 경우라면 통솔력 내지는 그 하부의 스킨십 중심의 리더십만으로도 충분하겠지만, 기업은 이윤 추구라는 성과를 전제로 하는 목적 조직체이므로 리더십의 다른 한 축인 방향설정 능력은 매우 중요하다.

ISO9001(2015)에서도 조직의 품질경영을 위해서는 내부의 상황, 이해관계자의 요구, 리스크와 기회의 측면에서 올바른 품질경영의 방향 설정을 요구하고 있다.

만약 방향설정 능력은 부족한 반면 유난히 통솔력이 아주 강한 리더가 있다면 조직을 잘못된 방향으로 매우 힘 있고 강하게 이끌어 나가지 않겠나?

통솔력은 인원의 가용성(可用性)과 역량을 검토하여 효과적인 품질경영을 가능하게 하는 실행 차원의 능력이다. 다시 말해 통솔력은 설정한 목표를 달성하기 위해 모든 인적 리소스를 효과적으로 운용하는 능력이다. 친밀한 커뮤니케이션과 조직원 간의 끈끈한 유대관계를 만드는 것 등도 결국은 주어진 목표를 달성하기 위한 것이다.

이것이 기업에 있어 리더십에 대한 균형 잡힌 시각이라는 것을 강조한다. 목적과 수단의 관계를 올바르게 이해하는 균형 잡힌 시각이 필요하다.

이 두 날개가 튼튼하고 균형을 이루어야 바람직한 품질리더십이 갖추어진다.

어떤 조직이든 그 조직의 최고위층이 관심을 기울이는 분야는 다른 분야에 비해 강한 역량을 갖추게 되기 마련이다. 최고경영자가 IT 분야에 관심이 있으면 그 기업의 IT 인프라는 타사에 비해 뛰어나기 마련이다. 설비 분야에 욕심이 많은 최고경영자가 경영하는 기업은 대체로 자동화된 고가의 훌륭한 설비를 갖추기 마련이고, 설비의 보전 및 관리활동도 매우 양호하다. 조직은 알게 모르게 그 조직의 장(長)이 관심을 기울이는 방향대로 움직이는 것이 일반적이다.

☜ 최악의 품질리더십 사례

중소기업 P산업의 대표와 나눈 대화의 사례를 소개하려고 한다. P산업은 당시 큰 품질 사고를 일으켜 발주처는 물론 자신들도 어려움에 직면해 있었다. 대표자는 자신이 기업을 경영하면서 가장 중시하는 것이 바로 품질이라고 저자에게 자신 있게 이야기했다. 대표는 예하의 품질책임자 모 상무가 자기 뜻을 잘 이해하지 못하고 품질관리를 소홀히 해서 품질문제가 끊이지 않는다는 것이다. 반면 품질책임자 모 상무는 "사장님은 품질 활동에 필요한 인력도 지원하지 않고, 자신에게 의사결정 권한도 주지 않으며, 생산과 품질의 갈림길에서는 늘 생산의 입장만을 고집한다."고 했다.

P산업의 상황을 요약하면 대표는 막연히 품질관리를 잘하라고 훈계하고 지시만 할 뿐 스스로가 관심을 기울이지도 않고 활동의 기반도 조성해주지 않는 리더다. 대표로써 품질리더십을 발휘하지 않으면서 담당자가 리더십을 발휘할 수 있는 공간도 마련해 주지 않는다. P산업은 품질리더십이 전혀 작동되지 않는 회사인 것이다. 따라서 P산업의 품질 위기는 어쩌면 예정되어 있었는지 모른다.

적지 않은 중소기업과 중견기업이 P산업과 유사한 상황에 부닥쳐 있다고 생각한다. 누구든 자신이 중요하다고 생각하는 일에는 스스로 관심을 가지고 심혈을 기울인다. 다른 사람에게 위임하기보다는 본인 스스로 직접 그 일에 관여하고 일의 결과를 챙기기 마련이다. 뒷전으로 밀리는 일이 있다면 그 일에 대해 중요성과 책임감을 덜 느끼기 때문이다. 예하의 직원에게 잘하라고 훈계만 하는 것은 그저 '잔소리'일 뿐이다. 자원과 리소스를 품질 부분에 과감하게 배정하고, 품질책임자에게 필요한 의사 결정 권한을 위임하는 대표에 의해 효과적이고 실질적인 품질경영이 가능하다.

대표가 품질에 무관심한 기업에서 나타나는 또 다른 문제는 품질부서와 제조부문 간 불필요한 알력이다. 현업부서는 품질부서가 특별히 책임지는 일 없이 늘 간섭과 참견만 하는 집단이라고 생각한다. 역으로 품질부서는 제조부서가 당장 눈앞의 납기와 생산성만 중시하고 품질에 대해서는 소홀히 한다고 생각한다. 약간의 이해 충돌은 각자의 역할에 충실할 수 있는 동기유발이나 자극이 되기도 한다. 마라톤에서 페이스메이커가 있어야 더 빨리 달릴 수 있는 것처럼 말이다. 그러나 두 부문 간 지나친 알력만 존재하고 서로에게 긍정적인 자극이 되지 못한다면 회사를 위해 바람직하지 않다. 대표가 품질과 품질 활동에 관심을 기울일수록 품질부서와 현업은 견제하면서 협조하는 좋은 관계가 되는 것을 저자는 많이 보았다.

품질부서가 조직상 생산부서와 독립 되어야 하는 것은 견제와 협조의 기능을 함께 살리라는 의미에서다. 견제하면서 협조하는 것이 올바른 품질부서와 제조부서의 관계다. 이 과정에서 건전한 품질리더십이 살아 있어야 두 부서 간의 바람직한 관계설정이 가능하며, 긍정적인 품질문화 형성도 비로소 가능하다.

19

참특성과 대용특성

참특성이란 고객이 실제로 요구하는 품질 특성을 말한다. 반면 대용특성이란 참특성을 평가(측정)하는 것이 곤란할 경우, 참특성을 해석하여 그 대용(代用)으로 사용하는 품질 특성이다. 예컨대 고객이 피아노에서 요구하는 참특성은 피아노 소리, 디자인, 건반 터치감 등이다. 이 경우, 대용특성은 피아노 현의 길이, 건반납의 무게, 색상, 무늿결 등이다. 생산자의 입장에서는 고객이 요구하는 참특성을 만족시키기 위해서 고객의 참특성을 해석하여 새로운 품질 특성인 대용특성을 개발하여 운영해야 한다. 기업의 개발·설계·제조 등의 과정에서 직접 관리해야 할 품질 특성은 참특성이 아니라 대용특성인 경우가 많다.

기업이 대용특성을 개발하여 운영하는 이유는 먼저 참특성 자체의 측정과 관리가 쉽지 않기 때문이다. 대용특성을 개발·운영하는 또 다른 이유는 비용측면에 기인하는 경우다. 예컨대 철강 제품에 있어 강도는 고객이 요구하는 참특성에 해당하는데, 이론적으로 강도라는 참특성을 정확하게 평가하기 위해서는 파괴검사가 불가피하다. 그래서 대용특성인 RT(방사선투과시험), UT(초음파탐상시험), MT(자분 탐상시험), PT(침투 탐상시험) 등의 비파괴검사(NDT)방식을 사용한다. 이렇게 대체해서 시행하는 것은 엄격히 말하면 비용상의 이유다.

그 외에도 트랜지스터의 수명을 측정하는 대신 소음(Noise)을 측정하여 제품을 검사하는 경우도 있는데 이것도 대표적인 대용특성 시험이다. 또한 전력계통에 가해지는 낙뢰를 모의한 전기적 임펄스 시험(Impulse Test)도 대용특성으로 품질을 확인하는 시험방식에 해당한다.

기업은 자신들이 생산하는 제품에 대해 고객이 요구하는 참특성을 잘 정의해야 하며, 그것을 대용특성으로 전환하고 관리하는 능력을 갖춰야 한다. 이것이 기업의 품질 검증 및 평가 역량에 해당된다. 대용특성은 가급적 참특성과의 관련성이 높으면서 낮은 검사비용으로 쉽게 측정이 가능한 품질 특성으로 전개해야 한다.

기업들은 자신들이 생산하는 제품의 참특성을 잘 이해하고 있다고 생각하지만, 모든 경우에 꼭 그렇지는 않다. 실제 고객이 요구하는 특성을 고객의 입장이 아닌 자신들의 입장에서 해석하는 경우가 많기 때문이다. 그래서 고객의 소리를 끊임없이 청취해야 한다.

고객이 요구하는 품질특성을 관리하는 방법에 대해 아래 내용을 참고하기 바란다.

✎ 먼저 참특성을 정확하게 자세히 파악하고, 측정방법을 고안한다

위에도 언급하였듯이 고객의 모든 요구를 다 이해하고 파악하기는 쉽지 않다. 특정 시점을 중심으로 고객의 참된 요구사항을 파악하고 이해했다고 하더라도 그것은 시간의 변화와 함께 변화하는 성질, 즉 동태성(動態性)을 갖고 있기 때문이다. 그래서 기업이 시대와 고객의 변화 트렌드를 읽어 진정으로 고객에게 소구(Appeal, 訴求)할 수 있는 품질 특성을 개발하는 것이 무엇보다 중요하다.

✎ 참특성을 측정하는 방법이 불명확할 경우 대용특성을 찾는다

위에서 설명한 대로 참특성을 관리하는 것 자체가 어렵거나 비용이 많이 소요될 경우 대용특성을 개발하여 운영해야 한다. 대용특성을 전개하는 손쉬운 도구는 널리 알려진 품질 특성전개(QFD, Quality Function Develop)가 있다.

✎ 두 특성 간 관계를 명확히 하고 대용특성의 관리 방법을 결정한다

대용특성의 관리방안을 마련하는 것은 회사의 품질계획을 수립하는 활동과 일맥상통한다.

20
횡(수평)전개와 사례전파

 특정한 품질문제를 해결하는 과정에서 해법을 찾지 못해 수 없이 시행착오를 거듭하거나 심지어 전문 연구기관이나 컨설턴트에게 자문하는 경우가 많다. 그런데 사실 상당수의 문제에 대한 해법은 회사 내에 존재하고 있는 경우 또한 많다. 특히 규모가 크고 사업부가 여럿으로 분화된 기업일수록 더더욱 그렇다. 특정한 부서나 부문에서 경험한 내용이 전사에 효과적으로 전파되지 못하기 때문에 유사·동일한 문제 해결 과정을 중복해서 거치는 낭비가 존재한다. 특히 이러한 현상은 세계 각처에 글로벌 공장을 운영하는 기업에서 더더욱 많이 발생하고 있으며, 이런 기업일수록 사례전파의 필요성은 더욱더 크다고 하겠다.

 업무를 수행하면서 겪게 되는 실패사례와 성공사례, 그리고 각종 해법은 전사에 적기에 효과적으로 공유되어야 한다. 이를 위해서는 적절한 IT시스템의 도입도 반드시 필요하다. 대량의 정보를 스캔된 문서나 종이로 보관하거나 개인용 PC에 보관하는 것은 효과적인 전파가 불가능한 전형적인 모습이다. 먼저 횡전개의 필요성을 인식하고, 효과적인 횡전개가 가능한 시스템 운영계획을 수립해야 하고, 그것을 적절한 IT시스템의 도움으로 구현함으로써 유사·동일한 문제의 해결을 용이하게 할 수 있다.

횡전개는 품질문제의 해결뿐만 아니라 예방에도 이용된다. 만약 완제품의 고장 원인이 그 제품에 사용한 특정부품에 의한 것이었다면 같은 부품을 사용하는 모든 제품은 동일한 고장이 발생할 필연적 이유를 갖고 있다. 따라서 사고 정보를 같은 부품을 사용하고 있는 타 기종, 타 제품에 제공하면 고장이 발생하기 전에 사전에 필요한 조치를 할 수 있다. 횡전개의 미흡으로 유사·동일 문제가 재발하는 사례는 우리 주변에 무수히 많다. 만약 기업 내 유사한 성격의 작업을 수행하는 여러 개의 공정이 있다고 가정하자. 그 중 한 공정에서 발생한 불량의 원인이 규명되고 재발방지 대책이 적용되었다면 반드시 유사 작업을 수행하는 다른 공정에 이러한 내용을 전파해야 한다.

벤치마킹이 '찾아가는' 개선 활동이라면 수평전개는 '찾아주는' 개선 활동이다. 내가 알고 있는 좋은 개선 아이디어를 널리 알려 광범위한 적용을 도모하는 활동이다. 실패 또는 성공의 사례를 효과적으로 공유하는 몇몇 기업의 사례를 소개하고자 한다.

☙ 도요타자동차의 요코텐(Yokoten)

일본의 대표적인 자동차 회사인 도요타자동차의 기업문화 중의 하나는 요코텐(よこてん, Yokoten, 횡전개)이다. 이 단어는 '옆으로 전달하다'라는 뜻이다. 어느 한 부서가 업무를 성공적으로 수행한다면 그 성공 노하우를 전 부서에 전달한다. 반면 새로운 도전에서 실패했다면 실패의 원인을 분석하여 역시 전사에 전달하도록 한다. 이런 노하우와 실패 경험은 회사 내 타부서, 계열사, 지점들에까지 공유된다는 것이다. 이런 요코텐은 도요타의 대표적인 활동인 카이젠과도 연계되어 있다.

사토지에의 『세계 최고의 인재들은 실패에서 무엇을 배울까?』라는 저서에는 '요코텐(Yokoten)은 대기업에서 나타나기 쉬운 수직적 조직의 적폐를 없애는 데 공헌한다'라고 되어 있다.

요코텐(Yokoten), 수평 전개[14]

---

14)　https://www.leansixsigmadefinition.com/glossary/yokoten/

⚡ 美 NASA의 교훈정보시스템
(LLIS: Lessons Learned Information System)

미국의 항공우주 개발업무를 총괄하는 공기업 NASA는 연구개발·구매·운영 등 전 부문의 프로젝트 진행과정에서 발생한 품질문제를 포함한 모든 실패(시행착오)와 교훈을 DB화하여 공개하는 일종의 지식관리 프로그램을 운영한다. 먼저 실패를 통해 습득한 교훈(지식)을 시스템을 통해 전 직원에게 공유하고, 후행 프로젝트 진행자는 반드시 LLIS에 등재된 실패의 교훈과 재발방지책을 확인하고 업무에 적용하도록 함으로써 유사·동일 문제의 발생을 예방할 수 있도록 지원한다.

LLIS시스템(https://llis.nasa.gov)에는 다음과 같은 소개글이 있다.

> "프로젝트를 진행하는 부서는 업무 수행 중 LLIS에서 수행할 업무에 대한 등재되어 있는 교훈의 내용을 확인할 책임이 있으며, 담당자는 시스템 엔지니어링, 주요 의사결정 지점, 기술검토 등 단계별 업무 완료 시 자신이 습득한 교훈을 또한 등재할 책임이 있다."

LLIS는 크게 등록기능과 검색기능으로 구성되어 있다.

등록 시에는 전 직원이 업무 과정에서 학습한 내용을 등록할 수 있지만, 심의부서인 OCE(Office of Chief Engineer)에서 내용을 평가한 후 공개할 가치가 있는 유의미한 자료만 선별한 후 등재하도록 함으로써 시스템의 유효성을 높이고 있다.

또한, 검색 시에는 키워드 검색과 조건별 검색 기능을 통해 누구든 손쉽게 교훈 정보에 접근할 수 있도록 하고 있다.

LLIS에서 등록, 검색되는 정보는 대략 다음과 같다.

- Subject: 제목
- Abstract: 개요
- Driving event: 사건설명
- Lessons learned: 교훈 및 시사점
- Recommendation: 권고사항
- Evidence of recurrence control effectiveness: 교훈을 매뉴얼, 표준, 지침 등에 반영한 결과
- Program relation: 사업분야
- Program/Project phase: 프로젝트의 단계
- Mission directorate: 담당부서
- Topic: 교훈의 유형

◄ 삼성SDI의 신공법 수평전개 프로세스

삼성SDI는 실적발표 컨퍼런스 콜에서 경쟁사의 전기차용 배터리 공장 수율 문제와 관련하여 '삼성SDI의 울산, 시안, 헝가리 등 3곳의 공장은 모두 높은 수율을 보이고, 안정적인 생산성을 유지하고 있다'라고 밝혔다.

삼성SDI 관계자는 "보통 신규 거점에서 신공법 등을 시도할 때 초기 어려움에 직면하지만, 삼성SDI는 국내 라인에서 신공법과 신제품 양산을 검증하고 해외로 수평 전개하는 프로세스를 가지고 있다."라면서 이렇게 함으로써 신규 거점에서 양산 단계의 어려움을 최소화하고 있다고 설명했다.

21

불량 미연방지 시스템

전통적 조립 공정의 경우 많은 품질문제는 사람의 요인, 즉 인적실수에 기인하여 발생한다. 기계와 기술이 고도화된 생산시스템 하에서도 불량 제로화를 달성하기 위해 반드시 해결해야 할 부분이 바로 인적실수(Human error)다. 실제 제조 현장에서 발행하는 품질문제는 기술적인 한계에 의한 것에 비해 작업자 실수, 관리 Miss에 의한 것들이 의외로 많다. 조립업종이나 소규모기업의 경우 이러한 인적실수에 의한 품질문제 발생은 타 업종 또는 타 기업에 비해 상대적으로 높은 편이다. 인적실수는 아무리 잘 훈련되고 교육된 인적자원에 의해서도 나타날 수 있다. 학력수준이나 성별·연령의 문제와는 무관하다. 작업자·검사원·설계자 등이 매일 똑같은 업무와 작업을 반복한다고 해서 항상 완벽한 업무 수행을 할 것으로 생각하는 것 자체가 오해다.

기업마다 자주검사나 순차검사, 중간검사 등 검사 강화라는 수단을 통해 인적실수를 걸러내기 위한 노력이 많이 진행되었다. 검사 강화는 어느 정도 이 문제를 통제하는 효과가 있기는 하지만 완벽하게 인적실수 문제를 근절하는 수단으로는 부족하다.

중국의 제조업체 중에는 실수를 유발한 개인에게 벌금을 부과하는 제도가 아직 남아있다고 한다. 인적실수를 방지하기 위한 고육지책으로 이해하지만 어디까지나 중국이라는 특수한 사회구조에 가능한 방식이지 모든 국가에 적용 가능한 수단은 아니다.

검사 강화를 통해 사람의 실수를 완벽한 수준으로 통제하고자 한다면 얼마나 많은 자주검사나 중간검사 항목이 추가되어야 할 것인가? 어쩌면 물건을 만드는 것보다 물건을 검사하는데 더 많은 리소스와 시간을 투입해야 할지 모른다. 제품 생산 후에 실시하는 검사 활동이 얼마나 효과적이고 효율적인가에 대해 진지하게 고민해야 한다. 이 부분에 대해서는 추가로 언급할 기회가 있을 것이다.

사람은 당연히 실수하기 마련이다. 그리고 앞으로의 기업 환경은 몇 십 만개 중 한두 개의 불량도 허용하지 않는 상황을 맞게 될 것이다. 극한의 품질 수준에 도달하지 못한 기업이나 국가는 반드시 낙오하게 될 것이다. 기계작업 또는 자동화된 생산 현장이라고 해서 작업 중 실수가 100% 방지되었다고 볼 수는 없다.

부주의에 의한 실수
또는 망각 (Slip & Laps)

하지 말아야 할 행동을 하는
규칙 위반 (Violations)

잘못된 생각을 옳다고
생각하고 수행 (Mistake) [15]

---

15)   SAMSUNG SDS https://www.samsungsds.com/kr/story/1233492_4655.html

인적 요인에 의한 불량을 구체적으로 분류하면 위와 같이 세 가지가 있다. 첫째, 부주의에 의한 실수 또는 망각이 있으며, 둘째, 하지 말아야 할 것을 알면서도 의도적으로 하는 규칙위반이 있고, 마지막으로, 잘못된 생각을 옳다고 오인하고 수행하는 것 등이 있다.

Fool-Proof는 바보(Fool)와 증명(Proof)의 합성어로 '바보라도 할 수 있을 정도로 매우 간단하고, 원천적으로 실수 방지가 구현된 상태'를 말한다. 인간은 실수할 수밖에 없는 존재이기 때문에 완벽한 수준의 품질을 달성하기 위해서는 지시나 교육만으로는 부족하다. 위에서 언급했듯이 검사를 통해 일일이 걸러낸다는 것도 현실적으로 힘들거나 불가능하다.

결론적으로 사람의 오류와 실수가 원천적으로 발생하지 않거나 발생하더라도 품질문제로 이어지지 않는 제품구조와 장치를 구축하는 활동을 통해 미연방지는 가능하다. 일본에서는 이러한 체계를 포카요케(Poka-Yoke)라고 한다. 포카(Poka)는 '부주의로 인한 인간의 실수'를 의미하고 요케(Yoke)는 '방지한다'라는 의미다. 만약 기업이 완벽한 품질을 통해 고객을 만족시키고자 한다면 불량 미연방지 장치, 즉 Fool-proof 및 Fail-safe 개념이 적용된 설계-제조시스템 운영은 불가피하다. 이는 인간이 실수하더라도 이러한 장치나 제품구조가 실수를 흡수하여 Fault가 발생하지 않도록 하는 시스템이다. '사람은 실수하더라도 회사는 실수하지 않는' 수준으로 기업의 설계-제조시스템을 향상시켜야 한다.

무기 제조사인 미국 록히드 마틴의 ZD(Zero Defect) 운동에서는 직원들에게 '잘하라고만 말할 것이 아니라 잘할 수 있는 구조를 만드는 것이 경영자와 관리자의 역할'이라고 했는데, 이것도 바로 Fool-Proof의 철학이 녹아있는 것이라고 할 수 있다.

이론적으로 명확히 정리된 것은 없으나 Fool-Proof는 광의와 협의의 개념이 존재한다고 생각한다. 협의의 Fool-Proof는 사람이 오조작을 하려고 해도 오조작이 이뤄지지 않도록 잠금(Lock)이 걸리는 장치나 구조를 말한다. 반면 Fail-Safe는 안전증강 장치를 이르는 것으로 실수를 하더라도 Fault로 이어지지 않도록 하는 장치나 구조를 말한다. 협의의 Fool-Proof와 Fail-Safe를 합하여 광의의 Fool-Proof 즉, 불량 미연방지 시스템이라고 할 수 있다. 이것은 저자의 정의 방식이다. 여기서 중요한 것은 오조작 방지는 불량발생을 예방하는 개념이며, 안전증강장치는 문제 발생 시 확산을 방지하여 불량으로 이어지지 않도록 하는 것이다.

Fool-Proof와 Fail-Safe의 개념을 사람의 눈에 비유해서 좀 더 쉽게 설명하려고 한다.

먼지가 눈으로 들어가는 것을 방지하기 위해 사람의 눈에는 속눈썹이 자리 잡고 있다. 그리고 먼지가 눈 주변에 날리면 인체는 눈을 감는 무의식적 반사 행위를 함으로써 먼지의 유입을 사전에 차단한다. 이것이 협의의 Fool-Proof의 개념이다. 인체가 보유한 협의의 Fool-Proof 기능에도 불구하고 먼지가 눈 속으로 들어오게 되면 인체는 자동으로 눈물을 내보내서 눈 속으로 들어온 이물을 밖으로 다시 내보내는 무의식적인 반사 행동을 하는데 이것이 Fail-Safe, 즉 안전도 증강장치의 개념이다.

그리고 이 둘을 합쳐서 광의의 Fool-Proof의 개념이라고 설명할 수 있다.

불량 미연방지 시스템이란 제조 과정에 사람의 부주의로 인한 실수를 미리 방지하거나 발생된 실수를 검출해 내기 위해 고안된 장치 또는 방법을 이르는 실수방지 개념이다.

공기압을 이용하여 Bolting 하는 모습[16]

---

16) 『작업실수방지』, 나고야 QS 연구회

앞의 그림과 같이 공기압을 이용하여 Bolting 하는 공정의 경우, 만약 공기 압력이 기준에서 벗어났을 때 버저(Buzzer)나 램프로 작업자에게 이상 상태를 알려준다면 작업자는 안심하고 작업할 수 있고, 매 작업 시 공기압이 적정한지 확인하는 수고도 덜 수 있다. 이것도 손쉬운 미연방지 장치의 사례다.

불량 미연방지 차원의 개선의 마인드와 일반적 수준의 개선의 마인드를 비교해 보고자 한다.

- **일반적 차원의 개선의 마인드**
  - 작업자가 주의만 잘하면 불량은 다 해결될 수 있다.
  - 불량의 발생은 작업자의 부주의 때문이다.
  - 실수가 발생해도 후공정으로 나가지만 않으면 된다.

- **불량미연방지(Fool-Proof) 차원의 개선의 마인드**
  - 일부러 틀리려고 해도 틀릴 수 없는 작업(구조 및 환경)이 되어야 한다.
  - 초보자가 작업하여도 불량이 발생하거나 후공정으로 흘러가서는 안 된다.
  - 일을 단순화시켜 누구나 처리할 수 있어야 한다.
  - 불량 또는 오작업 발생 시 작업자가 어떠한 상황에서도 인지할 수 있어야 한다.
  - Fool-Proof 장치의 운용에 작업자가 신경 쓸 필요가 없어야 한다.

계속해서 Fool-Proof 장치를 고안하거나 적용하는 프로세스에 관해 설명하고자 한다.

1	미연방지 장치 수립의 대상을 정한다.

▼

2	구체적인 미연방지 장치 방안을 고안한다. (제품구조 & 공정)

▼

3	투자대비 효과를 분석한다.

▼

4	실행 계획(방법, 시기, 비용 등)을 구체화하여 승인을 득한다.

▼

5	적용 후 효과를 검증한다. 추가 개선사항이 있으면 시행한다.

　　프레스장비에 사람의 신체가 압착되는 것을 방지하기 위해 양수 조작식 방호장치를 적용하는 것이나, 석유난로가 일정 각도 이상으로 기울어지면 자연적으로 꺼지도록 자동소화기능이 내장된 것도 일종의 미연방지 장치라고 할 수 있다.

기능	작동	예측·예방·탐지에 대한 설명
정지기능 **(Shutdown)**	이상 정지	불량의 징후가 보이거나 불량의 원인이 되는 이상이 감지될 때 기계설비 동작과 기능을 정지시켜 문제를 미연에 방지하 는 것 예) 설비 구동부의 윤활유가 누유 시 설비가 자동으로 멈춤
	불량 정지	문제가 발생 시 기계설비의 동작과 기능을 즉시 정지시켜 불 량의 계속적인 발생과 파급효과를 막는 것 예) 드릴 가공에서 Hole의 깊이가 잘못되면 라인 정지
정지기능 **(Shutdown)**	실수 규제	표준작업과 다르거나 실수를 하려고 해도 할 수 없도록 규제 하는 것 예) 먼지가 날릴 경우 속눈썹이 방해해서 들어오지 못하게 하는 구조
	흐름 규제	이미 발생한 불량이 후공정으로 흘러 들어갈 수 없도록 통제 하는 것 예) 잘못해서 먼지가 눈에 들어간 경우, 눈물이 나와 먼지를 눈 밖으로 흘려보내는 구조
경보기능 **(Warning)**	예지 경보	불량과 관련된 이상과 실수가 발생하려고 할 때, 사람의 눈, 귀를 통해 알 수 있도록 알려주는 것 예) 설비가 과열되면 경고음을 발생시킴
	감지 경보	문제(불량)가 발생한 것을 사람의 눈과 귀를 통해 알려줌으 로써 유출되지 않도록 하는 것 예) 회로 결선이 잘못되면 경고음을 내도록 함

불량 미연방지(광의의 Fool-Proof)의 유형 및 내용

22

원류관리

　원류관리란 대증요법과는 반대되는 개념이다. 대증요법이란 어떤 질환을 가진 환자를 치료하는 데 있어서 병의 원인을 해결하는 방법이 아닌 증세만을 완화하는 일종의 대응적 치료법을 말한다. 예를 들어, 폐결핵으로 열이 있는 환자에 대해 해열제를 투여하는 경우는 대증요법이며, 반대로 폐결핵제를 투여하여 병의 원인 요인인 결핵을 치료하는 것을 원인요법이라 한다.

　품질 활동은 철저히 원인요법을 지향하는 것이며, 품질 특성에 마이너스 영향을 미치는 요인을 제거하거나 통제하는 활동이다. 이를 위해서 문제 발생 공정의 이전 단계로 거슬러 올라가서 상류에서 원인을 찾아내는 것을 종적인 원류관리라고 하며, 이와 달리 그 공정 내부에 깊숙이 숨어 있는 불량원인을 찾아내는 것을 횡적인 원류관리라고 한다.

　과거 시골의 방앗간에 화재가 자주 발생했는데 그 원인을 보면 대개 과부하인 경우가 많았다. 퓨즈는 과부하가 일어나면 스스로 절단되어 전원을 차단해줌으로써 더 큰 문제인 화재나 설비고장을 막아주는 역할을 한다. 그런데 그 옛날 시골 방앗간에 화재가 그렇게 자주 발생한 것은 방앗간에서 소위 대중요법만을 강구했기 때문이다. 즉 설비를 가동하다가 퓨즈가 나가면 처음 몇 번은 정상적인 퓨즈로 교환했겠지만, 빈도가 너무 잦다 보니 아예 강력 구리철사로 퓨즈를 대신함으로써 퓨즈가 나가는 것 자체를 봉쇄해버렸기 때문이다. 과부하가 생기면 끊어져야 할 퓨즈를 귀찮다는 이유로 끊어지지 않는 재질로 바꿔쓰다 보니 화재라는 더 큰 사고가 발생한 것이다. 대표적인 대중요법의 폐해사례다. 콘크리트에 균열이 생겼는데 문구용 풀로 봉합하는 것이 가능하지 않은 것과 마찬가지 이치다. 그러나 의외로 이런 식의 조치가 21세기 한국의 기업 상황에 존재하고 있다는 것은 놀라운 사실이다.

여기에서 퓨즈를 계속 교환하는 것은 동족방뇨(凍足放尿), 즉 '언 발에 오줌 누기' 또는 '대중요법'이라고 하고, 왜 전기가 과부하가 걸렸는지 구체적으로 원인을 찾아 나가는 것을 '원류관리'라고 한다. 원류관리는 진인관리(RCA: Root Cause Analysis)와도 맥을 같이 한다. '왜'를 다섯 번 쯤은 외쳐야 문제의 원류, 즉 Root Cause에 도달할 수 있다.

종적 원류관리와 횡적 원류관리를 사례 중심으로 설명하고자 한다.

종적 원류관리는 문제가 발생한 특정 공정에서 그 상류공정으로 거슬러 올라가서 근본요인을 찾아내고 이를 통제·관리하는 방법을 말한다. 예컨대 자동차 램프의 제조과정에서 발생하는 불량품의 원인을 찾고자 근원이 되는 사출물의 원재료 재사용이 영향을 준 것을 증명하고 관리항목으로 운영한다면 이것은 종적인 원류관리의 성과다.

반면 횡적(橫的) 원류관리란 그 공정 자체에 숨어있는 불량요인을 찾아내어 이를 관리하는 방법을 말한다. 예컨대 주조공정에서 다이케스팅 불량이 좀처럼 줄어들지 않아 주조공정 자체를 정밀히 조사하여 주탕 온도나 금형 온도 및 이형재 도포량이 영향을 주고 있다는 것을 증명하고 이를 관리하는 것은 횡적인 원류관리의 성과다.

2008년경 저자는 세계적인 석유회사인 사우디아라비아의 아람코(Aramco)에 공급한 기기의 품질문제로 아람코 일본 사무소에 원인과 대책을 설명하러 일행들과 함께 갔던 적이 있다. 고객사 담당엔지니어는 우리 측에서 설명하는 원인과 대책이 적절한지 검토하여 명확한 재발 방지책이 마련되지 않을 경우 입찰 권한을 회복시키지 않을 권한을 갖고 있었다.

중동 출신으로 서구에서 유학한 듯 보이는 젊은 엔지니어는 저자가 그간 경험한 방식과 전혀 다른 접근법으로 대책회의를 이어갔다. 유사한 목적의 일반적인 고객 미팅은 발표자 측에서 원인과 재발방지 대책을 쭉 이야기하고 고객 측은 발표내용의 미비점을 지적하거나 의문점을 질문하는 형태로 진행된다. 당시 아람코 품질엔지니어는 우리 일행이 제시한 원인분석이 명확하지 않기 때문에 대책은 더 들을 필요도 없으니 돌아가라는 것이다. 어쩔 수 없이 우리는 동경 시내에 숙소를 마련하고 당일 미팅 시의 지적을 반영하여 원인분석을 다시 시행했다. 다음날 회의에서도 우리는 원인분석에서 Reject를 받았고, 그다음 날도 마찬가지였다. 물론 그 엔지니어의 의도가 다른 데 있었는지는 알 수 없다.

저자가 강조하고자 하는 것은 진인(眞因, Root cause)의 중요성이다. 진인을 밝히지 않은 상태에서는 아무리 재발방지 대책을 잘 세운다고 해도 아무 의미가 없다. 흔히 '5-Why' 사고라고 해서, Why를 5번은 계속해야 진인에 도착한다고들 한다. 중요한 것은 숫자 '5'가 아니다. 상황이나 문제의 성격에 따라서 3번만 Why를 반복해도 진인에 도달하는 경우가 있다. 3번의 Why를 통해 진인에 도달했는데 다시 Why를 더 하게 되면 엉뚱한 쪽으로 문제의 방향이 옮겨 가버리는 경우도 많다. 반대로 5번 Why를 해도 진인에 도달하지 못한 경우도 간혹 있는데 이때는 6~7번 Why를 해야 한다. '5-Why' 사고에서 중요한 것은 'Stop or Repeat'의 지혜다. 현재까지 단계에서 Why를 끝낼 것인가, 아니면 다시 Why를 계속할 것인가의 결정에는 지혜와 균형감, 기술적 지식이 필요하다.

위에서 언급한 아람코 품질엔지니어의 지적처럼 진인에 도달하지도 않았는데 Why를 중단하고 'How to(대책 수립)'로 들어가는 것은 중대·고질적 품질문제를 근절하지 못하는 주된 이유가 된다.

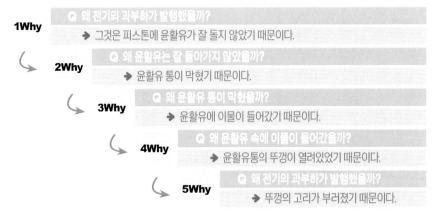

윤덕균 『품질경영ABC』에 소개된 방앗간 과부하에 대한 5-WHY 분석

앞서 방앗간 예시에서 과부하가 걸릴 때마다 퓨즈를 바꾸는 것은 대증요법에 지나지 않는다고 했다. '5-Why'에 의해 도달한 진인은 윤활유 통의 뚜껑의 고리가 부러진 것이다. 이때 만약 5-Why까지 내려가지 않고 2-Why나 3-Why의 내용을 진인으로 인식하고 그것을 기반으로 재발방지 대책을 수립하면 어떤 결과에 도달할까? 수립한 대책은 핵심에서 벗어나고 이로 인해 쓸데없는 관리를 하게 되고, 또다시 유사·동일한 문제의 발생이 계속될 것이다. 이것이 바로 원류관리의 중요성이다.

이처럼 품질경영은 처음부터 끝까지 하나하나 원류 차원에서 관리해야 하며, 또한 품질에 영향을 주는 기초요인까지도 관리하여야 하는 것이다.

　미국으로 수출하는 농산물에 사용하는 농약은 미국 수입농산물 안전기준에 적합한 농약만을 사용해야 한다. 미국 수출용 배는 봉지부터가 일반용과 달라서 한 장에 30원가량 하는 약품 처리된 특수봉지라고 한다. 그리고 일반 과수원처럼 바닥에 짚과 같은 것을 깔아놓아서도 안 되고, 제분 같은 퇴비를 줘서도 안 된다고 한다. 배를 수출하기 위해서는 반드시 이 모든 까다로운 조건을 지켜야 한다. 일 년에 두 번 한·미 합동으로 시행되는 재배지 검사를 받아야 하며, 수확 시에도 미국의 식품검역관이 방문하여 현장에서 또다시 선별과 포장 등 전 과정을 일일이 확인한다. 미국의 이러한 규정은 한국에 대해서만 적용되는 것이 아니라 전 세계에서 미국에 수출하는 모든 농산물에 대해 동일하게 적용되고 있다고 한다.

　국격(國格)은 국가의 가치를 나타낸다. 이 예에서 보듯이 품격(品格)은 국격을 나타내는 지표가 되기도 한다.

23

품질문제가 투명하게
노출되어야 하는 이유

기업 경영은 전반에 있어 다양한 문제가 존재하기 마련이다. 그런데 문제를 드러내지 않는 것은 '개선의 기회' 자체를 소멸시키는 아주 나쁜 일이다. 품질문제를 숨기는 것은 발생된 품질문제 그 자체보다 훨씬 심각한 피해와 후유증을 남긴다. 노출되지 않는 문제는 '인식되지 못한 문제'이며, 나중에 훨씬 큰 규모의 문제로 반드시 재현되기 마련이다. 문제를 모르는 것보다 더 큰 문제는 없다.

경영자와 관리자는 크고 작은 품질문제가 솔직하고 자연스럽게 오픈되는 분위기를 만들어주어야 한다. 품질문제에 관계된 사람들을 지나치게 질책하게 되면 이후부터는 아예 이를 숨기는 방식으로 대응할 수 있다.

제조가 존재하는 한 품질문제가 전혀 없을 수는 없다. 품질문제가 생긴다는 것은 결국 공정이 비정상적인 상태라는 것이며, 모든 비정상적인 상태는 결국 '병'과 같다. 다만 그 병이 얼마나 오래된 것인지, 얼마나 고질적인 것인지, 얼마나 영향도가 심각한 것인지의 차이는 있겠지만 결국 모든 문제의 병의 결과다. 치료 과정이 필요하다. 명의를 찾아 유명 대학병원을 찾아야 고칠 수 있는 병도 있고, 동네 의원에 가서 주사 한 방으로 치료가 가능한 병도 있다. 다만 품질문제를 숨기는 것은 품질 활동에 있어서 가장 큰 해악이다.

 품질문제의 정확한 노출이 품질개선의 출발점이다. 저자가 아는 어떤 기업은 사내불량은 거의 없고, 출하 후 발생하는 고객클레임은 엄청 많은 그런 형태를 보인다. 물론 최근에 품질이 획기적으로 개선된 기업의 경우 과거 개선 전에 출하된 제품으로 인한 고객클레임이 많이 돌아오는 반면, 현재는 품질이 개선되었기 때문에 사내불량은 거의 발생하지 않을 수 있다. 그러나 이런 경우가 아닌데도 불구하고 사내불량은 거의 없고 고객클레임은 빈번하다면 큰 문제다. 이것은 사내 품질관리시스템이 갖추어지지 않았거나, 불량을 숨기는 두 가지 상황에서만 발생할 수 있다. 품질관리시스템이 갖추어진 일반적인 회사라면 사내불량에 비해 고객클레임이 낮은 것이 정상이다. 왜냐하면 사내에서 품질관리를 하는 것은 고객 클레임을 줄이기 위한 것이기 때문이다.

 마켓컬리의 김슬아 대표가 '2020년 추석 인사말'이라는 제목의 유튜브 영상을 통해 "마켓컬리는 품질 클레임이 1% 이상 접수되면 즉시 고객에게 투명하게 공개하는 정책을 가시고 있습니다. 리스크가 매우 큰 정책이지만 고객에게 '옳은' 정책이기 때문입니다." 라고 말하는 것을 보았다. 그는 또한 '마켓컬리는 단기적인 비난 또는 이익에 휘둘려 절대 고객에게 옳지 않은 일은 하지 않을 것'이라며 그의 경영 철학을 밝혔다. 영상을 보면서 이 젊은 대표자가 가진 품질에 대한 확고한 의지와 고객을 중시하는 자세를 생생하게 느낄 수 있었다.

김 대표의 말처럼 고객에게 자신들의 품질 클레임을 공표하는 것은 그 자체가 경영의 리스크를 가진 것임에 틀림이 없다. 그런데도 공표를 하는 것은 개선에 대한 의지와 열정, 그리고 자신감이 배경에 있기 때문이라고 생각된다. 개선할 자신이 없는 문제를 안고 어느 대표가 고객에게 감히 자신의 취부를 노출할 수 있겠는가?

회사가 망하는 것은 문제를 노출하지 않기 때문이라는 말이 있다. 노출되지 않은 문제는 시간이 지날수록 더 큰 문제로 스스로 변화하고 성장한다. 그래서 문제는 조기에 노출하여 정상적인 방법으로 해결하고 개선을 해야 한다.

24
식별과 추적성의 비밀

품질에 있어서 식별(Identification)과 추적성(Traceability)은 항상 한 세트로 다루어진다. 품질 관련 각종 규격에도 빠짐없이 이에 대한 요구사항이 나올 정도로 품질 활동의 기본 중 기본이다.

흔히 현장에서는 자재의 보관대에 도면번호와 품명이 기재된 것만으로 식별이 충분히 이루어졌다고 생각하는 경우를 보았다. 물론 전혀 틀린 말은 아니지만 식별의 개념으로 충분하지는 않다.

먼저 식별(Identification)의 개념을 설명하려고 한다.

식별은 자재의 입고부터 공정, 출하 시까지 회사 내에 존재하는 각종 원·부자재·반제품·구매품·완성품에 대해 누구나 구분 가능한 체계를 구축하고 준수하는 것이다. 자재창고, 생산 현장, 완제품 창고 등 모든 장소에 보관되는 모든 물품은 반드시 별도 식별표시가 없는 상태로 보관되지 않도록 하는 것이 원칙이다. 일반적으로 명칭과 번호를 식별의 도구로 사용한다. 따라서 식별(Identification)은 서로 다른 것들과 구별할 수 있도록 서로 중복되지 않아야 하며, 또한 모든 단계에서 사용되는 식별기호는 도면, 시방서 및 기타 설계 문서상 표시된 품목(자재, 반제품)의 명칭 및 고유번호와 일치된 기호를 사용하여야 한다. 즉 식별방법은 제품의 설계 시부터 결정되어야 하며, 번호부여 체계를 수립하여 적용하는 것이 필요하다. 그렇게 함으로써 혼용과 오용, 찾는 시간의 낭비를 줄일 수 있다.

식별의 구체적인 방법은 제품자체에 직접 표기하는 방법, 저장시설 또는 보관용기에 표시하는 방법, 각종 Tag를 사용하는 방법, 색깔을 이용하는 방법 등 매우 다양하다. 부품 자체에 식별 Tag를 부착하는 것이 부적절한 기계가공품 등에 대해 최근 레이저 마킹을 사용하는 방법도 대중화되었다.

계속해서 추적성에 대해 간략히 개념을 소개한다.

밤새워 눈이 내린 상황을 가정하자. 숲속으로 이어진 오솔길에 난 발자국을 따라가면 몇 명이 어디를 향해 이동했는지 추적이 가능하다. 발자국의 방향을 되짚어 올라가면 이들의 행로가 어디서부터 출발했는지 어디로 향했는지도 알 수 있다. 이것이 이른바 흔적이다. 마찬가지로 품질관리에서의 추적성이란 한 지점에서 역으로 거슬러 올라가 타깃이 되는 지점을 찾아갈 수 있는 성격이다.

만약 기능에 문제가 있는 부품을 사용하여 완제품 품질에 문제가 생겼다면 해당 부품이 언제, 어떤 공급선에서 생산된 것이며, 나아가 어느 부품 생산 Lot에서 생긴 결함인지를 밝혀내야 한다. 이런 정보가 없다면 수정·폐기 등 조치계획을 수립하기가 쉽지 않다. 공급선이 특정 기간에 사용한 원재료의 재질에서 문제가 생겼다면 그 해당 기간에 생산한 Lot에 한해서만 조치를 하면 된다. 이렇게 문제의 발생 지점을 찾아 올라가는 것을 추적이라고 하고 추적이 보장되는 정도와 수준을 추적성(Traceability)이라고 한다.

한 제품에서 결함이 발견되었을 때 같은 결함을 가지고 있을 것으로 판단되는 Lot를 특정 짓는 행위는 정확한 조치를 위해 필수적이며, 이때 추적성은 꼭 필요하다. 결함이 있는 브레이크 시스템을 가진 자동차가 발견되었을 때 같은 결함을 가질 수 있는 자동차가 몇 대인지를 알 수 있다면 기간 내 전 생산 제품을 회수하는 것에 비해 비용을 크게 절감할 수 있을 것이다. 이를 위해 같은 자재, 동일한 공정, 같은 작업조건 또는 같은 작업자에 의해 생산된 브레이크 시스템들에 대하여 하나의 Lot 번호를 부여하게 된다.

추적성 관리의 또 다른 목적은 결함의 원인을 정확히 찾아낼 수 있다는 것이다. 동일 부품을 3개의 다른 외주 공급선에서 납품받은 경우 부품에 업체별 기호를 새겨 놓으면 추후 고객으로부터 그 부품의 클레임이 제기되었을 때 어느 업체가 납품한 것인지를 쉽게 알 수 있다. 만약 부품의 Lot 번호까지 알 수 있다면 그 부품 생산에 사용된 원자재·공정·작업자 등까지 파악할 수 있어서 원인규명의 경계를 좁혀줄 뿐 아니라 명확하게 해준다.

추적성의 보장은 식별을 효과적으로 함으로써 가능하다. 반대로 식별이 보장되지 않으면 추적성은 용이하게 구현되기 어렵다.

식별과 추적성을 통해 문제의 원인을 추적하고 필요한 적절한 조치계획을 수립하는 것이다. 궁극적으로는 문제 발생 시 효과적인 대처를 가능하게 하고, 동일·유사한 문제의 재발을 방지함으로써 고객만족을 실현하는 것이다.

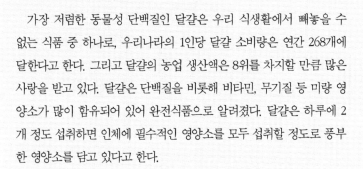

주변의 식별·추적성 구현 사례인 달걀의 난각코드

가장 저렴한 동물성 단백질인 달걀은 우리 식생활에서 빼놓을 수 없는 식품 중 하나로, 우리나라의 1인당 달걀 소비량은 연간 268개에 달한다고 한다. 그리고 달걀의 농업 생산액은 8위를 차지할 만큼 많은 사랑을 받고 있다. 달걀은 단백질을 비롯해 비타민, 무기질 등 미량 영양소가 많이 함유되어 있어 완전식품으로 알려졌다. 달걀은 하루에 2개 정도 섭취하면 인체에 필수적인 영양소를 모두 섭취할 정도로 풍부한 영양소를 담고 있다고 한다.

축산물 위생관리법에 따른 식약처 고시(식품 등의 표시기준)에 의거 난각 표시 사항으로 산란 일자, 농가 고유번호, 사육환경번호를 표시함으로써 난각코드 하나로 해당 달걀의 모든 정보를 단번에 확인할 수 있다. 심지어 달걀이 방사한 닭에 의해 생산된 것인지, 평사한 닭에서 생산된 것인지, 아니면 닭장이라고 부르는 게이지에서 생산된 것인지도 확인이 가능하다. 물론 생산 일자와 생산자 등의 로트 추적은 당연하다. 이것은 신선도와 함께 산란환경의 품질 수준까지 일목요연하게 추적이 가능하도록 표시된 것으로, 우리 주변에 존재하는 식별·추적성의 좋은 사례가 아닌가 생각한다.

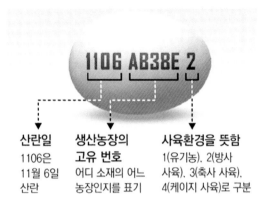

식별과 추적성이보장된 달걀의 난각코드[17]

17)   동아일보 https://www.donga.com/news/Society/article/all/20171106/87121537/1

25

넛지이론의 품질 적용

도서 『넛지』[18]

　오래전부터 베스트셀러에 이름을 올린 『넛지』는 '팔꿈치로 슬쩍 찌르다' 또는 '주의를 환기시키다'라는 뜻으로 미국 행동주의 경제학자인 세일러와 법률가인 캐스 선타인이 공동으로 저술한 책이다. 넛지란 심리학과 행동경제학 분야의 용어로 상대방의 행동을 자연스럽고 유연한 방식으로 변화시키기 위한 '선택설계'를 다루는 책이다. 선택설계, 얼핏 들어서는 이해가 쉽지 않은 말이다. 선택설

---

18)　http://www.yes24.com/Product/Goods/3361501

계란 선택설계자가 유도한 방향으로 사람들이 선택을 할 수 있도록 상황을 인위적으로 디자인하는 것이다. 그렇게 하기 위해서는 사전에 사람들이 가진 선택과 관련된 메커니즘을 이해하고 있어야 사람의 선택을 유도할 수 있다. 즉 타인의 선택을 유도하기 위해 타인이 눈치 채지 못할 정도로 부드럽고 자연스럽게 타인의 결정에 개입하는 것이다. 사람들에게 '무엇을 꼭 하라' 내지는 '무엇을 절대 하지 말라'고 강제로 금지하거나 명령을 하는 것이 아닌 '옆구리를 쿡 찌르듯이' 부드럽게 개입하여 타인이 자연스럽게 그 일에 대해 유도된 선택을 하게 하는 것이다. 이것을 이 책에서는 '자유주의 개입'이라고도 이야기한다.

사람의 행동을 특정한 방향으로 유도하기 위해서는 수백 번의 홍보나 광고, 설득보다 자연스러운 심리적 개입장치를 고안하여 활용하면 쉽게 사람들의 행동 방향을 끌어낼 수 있는 것이다.

남자화장실의 소변기 중앙에 벌레 모양의 스티커를 본 적이 있다. 이것은 암스테르담 국제공항에 세계 최초로 적용된 것으로, 소변이 변기 외부로 튕겨 나가지 않도록 사용자 스스로 주의를 갖게 하는 자연스러운 개입이다. 벌레 스티커가 나오기 전에는 소변이 변기 외부로 튕겨 나가는 것을 방지하기 위해 변기의 구조를 변경하거나, 다양한 호소성 문구를 붙이는 등의 노력이 동원되었다. 그러나 이런 노력은 사람들의 행농을 자연스럽게 유도하기에는 부족했다. 왜냐면 일반적인 주의 문구나 구호 등에는 사람들이 무신경하고 관심을 기울이지 않기 때문이다.

지정된 장소가 아닌 곳에 쓰레기를 투기하는 것을 금지하기 위해 과거에 일반적으로 사용하였던 'CCTV 촬영 중' 내지는 '불법 쓰레기 투기 시 벌금 부과' 등과 같은 경고성 문구들은 별 효과를 못보았다. 대신 쓰레기 투기장 주변을 우아한 화단으로 변모시켰더니 사람들이 그곳에 다시는 쓰레기 투기를 하지 않더라는 것이다. 이 또한 넛지이론에 대한 사례일 수 있다.

입체 횡단보도[19]   지하철 계단 보행 가이드[20]

넛지이론을 반대하는 사람들도 있다. 이들의 주장은 사람이 가진 선택의 자유를 옹호하면서 인간의 자유를 무한히 늘려야 한다고 주장한다. 특히 넛지가 표방하는 자유주의적 개입이 지금은 그렇지 않지만 언제든지 극단적인 개입으로 변할 수 있다거나 기업의 이익을 앞세운 불순한 선택설계가 만들어질 수 있다고 주장하는 것이다.

19)   영현대 https://young.hyundai.com/magazine/trend/detail.do?seq=18035
20)   MADTIMES http://www.madtimes.org/news/articleView.html?idxno=9848

물론 충분히 일리가 있다. 그러나 넛지를 쓴 작가의 의도는 사람들이 '긍정적이고 유익한 방향'으로 선택할 수 있도록 도움을 주려는 것이었다. 뷔페식당의 음식 순서를 배치할 때 성인병을 예방할 수 있도록 음식의 순서와 배열을 결정하는 방법이 제시되기도 한다. 이러한 선택설계에 불순한 의도나 자유를 탄압하려는 의도를 발견할 수 없다. 도로의 위험한 구간에서 과속을 방지하기 위해 도로 바닥에 입체물의 형상을 그려 넣는 것 또한 인간의 안전을 지원하는 선택설계다.

넛지의 활용도가 매우 높다고 생각하는 까닭은 그것이 심리학과 행동경제학에 바탕을 두고 있기 때문이다. 그래서 사람의 행동이 일의 성패에 영향을 미치는 모든 분야에 적용될 수 있는 개념이라고 생각한다. 즉, 인적요소(Hunan Factor)가 영향을 미치는 모든 분야에 적용이 가능하다고 본다.

품질 활동은 사람들의 자발적인 동참과 동기유발이 필요하다. 아무리 자동화된 생산 현장에서도 사람의 긍정적 의식과 자발적 참여, 규정준수 등은 품질 활동의 성패를 가르는 중요한 요인이다. 사람의 작업에 의존하는 비중이 높은 업종이나 공정이라면 넛지의 필요성은 매우 높다.

⌁ 제조업의 품질에 적용된 넛지의 개념

- H하이텍의 프레스금형 교체시기 자동경보 장치

자동차 철판 판금 업체인 H하이텍은 프레스로 작업량을 자동 계산하여 무뎌진 금형을 자동으로 교체할 시점에 경보를 올려주는 장치를 설치하였다. 이렇게 개선되기 전까지는 사람이 일일이 손으로 기록해야 했기 때문에 실수로 수리나 세척, 교체해야 할 시기를 넘기는 일이 잦았는데 자동계산 및 경보장치를 설치한 후 이러한 문제가 획기적으로 줄었다. 생산 현장에서 사용하는 각종 경보는 사람의 기억의 한계를 보완해주는 인간 행위에 대한 부드러운 개입이다.

- 과거 불량 발생 공정(작업) 수행 시 알람 음향 발생

대형 플랜트 기기를 제조하는 U플랜트는 수주 기반의 비표준 생산을 주로 하는 업체다. 이 업체에서는 과거 불량이 발생한 작업에 대한 작업지시가 내려지면 해당 공정 주변에 알람 음향을 발생시켜 작업자가 특별한 주의를 가지도록 하고 있다. 마치 터널 내에서 제한속도를 초과하게 되면 굉음을 발생시켜 운전자의 주의를 필요로 하는 장치와 개념적으로 유사하다.

넛지디자인 사례 '완전히 잠겨야 웃는 얼굴 나오는 밸브'[21]

---

21)   경기연구원   https://www.gri.re.kr/%EA%B8%B0%ED%83%80-4/?pageid=3&uid=258
36&mod=document

26
깨진 유리창의 법칙과 품질

　범죄학자 제임스 윌슨(James Q. Wilson)과 조지 켈링(George L. Kelling)이 1982년에 주창한 '깨진 유리창의 법칙(Broken Windows Theory)'은 깨진 유리창 하나를 방치해 두면 그 지점을 중심으로 다양한 다른 문제들이 다방면으로 연쇄적으로 확산된다는 것을 주요 내용으로 한다. 구석진 골목에 2대의 차량을 주차해 두고 차량 한 대에만 앞 유리창을 부숴두고 한 주 후에 관찰하면 앞 유리창이 깨져있는 차량은 거의 폐차가 불가피한 상황으로 심하게 파손되고 훼손된다는 것이 실험으로 입증되기도 했다. 이것이 바로 깨진 유리창의 법칙이다.

　깨진 유리창의 논리는 일반 사회 현상뿐 아니라 기업의 품질·마케팅·고객 서비스·기업 이미지·조직 관리 등 여러 비즈니스 분야에 얼마든지 적용할 수 있다.

　이 세상에는 여러 가지 계산법이 있다. '1+1=2'라는 결과는 우리가 사용하는 유클리드 계산법에 의한 것이지만 에디슨은 '1+1=1'이라고 했다. 물방울 하나에 물방울 하나를 더하면 서로 엉켜 커다란 물방울 하나가 되기 때문이라는 설명을 덧붙인 것이다. 반면 시

너지(Synergy)효과를 중시하는 사람들은 '1+1=3'이라고 주장하기도
할 것이다.

깨진 유리창의 법칙은 '100-1=0'이라는 전제에서 출발한다. 즉 사
소한 문제 하나를 방치하면 그것이 확산되어 이내 전체가 망가진
다는 것이다. 매사에 모든 문제를 초기에 발견하여 해결하면 반대
로 '100+1=200'의 결과를 만들 수도 있다는 것을 의미하기도 한다.

깨진 유리창의 법칙의 핵심 개념은 '부조리의 파급과 확산'이다.
깨진 유리창의 법칙이 품질 또는 품질 활동에 주는 교훈이 매우
크다고 생각한다. 품질에서 무시해도 될 만큼 사소한 일은 없다.
우리가 사소하다고 생각하던 문제가 언젠가는 큰 품질문제를 일
으킨다. 품질문제는 중점적인 요인에 의해 많이 발생하기도 하지만
사소하고 다양한 원인에 의해서 번갈아가면서 일어나기도 한다. 또
한 처음에는 사소한 문제였지만 시간이 지나면서 원인의 파급효과
가 성장하기도 한다. 그래서 공장 운영에 있어서 깨진 유리창의 법
칙이 주는 교훈은 매우 크다.

모든 문제는 파급되고 확산한다. 왜 생산 현장에서 3정5S 활동
을 중시하는가? 공구, 지그 등을 찾는 시간의 낭비를 줄이고 깨끗
하고 투명한 현장을 만들기 위해서다. 그럼 3정5S가 열악한 현장
이라면 좀 지저분하고 공구와 지그 등을 찾는 시간의 낭비를 유발
하는 정도의 문제만 있을 것일까? 그렇지 않다. 3정5S가 극히 불량
하게 되면 현장에 산재하는 여러 문제가 정확하게 눈에 들어오지

않게 된다. 정위치 개념이 없으니까 재공품이 여기저기에 쌓여서 재고량이 적절한지 아닌지 쉽게 드러나지 않는다. 불량부품이 식별되지 않고 분리보관 되지도 않기 때문에 작업자가 오인하여 불량부품을 오사용할 수도 있다. 청결도 미흡으로 제품에 이물이 혼입되어 불량이 발생할 수도 있다. 무엇보다 작업자의 의식 상태가 주변의 지저분한 상황에 동화(同化)됨으로써 임의작업이나 실수를 유발하기 쉬울 것이다. 이상과 같이 3정5S 취약은 단순히 3정5S의 문제에만 국한되지 않는다. 그래서 생산 현장 개선의 출발은 3정5S라고 많은 사람이 외치는 것이다.

실제로 길거리가 낙서투성이로 지저분했던 1980년대 뉴욕은 범죄율이 매우 높았는데 1995년 루디 줄리아니(Rudy Giuliani) 시장이 취임하여 도시 정화작업을 펼쳐나가자 거리와 지하철이 깨끗해진 뉴욕은 범죄율이 확연히 줄어들었다고 한다.

사람이 살지 않는 집은 쉽게 망가져 곧 폐가로 변하고 폐가는 또 범죄의 온상이 되곤 한다. 이렇듯 사소한 문제는 사소한 문제에 그치지 않고 파급되고 확산된다.

현장의 설비·공법·재료를 안정적으로 유지·관리하는 것 못지않게 사람들의 품질의식을 관리하는 것은 품질을 위해 매우 중요하다. 한두 사람이 회사의 품질 기준을 준수하지 않는 것도 문제지만, 이를 초기에 바로잡지 않고 내버려 두면 이러한 분위기가 주변의 동료들에게 파급되고 확산된다. 그렇게 되면 기준을 도외시하는 것이 회사의 품질문화가 되어 버린다. 회사의 정책에 대해 불만이 많을수록 이러한 하향 평준화는 급속도로 진행될 수 있다. 회사가 이러한 상황을 대수롭지 않게 여기고 영업이나 매출 등 눈에 보이는 성과에만 집중한다면 회사의 기본과 운영체계는 순식간에 허물어질 수 있다. 모든 것에서 재건은 예방보다 훨씬 어렵다. 한 번 허물어진 품질의식을 끌어 올리는 것은 어지간한 노력으로는 쉽지 않다.

품질의식을 높이는 일은 기초질서를 지키도록 하는 것에서부터 시작해야 한다. 기초질서를 상습적으로 어기는 사람이 품질기준을 철저히 지키는 경우는 거의 없다. 기초질서나 품질기준이나 모두 다 회사의 기준이다. 사람들이 출·퇴근 시간이나 점심 시간 등 기초적인 질서를 습관적으로 어기고 있는데도 불구하고 회사가 이를 바로 잡으려는 의지가 부족하다면 품질기준을 어기는 것을 용인하는 것과 크게 다름이 없다. 위에서 언급했듯이 부조리는 시간이 지날수록 다른 사람과 다른 업무 분야로 확대되고 파급된다.

고객이 기업의 이미지를 판단하는 메커니즘을 생각하면 깨진 유리창의 법칙은 또 다른 의미에서 중요하다. 예컨대 고객은 레스토랑의 화장실이 더러우면 그 식당의 주방에 들어가 보지는 않았더라도 주방 역시 더러울 것으로 판단하기 쉽다. 그리고 어떤 회사에 전화를 걸었을 때 응대하는 직원의 자세를 통해서도 고객은 그 회사에 대한 이미지를 상상할 것이다. 낯선 나라를 방문한 이방인은 택시 운전사의 모습을 통해 그 나라의 전체적 이미지를 갖고 돌아가는 것과 마찬가지다.

따라서 기업은 매우 세세한 것에 신경을 쓰지 않으면 안 된다. 특히 고객과의 접점에서 벌어지는 업무의 품질에 대해서는 매우 세심한 신경을 기울여야 한다. 고객 한 사람의 불평은 인터넷 매체 등을 통해 많은 사람에게 전달될 수 있고, 이에 동조하는 사람들의 반복되는 댓글을 통해 고객 한 사람의 불만은 무섭게 증폭된다. 제품에 불만을 느낀 고객이 회사에 전화를 걸어 불만을 토로하는데 만약 적반하장격으로 만약 직원의 응답마저 매우 거만하다면 고객의 분노 게이지는 끝없이 상승할 것이다. 이를 경험한 고객이 SNS 등을 통해 이 사실을 다수에게 알린다면 기업의 이미지는 일파만파 손상될 것이다.

직원들이 '기본'을 놓치지 않도록 지속해서 관리하고 교육하는 것이 관리자들의 역무다. 생산량과 납기와 품질을 챙기는 것이 관리자의 일차적인 직무지만, 회사의 문화에 신경 쓰지 않는다면 이내 한계에 직면하고 만다. 큰 눈사람을 만들기 위해 눈덩이를 이리저리 굴린다고 하더라도 중심에 작지만 단단한 눈 뭉치가 없다면 모든 노력은 허사다. 그것이 기업의 품질문화이고 품질의식이다.

깨진 유리창의 법칙이 부정적 측면의 확산과 파급을 이야기한다면 나비효과는 긍정적 측면의 확산과 파급을 다룬다.

나비효과란 나비의 날갯짓이 연쇄적으로 큰 파장을 일으키면서 결국 큰 변화를 가져오는 과정을 설명한다. 나비 한 마리의 날갯짓은 바로 옆에 있는 작은 벌레를 나뭇잎에서 떨어뜨려 그 아래에서 놀고 있는 원숭이 털 속에 떨어지게 한다는 것이다. 원숭이는 그 벌레로 인해 가려워 긁다가 옆의 열매를 떨어뜨리고, 열매는 돌에 부딪혀 돌을 구르게 한다. 돌은 큰 바위를 지탱한 작은 돌을 쳐서 밀어내면서 작은 산사태를 일으킨다. 이런 변화는 물의 흐름을 바꾸어 화산의 구멍을 막고 약한 지반을 꺼지게 하면서 화산 폭발을 일으킨다는 것이다. 화산재는 부분적으로 대기의 기류를 바꾸어 큰 대기압 차이를 일으키고, 급기야 대류 변화를 일으켜서 지구 반대편에 커다란 폭풍을 일으킨다는 것이다.

부조리가 파급되듯이 긍정 기운도 파급된다. 긍정적인 방향으로의 의식의 변화 역시 소수에서 시작하여 다수로 확산한다. 그 소수의 사람들을 '변화의 주역'이라고 이야기할 수 있다. 그럼 관리자는 무엇을 해야 하나? 변화의 주역이 될 수 있는 사람을 선정하여 그들과 끊임없이 대화하고 그들의 어려움을 적극 해결해 주어야 한다. 그래서 그들이 진정한 Opinion Leader가 되도록 지원함으로써 기업의 '긍정적 소수'로 육성하여야 한다. 그들의 말을 동료들은 신뢰할 것이고, 그들의 의견은 조직의 주류 의견으로 자리 잡을 것이다. 관리자들은 이런 Opinion Leader를 육성할 책임을 진 사람들이다.

많은 사람을 한꺼번에 변화시키려고 하는 것은 욕심이다. 어차피 출발은 소수의 긍정적인 사람으로부터 시작되기 때문이다. 모든 관리자가 1년에 한 사람과 오픈 마인드로 대화하고 그들을 회사의 Opinion Leader로 육성하기만 해도 충분하다. 문제는 시도조차 하지 않기 때문에 1년에 한 사람은 고사하고 10년에 한 사람도 자신의 사람으로 만들지 못하는 것이다.

27
품질개선의 목표, SMART하게 수립하라

"꿈을 날짜와 함께 적어 놓으면 목표가 되고

목표를 잘게 잘라 놓으면 계획이 되고

그 계획을 실행에 옮기면 꿈이 실현되는 것이다."

[꿈의 법칙]

인터넷에서 우연히 발견한 위의 문장은 읽을수록 마음에 감동을 준다. 요즘은 '스마트'가 대세다. 명사 앞에 스마트 세 글자만 붙이면 시대를 앞서가는 '스마트한' 것으로 취급되고 인식된다. 스마트폰, 스마트공장, 스마트그리드, 스마트팜, 스마트시티처럼 말이다.

문제 해결에서도 목표를 정할 때도 '스마트하게' 해야 한다. 어떠한 문제를 해결하는 데 개선의 목표가 가져야 할 요건으로 요구되는 것이 바로 알파벳 첫 글자를 딴 'S·M·A·R·T'다. 우리가 변화와 개선을 추구할 때 그 활동이 가져야 할 목표는 다음과 같은 스마트의 조건에 해당되어야 한다.

S: 구체성(Specific)

M: 측정 가능성(Measurable)

A: 달성 가능성(Attainable)

R: 전략과의 관련성(Relevant)

T: 시한성(Time-Bound)

SMART 목표 설정 기법[22]

　먼저 개선의 목표는 구체적이고 명확해야 한다. 두루뭉술한 목표는 실행의 동력을 저하시키고, 실행 과정에서 명확한 방향성을 제시하지도 못하며, 결과적으로 막연한 희망에 불과한 것으로 전락시키고 만다. 목표가 구체적이어야 실행력이 생기고, 실행에 관계된 사람들의 마음을 하나로 모을 수 있으며, 그들 스스로가 한 차원 높은 결의를 다지게 한다. 조직원의 이해의 폭을 넓혀 협조하고 희생하는 분위기를 유도할 수 있다.

　목표는 측정할 수 있어야 한다. 예컨대 A/S부서에서 업무목표를 정할 때 '고객에게 걸려온 전화를 빨리 받는다'와 같은 방식이 아

---

22)　CodeDragon_https://codedragon.tistory.com/9073

닌 '전화벨이 세 번 울리기 전에 받는다'와 같은 형태로 수립하여야 한다. 이렇게 하지 않으면 고객 전화 응대에 대해 구성원들 각자가 가진 다양한 선입견이 앞서게 되어 부서업무 실행의 일관성을 유지할 수가 없다. 그리고 개선의 목표를 명확하게 공유할 수 없다. 목표의 모호성은 실행의 모호성으로 이어진다.

플랜트의 고장 해결을 위해 고객 Site에 A/S 요원이 몇 시간 내에 도착하는 것이 발 빠른 대응일까? 어떤 사람은 24시간 이내라고 생각할 것이고 어떤 사람은 12시간 이내라고 생각할 것이다. 고객도 저마다 빠른 A/S에 대한 요구조건이 다를 수 있다. 그래서 기업은 구체화된 업무 목표를 가지고 있어야 하며, 품질개선을 할 때도 구체적인 목표를 설정하고 활동에 임해야 한다. 그 목표는 고객 지향적이어야 하고, 내부 지향적이어야 한다. A/S Site 도착시간 목표는 고객별 요구와 성향을 고려하여 결정되어야 한다.

목표에는 달성 가능성이 내포되어야 한다. 여기에 대해서는 많은 이견이 있을 수 있다. 흔히 원가절감 5%는 어려워도 더 가혹한 목표인 30% 감축은 가능하다는 말이 있는데, 이 말은 방금 언급한 목표의 '달성 가능성'과 서로 상충되는 이야기일까? 그렇지 않다. 목표는 도전적이어야 하며 동시에 달성 가능성이 함께 내포되어야 한다. 중요한 것은 목표를 수립할 때 해당 활동의 리소스, 즉 가용자원의 규모를 고려해야 한다는 점이다. 평범한 담당자 한 사람에게 일 년 내에 원가절감 30%를 달성하라는 목표가 주어졌다면 이것은 실행 가능성이 낮은 목표다. 반대로 공장의 모든 리소스를 총괄하는 공장장에게 일 년 내에 원가절감 30% 달성이라는 과제가 주어졌다면 이는 도전적인 목표이지만 혁신적인 활동이 전제된다면 어느 정도 달성 가능한 목표라고 할 수 있다. 즉 과제가 도전적이냐 아니냐, 실현 가능성이 있느냐 아니냐는 것은 그 활동에 참여하는 리소스의 규모, 지원조직의 규모 등을 함께 고려하여 평가하는 것이 옳다.

그런 측면에서 목표의 도전성과 달성가능성은 서로 상충되지 않는다는 점을 다시 한 번 밝혀 둔다. 설정된 목표는 현실적으로 성취할 수 있고 동시에 도전할 만한 가치도 있는 높은 수준이어야 한다.

목표는 전략과 Align 되어야 한다. 각 사업부는 전사(全社)의 전략을 달성하기 위한 사업계획을 수립해야 하고, 사업부 예하의 소부문은 사업부의 사업계획을 달성할 수 있는 활동과 목표를 반영하여 사업계획을 수립해야 한다. 그리고 소부문에 소속된 개별 부서는 소부문의 사업계획을 달성할 수 있는 활동과 목표를 반영하여 사업계획을 수립해야 한다. 마찬가지로 부서의 목표는 개인에게 할당·전개되어야 한다. 이것이 Cascading(순차적 세분화) 방식 또는 Top down 방식의 목표수립 방식이다. 여기서 중요한 것은 하위 부문의 활동을 100% 수행하면 상위조직의 목표가 100% 달성되느냐 하는 것에 대한 평가다. 이것은 우리가 수립한 활동과 목표가 적절한지를 검토하는 일종의 소위 '검산(檢算, Verification)'과 같은 과정이다. 상위조직과 하부조직은 활동의 내용과 성과 간에 '필요

충분'의 관계를 갖고 있어야 한다. 부문 활동을 100% 수행하더라도 사업부의 목표가 달성되지 못한다면 올바르게 활동계획을 수립하지 못한 경우다.

그리고 목표는 시한성(Time Bound)이 있어야 한다. 모든 만물에 기한과 정해진 때가 있다고 성경에도 나와 있다. 업무에도 적기가 있고 때를 놓쳐서는 안 될 업무가 있다. 목표를 달성하기 위해 잡은 시간이 너무 보수적으로 길거나, 반대로 지나치게 도전적이지 않게 합리적으로 정해야 한다.

이처럼 목표는 '스마트(SMART)'하게 수립해야 한다. 요즘과 같은 산업의 위기상황에 다시 한 번 새겨야 할 중요한 원칙이다.

	나쁜 예	좋은 예
Specific	더 좋은 부모가 됨	아이에게 30분씩 책을 읽어 줌
Measurable	몸매를 관리함	몸매를 36-24-36으로 만듦
Attainable	결함을 줄임	2년 이내에 불량을 1/8로 줄임
Relevant	B지역 매출 증대	A지역에서 시장점유 30% 확대
Time Bound	체중 감량	4개월 이내에 5kg 감량

목표설정 방법인 S, M, A, R, T 측면의 나쁜 예와 좋은 예

28
품질, 돈으로 말하라

 품질의 핵심은 제품과 서비스의 균일성이고, 이를 기반으로 고객만족을 이루는 활동이다. 고객만족을 달성하는 방법은 '고객요구에 적합하게 만드는 것'이다. 고객이 요구하는 여러 특성의 집합체가 바로 품질이다. 일본의 다구찌(田口玄一) 박사는 품질을 '돈'의 관점에서 정의한 대표적인 학자다. 그는 '제품으로 인해 생산자와 소비자에게 끼치는 사회적 비용손실'이 품질이라고 정의했다. 다구찌의 견해는 균일성과 요구 특성이 보장된 제품은 일견 우수한 품질의 제품으로 간주되지만, 여기에 사회적 손실이라는 요소를 하나 더 추가하여 제품의 품질 수준을 평가해야 한다는 것이다. 즉 특정 기종의 자동차가 기본성능은 우수하더라도 유지·보수에 타 기종보다 상대적으로 높은 비용을 투입해야 한다면 이 부분도 품질평가에 반영해야 한다는 것이다. 예컨대 엔진오일을 과다하게 소진하는 자동차가 있다면 엔진오일 교체 비용도 품질비용의 범주에 포함시켜야 한다는 것이다. 저자가 본서에서 앞서 언급했던 ROQ(Return On Quality) 역시 '돈'의 관점에서 품질을 바라보는 개념이다.

모 제조 기업에 새로운 대표가 부임해 왔다고 가정하자. 대표는 회사의 다양한 경영 상황을 파악하던 중 제품의 품질 경쟁력과 품질관리 역량에 대해서도 궁금증이 생겼다. 신임 대표는 품질부서장에게 회사의 품질 수준을 질문했다. 품질부서장은 불량률 기준으로 현상과 수년 간의 추이에 관해 설명했다. 신임대표는 클레임, 즉 출하 후 발생한 품질현황에 대해서도 질문했다. 이 모든 수치가 머릿속에 매끄럽게 정리되어 있지 않았던 품질부서장은 잠시만 기다려 달라는 양해를 구한 뒤 품질월보의 요약시트를 신임 대표에게 내밀었다. 요약시트에는 부품검사 불량률에서 클레임비율까지 공정별·유형별 불량률이 그래프와 함께 빼곡하게 기재되어 있었고, 수년간의 추이, 목표대비 달성률 등도 표현된 훌륭한 요약장표였다. 그러나 신임대표는 요약장표에 적힌 많은 데이터를 자세히 읽고 나서도 회사의 품질이 좋은지 나쁜지, 품질이 회사의 강점인지 약점인지가 선뜻 머릿속에 그려지지 않았다.

만약 품질부서장이 매출액 대비 품질비용이 차지하는 비율, 품질비용의 최근 변화 추이, 나아가 경쟁사 대비 품질비용 규모 등으로 답했다면 어땠을까? 아마 그랬다면 신임 대표는 훨씬 빠르고 명확하게 회사의 품질상황을 파악하고 이해할 수 있었을 것이라고 생각된다.

저자는 품질과 관련하여 실질적으로 중요한 지수가 있다면 그것은 바로 품질비용이라고 생각한다. 유명한 품질전문가인 크로스비(P.B Crosby)도 '품질의 척도는 오직 비용'이라고 이야기했다. 품질에 있어 품질비용은 대표적인 지표이고, 불량률(%, ppm) 등은 그 대표적 지표를 보조하는 하위지표에 불과하다. 불량률 정보가 필요 없다거나 무의미하다는 이야기는 아니다.

품질을 돈, 즉 비용으로 나타내는 기업이 즐겨 쓰는 방법은 통상 실패비용(F-Cost), 또는 품질비용(Q-Cost), 그리고 최근에는 COPQ(Cost Of Poor Quality)가 있다.

품질비용(Q-Cost)이란 품질로 인해 발생하는 모든 비용을 통틀어 합산한 값이다. 즉 예방비용(P-Cost), 평가비용(A-Cost)과 실패비용(F-Cost)을 포괄하는 넓은 개념이며, 이 중 실패비용(F-Cost)은 발생한 장소가 사내인지 사외인지 따라 내부 실패비용(IF-Cost)과 외부 실패비용(EF-Cost)으로 또다시 나눌 수 있다. 외부 실패비용은 고객에게 제품이 인도된 이후 발생한 품질문제 처리에 발생한 비용이라는 점에서 사내 부문에 한정된 내부 실패비용보다 훨씬 심각하고 중요하다.

예방비용과 평가비용은 적합품질로 분류하고, 실패비용은 부적합비용이라고 구분하는 경우도 있다. 즉 품질문제를 예방하고, 사전에 평가하는 것은 성격적으로 긍정적인 비용지출이라는 의미를 내포하는 것이며, 반대로 실패비용은 문제가 발생한 이후의 조치이기 때문에 부적합한 성격으로 규정하는 것이다.

구분	내용	
예방 비용	품질문제가 발생하기 전에 이를 회피하기 위한 활동과 관련된 비용으로, 주로 교육, 진단 및 지도, 개선 활동, 소집단 활동 등에 드는 비용을 말한다.	적합 품질 비용
평가 비용	제품이나 서비스가 제대로 작동되는지 시험, 검사 등 각종 평가 등을 시행하는 데 소요되는 비용으로, 제조업의 경우 수입검사, 중간검사, 최종 검사, 신뢰성 테스트 등에 드는 비용이 대표적이다.	
내부 실패 비용	이미 품질불량이 생긴 후 발생하는 비용으로, 제품을 고객에게 전달하기 전에 문제가 발견되어 이를 수정, 보완, 폐기 또는 재작업하기 위한 비용과, 이로 인해 부가적으로 발생하는 라인정지시간, 품질 미달로 인한 할인 등의 비용이 해당한다.	부적합 품질 비용
외부 실패 비용	이미 품질불량이 생긴 후 발생하는 비용으로 제품이나 서비스가 고객에게 전달된 후 발견된 문제와 관련된 비용으로 A/S, Warranty, 교환, 환불, 고객 불만처리 등의 비용으로 가장 심각한 성격의 품질비용이라고 할 수 있다.	

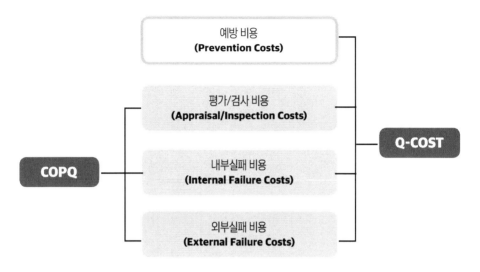

6시그마 운동에서 사용하는 COPQ의 개념과 Q-Cost

이상과 달리, 6시그마 운동에서는 품질비용을 약간 다른 명칭인 COPQ라고 명명하였다. 6시그마 운동을 자사의 정식적인 혁신 활동으로 채택하지 않은 기업들도 COPQ라는 이름으로 품질비용을 명명하는 사례들이 많다.

COPQ는 'Cost Of Poor Quality'의 약자로 말 그대로 빈약한(나쁜) 품질에 의해 발생하는 비용이다. COPQ를 Q-Cost 중 평가비용(A-Cost)과 실패비용(F-Cost)만을 대상으로 집계·분석하는 기업의 경우도 있고, 품질비용(Q-Cost)과 동일한 개념으로 집계·사용하는 기업들도 있다. 또한 COPQ를 실패비용(F-Cost)과 동일한 개념으로 사용하는 기업들도 있다. 어떤 범위까지를 포함하느냐에 대한 것은 큰 의미가 없다고 본다. 기업마다 또는 전문가마다 약간씩 다른 의미로 해석하거나 정의하고 있다.

이와는 전혀 달리 COPQ를 전통적 품질비용(예방+평가+실패)과 숨어있는 실패비용의 합산으로 보는 견해도 있다. 이것이 기존의 품질비용과 6시그마 운동론의 품질비용인 COPQ의 가장 큰 개념 차이다. 6시그마 운동론에서는 눈에 보이는 비용뿐만 아니라 기회 손실 비용과 같이 눈에 보이지 않는 비용을 모두 포함하여 품질의 손실로 바라보고 있다. 결함이나 문제없이 수행되었다면 사라지는 비용, 즉 조직이 추구하는 목적에 비추어 부가가치가 없다고 생각되는 모든 숨어 있는 비용을 포함하는 것이다. 즉, 설계변경, 판매 기회 상실, 시간낭비, 라인변경, 운송지연, 생산성 저해, 납품 지연, 과잉재고, 고객 신뢰성 상실, 낭비의 7대 요소(재작업, 업무절차, 운반, 대기, 이동, 과잉생산, 재고)까지도 COPQ의 내용으로 포함하여 집계·운영하는 기업의 사례도 있다.

이러한 측면에서 과거에 사용한 Q-Cost보다 새로운 COPQ가 더 광의의 개념으로 사용되는 것이다. 앞서 Hidden factory(숨겨진 공장) 편에서 빙산의 보이지 않는 부분을 COPQ에 비유하여 설명한 것도 이런 맥락이다.

이상의 설명을 통해 독자 여러분들은 품질을 '돈'의 관점에서 관리해야 한다는 필요성에 동의했을 것이라 생각하며, 나아가 자사가 사용할 품질비용의 집계방식을 어떤 것으로 할지에 대해서 고민하기 바란다. 이를 통해 품질 활동과 품질 활동의 성과를 연계하여 추세를 입증할 수 있는 집계방식을 결정할 수 있을 것이다.

대표적 기술 중시 경영인인 조석래 前 회장의 기술에 대한 강한 집념과 의지, 열정이 지금의 효성그룹을 만들었다는 것이 재계의 시각이다. 조 前 회장이 평소 대내·외적으로 강조해온 내용을 보면 '프리미엄 품질 확보'에 대한 강한 의지와 철학을 곳곳에서 발견할 수 있다.

> "품질경영은 품질을 향상시켜서 경영목표를 달성하자는 것이다. '품질= 이익'이다. 품질을 높여서 그것을 돈으로 받아내자는 것에 목적이 있다. 이를 위해 완벽한 수준의 품질을 확보해야 한다. 실력 부족으로 사업부 자체의 힘으로 해결이 어려운 문제는 전 세계 전문가의 도움을 받아서라도 최고 품질을 실현해야 한다. 고객의 Complain은 회사의 최대의 적이다."

공학도 출신인 조 前 회장은 기업의 미래는 원천기술 확보를 위한 기술 개발력에 있다고 보고 지난 1971년 국내 민간기업 최초로 기술연구소를 설립하였다.

조 前 회장은 품질에 대한 목표는 고객만족을 통한 '돈' 또는 '이익'이어야 한다는 것과, 그것은 완벽한 품질을 통해서만 가능하며, 고객에게 불만을 끼치는 것은 회사의 최대의 적이라는 것을 특별히 강조한 경영자다.

또한 직원들의 실력 부족으로 해결하지 못하는 품질문제가 있으면 세계 끝까지도 달려가서 전문가를 찾아 해결하고야 말겠다는 의지와 정신을 회사와 산업계에 전파하였다.

29
품질 수준과
품질비용의 관계

과거에는 품질 수준과 품질비용 간에는 최적균형점이 있다고 생각했다. 즉, 품질과 비용 간에는 상쇄적(相殺的, Offsetting) 관계에 의해 전체 품질비용을 최소화하는 불량률을 회사의 품질목표로 삼았다. 구체적으로 말하면 품질 수준을 높이려면 예방비용과 평가비용이 추가로 소요되고, 그 효과로 실패비용은 줄어든다는 것이다. 종합적으로 이 셋(예방비용, 평가비용, 실패비용)의 합이 최소가 되는 지점(불량률)이 바로 최적 품질 수준이라고 판단하였다. 품질 개선의 과정과 결과에 의해 일어나발생하는 추가비용과 감축비용을 동시에 고려한합산한 총비용이 최저가 되는 품질 수준을 정하고, 이 상태에서 실현되는 품질 수준을 회사의 품질목표로 정하는 방식이다. 이 방식은 일정 수준의 품질문제와 이로 인한 고객 불만을 기업 스스로 용인하는 방식이며, 대신 A/S 기능의 확대를 통해 불량품을 신속하게 조치하는 것으로 Back-up 하는 방식이다.

다음의 왼쪽 그림을 보면 최적균형점(최적수준)이 바로 모든 품질비용의 합이 최소가 되는 지점의 품질 수준이다.

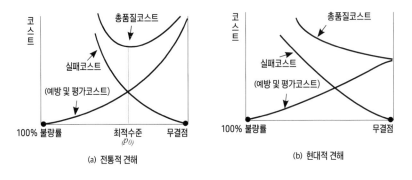

이상 설명한 과거의 전통적 품질비용 견해는 품질 수준을 높이기 위해서는 예방비용과 평가비용의 추가로 인해 총원가가 상승하기 때문에 최적균형점을 유지하는 것이 현명하다는 생각에 기초한다.

그러면 요즘과 같은 21세기는 어떤가? 현대에는 거의 모든 산업에서 전통적 견해에 의한 품질전략을 운영하는 것은 문제가 된다. 이미 소비자 주권시대가 열렸고 제품에 대한 고객의 품질요구가 증대되었다. 기업 간 경쟁이 치열하게 된 점도 전통적 견해에서 현대적 견해로 품질전략을 수정할 수밖에 없게 만든 이유다.

물론 경쟁자가 전혀 없는 독점적 시장이나 공급이 수요에 못 미치는 제품군이라면 전통적 견해에 의해 품질을 관리하는 것이 더 효과적일 수 있다. 그러나 대부분의 일반적인 산업군에 소속된 기업들은 시대의 변화와 함께 전통적 견해가 아닌 현대적 견해에 의해 품질을 이해하고 품질목표를 정의해야 한다.

---

23) https://m.blog.naver.com/PostView.naver?isHttpsRedirect=true&blogId=ll93324785&logNo=140179684630

그럼 현대적 관점에서 품질 수준과 품질비용은 어떻게 정의되고 있는가? 품질과 비용 간 상쇄적 관계에 의한 최적 균형점이 존재하는 것이 아니라 불량제로가 되어야 품질비용도 최저가 된다는 개념이 바로 현대적 견해다. 상쇄적 관계가 없거나, 상쇄적 관계가 있더라도 거의 미미하다는 사실에 근거한 개념이다.

현재의 경우 완전무결한 품질을 위해서는 예방 및 평가비용이 무한히 증가하는 것일까? 본서에서 언급한 1960년대 초 마틴社의 ZD운동은 그것이 사실이 아니라는 것을 입증한다. 오늘날 품질혁신의 많은 성공사례는 품질이 개선되면 비용이 오히려 감소한다는 것을 실증적으로 보여주고 있다.

완전무결을 달성하는 가장 효과적인 방법은 크로스비의 지적대로 '최초부터 올바르게 하는 것'이다. 최초에 올바르게 하면 수정을 위해 추가로 돈이 들어갈 이유가 없으며, 이렇게 되면 크로스비의 주장대로 '품질은 공짜(Quality is free)'가 되는 것이다. 업무절차를 간소화하고 작업내용을 표준화하고 사용부품이나 재료의 공용화가 확대될 때 고품질이 실현될 수 있다. 간소화·표준화·공용화는 공수절감과 비용감축의 효과에 그치지 않고 품질향상에도 기여한다. 품질과 비용은 더 이상 타협해야 할 상충관계가 아니라 동시추구가 가능한 개념으로 이해해야 하는 시대가 된 것이다.

크로스비(P.B Crosby)는 품질비용에 대해 '처음부터 업무를 올바르게 수행하지 못함에 따라 발생하는 비용'으로 '고객의 요구를 충족시키지 못함에 따라 발생한 손실금액'이라고 정의하였다. 그는 일반적인 기업의 경우 예방비용이 평균적으로 매출액의 0.5%가량 되며, 평가비용은 4.5%가량이고, 실패비용은 약 15%에 달하여 실패비용이 품질비용의 75%를 점유한다고 보았다.

본서에서 이미 언급하였지만 품질을 예방하는데 소요되는 비용을 '1'이라고 가정하면 평가비용은 '10', 실패비용은 '100'의 관계가 성립하는 것이다.

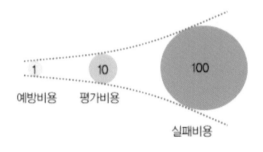

1:10:100과 품질비용 관계[24]

---

24)   https://brunch.co.kr/@kbhpmp/98

30
품질에 대한
바람직한 사고체계 (1)

본 장에서는 기업의 경영자와 관리자가 품질에 대해 가져야 할 사고체계를 압축하여 설명하려고 한다. 여기서 설명하는 각각의 항목 중 특히 중요한 것은 본서의 다른 장에서 별도로 상세히 언급하고 있다.

이 장에서 품질 자체를 바라보는 기본적 사고체계 3가지를 설명하고, 다음 장에서 품질 활동에 대한 올바른 사고체계 7가지를 설명하겠다. 품질에 대한 사고체계와 품질 활동에 대한 사고체계를 굳이 구분하는 것은 큰 의미가 없으며, 10가지의 사고체계는 모두 중요하다고 하겠다.

사고 체계

▲

품질 제일주의 지향	고객 지향	후공정 중시
품질을 최우선으로 생각한다.	고객의 요구를 경영의 최우선 요소로 여긴다.	공정의 문제점을 다음 공정으로 넘기지 않는다.

❮ 품질 제일주의 지향

경영의 요소와 분야는 다양하다. 다양한 경영 요소와 분야 중에서 품질을 최우선으로 생각하는 품질 제일주의의 사고로 무장해야 한다.

본서에서 이미 언급한대로 산업혁명을 거치면서 대량생산이 가능해짐으로써 거의 모든 산업에 있어 공급은 수요를 초월했다. 이러한 상황에서 기업 내부의 생산성과 같은 효율성 관련 요소가 수익에 긍정적 영향을 미치는 것은 사실이지만, 품질은 기업 활동의 기본 중의 기본으로 자리 잡아야 한다. 효율성지수는 수익성 향상을 위해 꼭 필요한 요소지만, 품질이 전제되지 않는 효율성지수는 기업의 생존을 보장할 수 없다.

기업마다 품질에 대한 각오나 궐기가 넘쳐난다. 구호나 현수막 속에만 갇혀있는 품질이 아니라 실제 경영상황 속에서 품질을 중시하고 최우선 가치로 인정하는 것이 중요하다. 구호나 의지만으로 품질일류기업에 오를 수는 없다. 경영자로부터 일선 사원들에 이르기까지 품질을 최고로, 아니 기본으로 여기는 자세가 확립되어야 한다.

◁ 고객지향

본서의 제Ⅰ장에서 중점적으로 강조한 내용이 고객과 고객만족의 중요성에 대한 것이었다.

고객이 원하는 것을 찾아내어 제품과 서비스를 통해 제공하고, 고객의 입장을 경영에 반영하는 '고객지향'은 아무리 강조한다고 하더라도 결코 지나치지 않다. 물고기가 물을 떠나서 생존할 수 없는 것처럼 기업이 소비자와 떨어져 생존할 방법은 없다.

아직 직원들이 생산자 중심의 사고방식(Product-Out)에 머물러 있다면 이대로는 생존이 불가능하다는 사실을 깨닫게 하고 하루속히 고객(시장) 지향(Market-In)의 사고로 변화되도록 해야 한다. 기업 조직의 성공은 고객과 이해관계자의 신뢰를 끌어내고 유지할때 달성된다. 그러므로 고객과 이해관계자의 현재와 미래의 요구를 이해하는 것은 조직의 성공에 필수 불가결한 요소다.

최근까지 사회적으로 떠들썩했던 가습기 살균제 사태는 소비자 주권 시대와 관련하여 의미하는 바가 크다.

생각과 인식이 모든 것을 좌우한다. 총알이 총구를 떠날 때 표적과의 단 0.001㎜의 차이가 총알이 표적지에 도달할 때는 훨씬 큰 거리 차를 나타낸다. 채찍은 손잡이 부분을 약간만 흔들어도 채찍 끝에 달린 가죽은 엄청나게 큰 진폭으로 흔들린다. 그렇듯이 고객이 최고라는 생각에서 단 0.001㎜라도 벗어나거나 흔들리게 된다면 제품은 고객만족에서 아주 멀어질 수밖에 없다.

후공정 중시

기업 내부의 후공정도 큰 의미에서는 일종의 고객이다. 설계부서나 개발부서의 고객은 제조부서이고, 제조부서의 고객은 운송부서 또는 설치부서다. 나아가 제조공정 내에서도 #5번 작업공정은 #1~4번 작업공정의 고객이다. 고품질의 제품 또는 결과물이 사내의 후속 공정에 전달된다면 자연스레 고객에게도 고품질의 제품 또는 결과물이 전달될 것이다.

설계부서나 개발부서에서 도면을 작성할 때는 자신들의 입장이 아닌 도면을 사용하는 제조부서 또는 작업자의 관점에서 작성해야 한다. 이러한 사고가 'Manufacturer Friendly'의 개념이다. 흔히 최종공정은 전(前) 공정의 모든 문제가 모이는 곳이라서 관리가 가장 어렵다고 습관처럼 말하곤 하는데, 이는 낙후된 기업에서 벌어지는 전형적인 모습이다. 후공정 중심으로 일하는 것이 습관화된다면 더 이상 최종공정은 문제가 모이는 곳이 아닌 문제가 철저히 예방된 곳이 될 것이다.

31

품질에 대한
바람직한 사고체계 (2)

이전 장에 이어서 이번 장에서는 품질 활동과 관련해서 중요한 7가지의 사고체계에 대해 알아본다.

No	사고체계	내용
1	PDCA 관리	업무와 관리의 효과적인 진행 방법
2	사실에 의한 관리	사실과 데이터를 기반으로 상황을 판단한다.
3	프로세스 관리	좋은 결과는 좋은 프로세스에 의해 저절로 만들어진다.
4	원류관리	생산한 후의 관리보다는 생산하기 전의 관리에 중점을 둔다.
5	중점지향	중요한 문제부터 다룬다.
6	층별 관리	상황을 각종 기준에 의해 구분지어 바라보며, 구분기준에 의거 문제나 원인을 찾는다.
7	분포의 관리	분포의 추이를 지속해서 관리하고, 문제 발생 시 결과의 물규직한 분포에 주목하여 원인을 찾아낸다.

⌁ P-D-C-A 관리

데밍이 고안한 P-D-C-A사이클은 데밍사이클 또는 관리사이클로도 불린다. 데밍의 P-D-C-A사이클은 일의 관리에서 인류가 터득한 간단하지만 가장 값진 유산이 아닌가 생각한다.

P는 계획, D는 실행, C는 점검, A는 보완을 의미한다. 품질 활동을 포함해서 어떤 일을 성공적으로 추진하기 위해서는 이 프로세스를 꼭 따라야 한다. P-D-C-A사이클은 개선이나 실행에 필요한 도구라기보다는 사고방식에 가깝지만 단순히 사고방식으로만 치부하기에는 P-D-C-A는 너무 막강한 힘을 가지고 있다.

모든 일에는 체계적인 계획이 필요하고, 실행 후에는 계획대로 운영되는지를 점검하고 보완하는 것이 필요하다. 최근에는 C와 A를 See로 통합한 이른바 P-D-S사이클이 활용되기도 한다. 지속적 개선이란 P-D-C-A를 계속 반복하는 과정이다. 저자는 이 중 C(점검) 단계를 가장 중시한다. 안타까운 것은 일반적으로 일을 추진하는 과정에서 가장 잘 빠뜨리고 넘어가는 것이 C 단계다.

고도화된 생산 현장일수록 문제는 복잡하게 얽혀있기 때문에 해결 과정도 매우 지난(至難)할 때가 많다. 그렇기 때문에 계획(P)을 세우고 계획대로 실행(D)한다 하더라도 단번에 그 문제의 근원이 완전히 해소되지 않는 경우가 더 많다. 그래서 계획한 일의 결과와 진척을 되짚어 다시 살펴보는 점검(C) 기능이 중요하다. 실제로 현장에서 점검(C) 기능이 잘 운영되지 못하면 개선의 결과는 다시 개선 전 상태로 돌아가 버리기 쉽다. 그래서 저자는 점검(C)하지 않는 계획(P)과 실행(D)은 '낭비'라고까지 생각한다. 사후에 점검(C)하지 않을 것이라면 계획(P)도 실행(D)도 하지 말라고 말하고 싶다. 단번에 획기적으로 개선되는 문제라면 지금까지 개선되지 않았을 리가 없다. 현재까지 개선되지 못한 문제라면 고질적인 성격을 안고 있기 때문에 개선을 시행하더라도 과거로 회귀하기 쉽다. 그래서 점검(C)해서 보완(A)해야 효과가 나타난다.

'PDCA 사이클'이라는 프레임워크[25]

❮ 사실에 의한 관리

모든 것은 사실에 따라 데이터로 말해야 한다. 품질은 과학적으로 관리히는 업무 영역이다. 따라시 현성과 문제를 끊임없이 데이터에 근거하여 관찰하고 조치해야 한다. 불량의 발생원인이 분명하

---

25)　https://blog.naver.com/exc1994/222382997755

지 않을 경우 '추론'이라는 행위가 불가피하지만 '추론'만으로 끝낼 것이 아니라 '추론'을 '사실'로 변환시키는 과정을 거쳐야 한다. 물론 쉬운 일은 아니다. 그래서 많은 경우 분석자 자신들의 경험과 지식에 근거한 추론으로 마무리해 버린다. 데이터에 의해 재현되거나 실증되지 않은 원인(추론)은 잠재원인에 불과하다. 추론과 관측, 판단에 의해 도출한 잠재원인은 재현이나 실증을 거쳐야 진인(眞因, Root Cause)이 될 수 있다. 사실에 기반한다는 것은 과학적 뒷받침이 확실하다는 것이다. 품질 활동에 있어서 상황의 판단은 반드시 사실 기반으로 이뤄져야 한다. 즉 데이터 기반 사고를 갖추어야 한다.

만일 우리가 어떤 것을 수치로 설명할 수 없다면,
우리는 그것을 잘 알지 못하는 것이다.
그것을 잘 알지 못하면, 그것을 관리할 수 없다.
우리가 그것을 관리할 수 없다면, 개선의 기회를 잃는 것이다.

- Mikel J. Harry -

수주생산 형태인 플랜트 또는 조선업 등의 경우 대량생산체계가 아니라는 이유로 데이터 기반 사고가 상대적으로 많이 부족하다. 선박의 제조가 대량생산방식이 아니라는 이유로 데이터 기반의 사고와 통계적 관리가 예외일 수는 없다.

사실에 의한 관리를 한다는 것은 정성적이고 모호한 상황을 정량화·계수화·객관화하는 과정을 말한다. 즉 복잡한 정성적 사실을 데이터의 형태로 정량화하는 과정을 거치는 것이다. 물론, 직감이나 경험도 때론 필요하다. 그러나 데이터를 수집하고 이것을 정리해 보면 과거 직감으로는 추출하지 못했던 사실을 발견할 수 있고, 경험과 짐작에 의해 인식하던 것이 실제 사실과는 상당한 괴리가 있다는 것을 발견할 수도 있다. 사실을 파악하기 위해서는 다음의 것들이 필요하다.

- 현장에서 현물을 보고 현상을 관찰한다.
- 관찰한 결과는 필히 데이터로 남긴다.
- 데이터는 층별, 통계적 기법 등을 활용하여 철저하게 해석한다.

이렇게 현상·현물·현실을 잘 관찰하여 현장에서 무엇이 발생하고 있는지를 파악하는 태도를 '3현주의'라고 한다. 3현주의의 실행은 사실에 의한 관리를 포함한다.

❮ 프로세스 관리

좋은 물을 마시려면 수질 자체가 좋아야 한다. 수질이 좋다는 것은 제품의 개념(Concept)이 우수하다는 이야기다. 그러나 아무리 수질이 좋아도 정수장에서 가정까지 오는 수도관이 오래되어 녹슬거나 파손되었다면 깨끗한 물을 마실 수가 없다. 이것이 바로 프로세스 품질인 것이다. 프로세스 품질과 제품 품질은 '강한 양의 상관관계'를 가진다. 즉 프로세스 품질이 우수하면 제품 품질은 자동적으로 우수할 수밖에 없다. 반대로 프로세스가 엉망이면 그 결과에 의해 나오는 품질은 자연히 엉망일 수밖에 없다.

프로세스란 '일이 처리되는 경로나 공정'을 의미한다. 프로세스란 입력물을 출력물로 변환시키는 메커니즘이다. 자판기에서 음료수를 뽑기 위해 돈을 넣고 음료수의 선택이라는 입력값을 주면 자판기라는 프로세스는 고객이 선택한 음료수를 출력값으로 제공한다. 이때 자판기라는 프로세스를 운용하기 위해서는 어떤 자원이 필요할까? 전기, 땅, 자판기 청소원, 음료 공급자 등 여러 가지의 자원이 필요하게 된다. 이러한 프로세스를 구성하는 자원이 유기적으로 훌륭하게 작동하는 프로세스는 고품질 프로세스다. 원하는 출력값을 얻기 위해 수립한 프로세스가 원활하게 운영되기 위해서는 그에 필요한 자원이 유기적으로 작동하여야 한다. ISO9001의 7.1항에 의하면 프로세스의 자원은 인원, 기반구조, 운영환경 등이다.

이해를 돕기 위해 '입고관리 프로세스'를 예로 들어 설명해볼까 한다.

프로세스 명	• 입고검사 프로세스		
프로세스 목적	• 우리 조직에 입고되는 중요 자재에 대한 특성검증		
프로세스 자원	인원	• 입고검사를 수행할 수 있는 검사원 • 입고검사 장소에 자재를 펼쳐 놓은 물류 담당	
	기반구조	• 입고검사장, 측정기구(자, 도막게이지 등), 표준	
	운영환경	• 적정 온·습도	

프로세스 중심 관리는 '과정이야 어떻게 되든 모로 가도 서울만 가면 된다'는 소위 '결과 중심적'인 방식이 아니라 과정이 훌륭하면 결과는 저절로 좋아진다는 '실천과정'을 중시하는 방식이다. 좋은 프로세스가 정상적으로 작동하면 최적의 품질·원가·납기가 보장되는 제품은 자동적으로 실현된다.

불량이 발생했을 때 작업자의 실수나 설비의 문제로 취급해 버리는 것이 아니라 항상 프로세스의 관점에서 인적실수나 설비고장이 발생할 수 있는 원인을 찾고 프로세스를 개선해야 한다.

프로세스 혁신을 위해서는 자사의 프로세스 평가를 통한 새로운 개선 방안수립과 개선이 중요하다. 평가를 통해 개선할 부분을 찾았으면 새로운 목표를 설정해야 한다.

즉 '진단 → 목표수립 → 개선'의 과정이 필요하다. 새로운 목표는 과거의 목표보다는 더 높아야 하고 또한 경쟁자보다도 높아야 한다. 그래서 프로세스의 개선에 있어서 벤치마킹 활동도 중요하다. 경쟁사가 운영하는 프로세스에 대한 벤치마킹을 통해 자사는 그보다는 더 높은 목표를 설정하고, 이를 이루기 위해 혁신해야 한 다. 프로세스는 비즈니스의 기본이자 고품질을 위한 핵심 중의 핵 심이다.

세계적인 경영품질 모델인 미국의 말콤볼드리지 국가품질상 (MBNQA: Malcolm Baldrige National Quality Award)의 일곱 가지 평가 항목에 '프로세스 관리'가 속해 있는 것은 프로세스가 그만큼 경영 과 품질에 있어 특히 품질에 있어 중요하고 핵심적이기 때문이다.

MBNQA상에서는 한 기업의 프로세스를 평가할 때 크게 세 가 지 부분을 중점적으로 본다. 첫째는 핵심프로세스인 제품(서비스) 프로세스, 둘째는 핵심 프로세스에 대한 지원 프로세스, 마지막으 로 공급선 관리 프로세스를 평가한다.

◄ 원류관리

원류관리란 만든 후의 관리보다는 만들기 전의 관리에 중점을 두는 활동이다. 품질 특성에 영향을 미치는 원류단계의 요인을 발 견하여 공정별 관리인자(CTQ)에 편입하는 활동이 지속적으로 어 뤄져야 한다.

✑ 중점지향

현장에는 무수히 많은 문제가 있다. 일의 결과가 정상 영역을 벗어나거나 고르지 못한 것은 다양한 요인에 의해 발생한다. 그 가운데에서 당장 해결하지 않으면 안 되는 '시급하고 중요한 것'을 선정하여 개선을 시행하는 것이 품질의 기본 철학이다. 한정된 비용·기간·사람 등의 제약 아래 모든 문제의 원인을 일거에 제거하는 것은 불가능하다. 그래서 개선을 할 때 결과에 큰 영향을 미치는 요인을 찾고 그것을 먼저 조치해 가는 것이 좋다. 즉 다수의 경미한 항목(Trivial many)보다는 소수의 주요항목(Vital few)을 선정하여 먼저 개선하는 것이 성과향상에 도움이 된다. 이것을 중점관리라고 한다.

다음의 표는 저자가 발간한 소집단 활동 교재에서 소개한 개선 테마 선정기법에 대한 부분이다. 소집단 활동은 자신이 일하는 주변의 중점과제를 대상으로 활동테마를 선정하여 개선하는 활동이다. 여기에서도 Vital few, 즉 '중요한 소수'를 먼저 선정하고 시행하는 것이 필요하다. 각 후보 테마가 갖는 개선의 필요성과 각 테마에 대한 자신들의 역량을 주된 평가항목으로 설정하도록 했다. 여기서 개선의 필요성이란 각 후보 테마의 중요도·긴급도·예상효과 등이며, 분임조의 능력이란 참여도·능력·기간 등이다. 우리의 일상에서도 그렇듯이 품질 역시 중요한 일부터 먼저 하는 것이 중요하다.

테마선정을 위한 안건 도출/적합성 검토 (사례)	범례	◎ : 5점 ○ : 3점 △ : 1점

테마 적출 내역	개선필요성			우리의능력			평점	순위
	중요도	긴급도	효과	참여도	능력	기간		
스미토모 중공축 작업 개선으로 생산성 향성	○	○	△	○	○	○	16	3
센터링머신 죠 방법 개선으로 품질향상	○	△	△	△	○	○	12	4
OKK M/C 케이싱 지그개선으로 생산성 향상	○	○	○	○	○	○	18	2
브라켓트 작업방법 개선으로 생산성 향상	◎	○	◎	○	◎	○	24	1
케이싱 작업방법 개선으로 생산성 향상	○	△	○	○	◎	○	18	2

소집단 활동의 테마선정 방식 사례

❮ 층별관리

층별(Stratification)은 성질이나 유형이 다른 것을 관리하거나 분석을 하기 위해 특성별로 분류하는 것을 말한다. 마구 뒤섞여 있을 때는 보이지 않는 문제와 특징이 층별 기준을 통해 분류(Classification)해서 몇 개의 작은 그룹으로 구분하여 관찰하면 정확한 현상과 개선의 착안점을 발견할 수 있다.

흔히 야구를 기록과 통계의 스포츠라고 이야기하는데, 더 정확하게 말하면 '층별의 스포츠'라고 하는 것이 맞다.

만약 A선수가 친 홈런을 타구의 방향을 기준으로 층별할 때 아래 그림과 같이 나타난다고 가정하자. 왼쪽 타자인 A선수의 홈런포는 절반 이상이 우측 방향에 몰려있다는 것을 알 수 있다. 이에 반해 좌측 방향으로 홈런을 날린 비율은 고작 14% 정도에 불과하다. 만약 어떤 투수가 A선수를 상대할 경우 이런 층별 데이터는 볼의 방향과 구질을 선택하는 데 아주 유용한 정보를 제공한다. 즉 투수에게 합리적인 투구의 전략과 방향성을 제시할 수 있다.

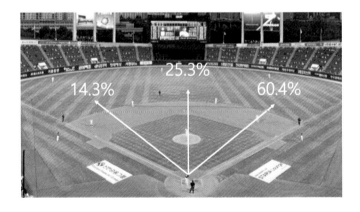

층별기준	특성별 사례
시간별	연도별, 계절별, 월별, 주별 등
작업자별	개인별, 조별, 숙련도별, 남녀별, 연령별 등
기계, 장치별	공정별, 라인별, 기계제작처별 등
작업 방법별	작업조건별, 속도별, 장소별 등
원료, 자재별	구입처별, 구입시기별, 저장기간별, 장소별, 검사원별 등
측정, 검사별	시험기별, 계측기별, 측정방법별, 장소별 등

공정에서 개선을 목적으로 사용하는 주요 층별 기준

⤳ 분포의 관리

데이터의 변동 또는 분포의 관점에서 데이터를 분석하고 개선하면 균일성 추구가 가능하다. 품질 활동이란 품질의 변동을 관리하는 과정이라고 해도 무관할 정도로 산포가 중요하다. 사격을 해본 경험이 있다면 잘 알 것이다. 사격에서 가장 좋지 않은 결과는 표적의 중심에 몰리지도 않으면서 분포마저 이리저리 산재하는 경우다. 만약 중심에 맞히지는 못했더라도 소위 탄착군이 형성되어 산포가라도 크지 않다면 중심만 이동시킴으로써 일등사수가 될 수 있다. 분포의 관리는 매우 중요하다. 본 내용에 대해서는 본서 제III부 '산포와 균일성 추구' 부분에서 더 자세히 언급할 것이다.

니콜라이의 결근: 전체 시스템을 지향해야 한다.

舊 소련의 어느 공원에서 있었던 실화다. 한 사람의 인부가 구덩이를 파고 있는데 바로 옆에서 어떤 인부는 땀을 흘리며 앞사람이 파놓은 구덩이를 메우면서 따라갔다. 왜일까?

원래 3인 1조로 구덩이를 파서 나무를 심는데, 나무를 심는 담당인 니콜라이가 결근했기 때문에 어쩔 수 없이 2명이 원래대로 한 사람은 구덩이를 파고, 나머지 한 사람은 구덩이를 메우는 작업을 한 것이다. 물론 이 일은 당시 공산주의였던 소련의 국가 형태 하에서 가능했던 일인지 모른다.

이들 두 명은 열심히 일했는지는 모르지만 결국 성과는 아무것도 없다. 다시 말해 '할 필요 없는 일'을 한 것이다.

하는 일의 전체적 상황과 일의 최종 목적을 생각하지 않고 일할 때가 많다. 품질에 대해서도 마찬가지다. 품질 향상을 위해서 하는 일이라고 생각하지만, 실제로 불필요하고 가치 없는 일, 그리고 일 자체를 위한 일을 할 때가 많다.

32
고품질 달성을 위한 3원칙

고품질에 도전하기 위해서는 불변하는 3가지의 중요한 원칙이 있음을 알아야 한다.

제1원칙은 처음부터 불량을 만들지 않는 것이다. 이 1원칙은 본서에서 많이 강조하는 '처음부터 올바르게'와 동일한 개념이다. 처음부터 잘 만들면 본서에서 언급한 결함누출이론을 극복할 수 있고 품질비용도 아낄 수 있다.

제2원칙은 설령 불량이 만들어졌더라도 이것을 사외로 유출(流出, Shipment)시키지 않아야 한다는 것이다. 이것은 이미 언급한 품질경영의 4대 범주 중 품질통제 기능과 관련성이 매우 높다.

제3원칙은 만약 사외로 유출되었으면 즉각 조치하여 추가적인 피해나 고객 불만의 확대를 방지하는 것이다.

이 3개의 원칙은 지극히 상식적이고 당연한 이야기다. 시대와 상황을 막론하고 고품질을 달성하는 것에 있어 이 3개의 원칙보다 중요하고 핵심적인 철칙은 없다. 모든 일에 있어서 가장 중요한 것은 '기본' 속에 있다.

원칙	내용	관련 비용
제1원칙	처음부터 불량을 만들지 말라.	예방비용
제2원칙	만약 불량이 만들어졌어도 사외로 유출하지 말라.	평가비용
제3원칙	만약 유출되었으면, 즉각 조치하여 더 이상의 피해나 고객불만을 야기하지 말라.	실패비용

고품질 달성 3원칙과 관련비용

고품질 달성을 위해서는 무조건 처음부터 잘 설계하고 잘 만들어야 한다. 수리나 수정은 가급적 없어야 한다. 제조 이전의 개발이나 설계 단계에서부터 제조 또는 출하 후 발생 가능한 품질의 리스크를 예측·회피하는 예방 활동이 이루어져야 한다. 그러기 위해서는 설계 또는 개발의 프로세스가 안정적이고 체계적으로 구축되어 있어야 하고, 설계자 또는 개발자의 역량은 우수해야 한다. 고객요구 및 시방의 검토를 통해 그 검토 결과가 설계 또는 개발 입력요소로 정상적으로 반영되어야 한다. 설계 또는 개발은 고객이나 규격의 요구사항을 입력소스(Input Source)로 받아 제조에서 사용할 도면, 시방, 지침 등을 출력물(Design Output)로 산출하는 프로세스다. 입력소스의 관리, 설계프로세스의 관리, 출력물의 관리 등 3개 부분은 설계 또는 개발에 있어 핵심적인 하위 프로세스다.

앞에서도 언급했지만 수준 높은 품질 활동은 문제의 노출이 가급적 앞 공정에서 이뤄지도록 체계를 갖추는 것이다. 문제가 없는 것이 가장 좋겠지만, 문제를 가급적 앞 단계에서 빨리 발견하거나 예측하여 필요한 조치를 하는 것이 중요하다. 그래야 문제의 크기도 줄일 수 있고, 피해의 규모도 줄어든다.

설계부서에서 '이 정도의 문제는 제조부서가 알아서 하겠지!' 하는 생각으로 적당히 넘어갈 때가 있다. 또한 제조부서는 '검사부서가 이 정도의 문제는 충분히 잡아주겠지!' 하고 생각하는 경우가 있다. 검사부서는 '최종 출하부서나 설치부서에서 이 정도의 문제는 고쳐서 작업하겠지!' 하고 생각한다. 이런 무책임한 자세 때문에 고객은 피해를 입게 되고 회사는 어마어마한 비용 손실을 감당하게 된다.

고품질 3원칙은 전 직원에게 다양한 사례와 함께 교육해야 할 만고불변의 이치다. 각 원칙별로 자사가 실패한 사례를 모아 자료화하고 지속해서 교육할 것을 권장한다. '처음부터 올바르게 하고 마무리는 완벽하게 하는' 습성의 정착 여부에 의해 회사의 품질 수준이 결정된다.

1원칙 달성을 위해 소요되는 품질비용은 예방비용이다. 처음부터 문제를 만들지 않기 위해서는 품질문제 예방을 위한 각종 설비 개선, 공정 자동화, PI(Process Innovation)활동, 전 사원에 대한 교육, 표준화 등이 필요하다. 이러한 비용 소요는 대부분 예방비용에 속한다. 예방비용 항목의 지출에는 인색하면서 좋은 품질을 바라는 것은 욕심이다.

특히 품질 교육은 매우 중요하다. 얼핏 보면 품질교육의 효과가 나타나지 않는 것처럼 보이지만 사실 그렇지 않다. 어려울수록 사람과 교육에 투자하는 것, 그리고 지속적이고 일관된 품질교육 프로그램을 운영하는 것은 무너지지 않는 품질시스템을 유지하는 데 꼭 필요하다. 물론 오직 교육만으로 품질이 혁신되는 것은 아니다. 그러나 장기적 관점에서 보면 지속적인 교육에 대한 투자는 필수적이다. 생산시스템은 사람-설비-방법이 융합된 시스템이다. 이 셋 중 가장 중요한 요소는 사람이며, 나머지 둘도 결국은 사람의 통제 속에서 운영된다. 따라서 모든 성패는 사람의 품질에 달려 있으며, 사람의 변화 속도에 비례하여 생산 운영 및 품질시스템은 성숙된다.

2원칙과 관계되는 품질비용은 평가비용이다. 평가란 실현된 제품의 품질수준을 규격 또는 시방과 비교하여 평가하는 일종의 통제활동이며, 품질검사라고 불러도 무방하다. 사람이 하는 검사는 점차 줄이고 설비나 공정에서 자동으로 제품의 특성이 체크되고 판정되는 방법을 추구해야 한다. 개발 시 품질검증에 소요되는 비용, 양산 이후 부품검사, 중간검사, 최종검사, 신뢰성테스트 등에 드는 비용이 바로 평가비용이다. 최근에는 각종 센서를 이용한 검사, 화상을 이용한 비전검사 등이 많이 활용된다.

3원칙과 관계되는 품질비용은 실패비용이다. 정확하게 말하면 외부-실패비용이다. A/S, Warranty, 교환, 환불, 고객 불만처리 등에 소요되는 비용이 해당된다. 여기에는 '시간'이라는 Factor가 중요하다. 얼마나 빨리 처리하느냐에 따라 처리 비용의 규모는 물론 고객의 인식이 달라진다. 앞서 언급했듯이 A/S를 위해 사고 후 12시간 만에 현장에 도착하여 수리하는 것이 기업의 입장에서는 신속 처리라고 생각할 수 있지만, 고객의 입장에서는 생각이 다를 수 있다. 제품이 설치된 장소와 고객의 성향에 따라 신속처리 여부는 결정되며, 기업은 고객별 성향을 고려한 신속 처리가 가능한 체계를 확보해야 한다.

33

카노모델과 품질의 동태성

카노모델은 일본의 카노 노리아키(狩野紀昭)가 1980년대에 연구한 제품 개발에 관련된 상품기획 이론으로, 그 속에 고객과 품질요소에 대한 깊은 분석을 담고 있다. 어떤 상품을 기획할 때 소비자가 기대하는 것과 충족시키는 것 사이의 관계, 그리고 요구되는 사항의 만족과 불만족에 의한 객관적 관계를 설명하고 있다.

카노모델에서는 품질요소의 종류를 매력적 품질요소, 일차원적 품질요소, 당위적 품질요소, 무차별적 품질요소, 역 품질요소로 나누어 설명한다.

매력적 품질요소(Attractive Quality Element)는 충족되는 경우 고객에게 만족을 주지만 충족이 안 되더라도 크게 불만족을 주지 않는 품질요소를 말한다. 고객이 미처 기대하지 않았던 것이나 기대를 초과하는 만족을 주는 품질요소를 말한다. 예를 들면 수준이 높지 않은 호텔에서 제공되는 무료 아침 식사 서비스 같은 것이 여기에 해당한다. 이러한 요소가 달성되면 고객 감동(Customer Delight)을 줄 수 있다. 한편 이러한 요소의 존재여부를 고객들은 모르거나 기대하지 않았기 때문에 충족이 되지 않더라도 크게 불만을 느끼지 않는 경우가 많다.

일차원적 품질요소(One-Dimensional Quality Element)는 충족이 되면 만족하고 반대로 충족되지 않으면 고객들의 불만을 일으키는 품질요소다. 가장 일반적이며 비례적인 성격의 품질인식 요소다. 영업점에서의 대기시간 등이 여기에 해당된다. 대기시간이 길면 누구나 불만족하게 되고 반대로 대기시간이 기대보다 짧으면 고객은 만족하게 될 것이다.

당위적 품질요소(Must-Be Quality Element)는 반드시 있어야만 만족하는 품질요소다. 고객이 당연한 것으로 기대하고 생각하는 요구사항이기 때문에 이 요구가 잘 만족되면 고객은 당연한 것으로 여기지만 충족되지 않으면 고객의 불만족은 급격히 상승한다. 예를 들면 고급호텔에서의 깨끗한 방이 여기에 해당될 것이다.

무차별적 품질요소(Indifferent Quality Element)는 만족하는 것과 만족하지 못하는 것 사이에 품질의 차이가 느껴지지 않는 요소다. 즉 좋다고 해서 고객이 만족하는 것도 아니며 반대로 나쁘다고 해서 고객이 불만족하는 것도 아닌 영역의 요소다. 예를 들면 우유 상자의 왁스 코팅 두께는 상자의 설계에서는 중요한 요소지만 소비자들은 그 차이조차도 모르는 경우가 많기 때문에 무차별적 품질요소다.

역 품질요소(Reverse Quality Element)는 오히려 충족되면 불만족을 일으키고 충족되지 못하면 만족하는 요소다. 예를 들어, IT 기기에 있어 일부 고객들은 첨단기능을 선호하는 반면 고(高) 연령층 고객은 제품의 기본모델을 선호하는데 만일 어떤 제품이 너무 많은 추가기능을 가지고 있다면 고 연령층 고객에게는 이것이 오히려 역 품질요소가 되는 것이다.

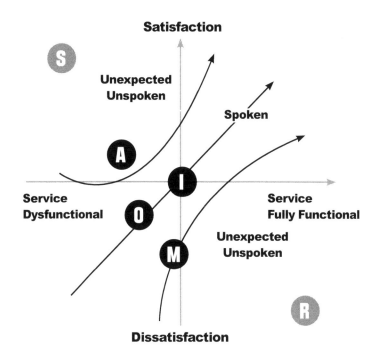

Ⓐ 매력적 품질요소(Attractive Quality Element): 기능이 없어도 불만족하지는 않으나, 기능이 있으면 매우 좋은 품질요소

Ⓞ 일차원적 품질요소(One-Dimensional Quality Element): 충족 시 만족, 미충족 시 불만족되는 선형적 품질요소

Ⓜ 당위적 품질요소(Must-Be Quality Element): 최소한 마땅히 잇을 것으로 생각되는 기본적인 품질요소

Ⓘ 무차별적 품질요소(Indifferent Quality Element): 충족여부와 상관없이 만족도 불만족도 일으키지 않는 품질요소

Ⓡ 역 품질요소(Reverse Quality Element): 충족이 되면 불만, 충족되지 않으면 만족을 일으키는 품질요소

카노모델은 각종 소비자 조사 방법과 연구를 통해 얻은 고객의 소리(Voice of Consumer)를 분석하는 도구로도 이용된다. 소비자가 직접적으로 혹은 간접적으로 말하는 내용과 이를 바탕으로 얻어진 배경적·환경적 이해를 분석하여 소비자가 원하는 것을 알아낼 수 있다.

나아가 카노모델의 개념 자체보다 카노모델에서 파생된 품질의 동태성(또는 진부화)을 이해하는 것이 실무에 더 응용할 것이 많다는 것이 저자의 생각이다.

- 품질의 동태성(또는 진부화)

카노모델을 통해 품질을 기획할 때 명심해야 할 것은 품질 특성

들이 동태성(動態性)을 갖는다는 것이다. 동태성이란 변화하는 성격을 의미하는데, 품질 특성들은 시간의 변화와 함께 동태성을 갖는다. 예를 들어 스마트폰의 액정을 손으로 드래그하여 화면을 확대·축소하는 펀치투줌(Punch to zoom) 기능의 경우 처음 개발되었을 때는 고객들이 매우 신기하게 여기며 찬사를 아끼지 않았던 매력적 품질 특성에 해당되었다. 그러나 모든 스마트폰 제조사들이 이 기능을 채택하면서 이 펀치투줌 기능은 더 이상 매력적 품질 특성이 아니다. 오히려 당위적 품질 특성으로 바뀌어 만약 이 기능이 구현되지 않는 스마트폰이 있다면 대부분의 고객에게 불만족을 주게 되었다.

카노의 연구에 의하면 품질 특성은 시간이 지나거나 제품성능이 향상됨에 따라 매력적 특성에서 일차원적 특성으로, 또 일차원적 특성에서 당위적 특성으로 점차 퇴화하는 진부화(陳腐化)현상을 보인다는 것이다. 제품의 진부화는 기능적, 물리적, 심리적 진부화로 나눌 수 있다.

진부화 분류	내용 설명
기능적 진부화	신제품의 신기능을 강조함으로써 새로운 수요를 만들어 내는 방법
물리적 진부화	기존제품의 품질을 저하시키거나 단축시키는 방법
심리적 진부화	신제품의 디자인 등 비기능적인 요소를 변화시킴으로써 기존 제품을 유행에 뒤진 것처럼 보이게 하는 방법

그러므로 경쟁우위를 확보하고 지속 가능한 성장을 하기 위해서
기업은 제품과 서비스에서 새로운 매력특성을 찾아내는 노력과 일
차원적 특성의 충실도를 높이는 노력을 동시에 하지 않으면 안 된다.

택배 서비스가 처음에 소비자들에게 소개되었을 때 모든 소비자
는 놀라서 탄식했다. 그러나 지금 택배회사의 Door to Door 서비
스는 놀라울 것도 매력적인 것도 전혀 아닌 그저 그런 당연한 것
이 되었다.

TV리모컨도 마찬가지다. 처음에 리모컨 기능이 도입되었을 때
는 매력적 품질요소였지만 현재는 모든 TV에 리모컨 기능이 있으
므로 이제는 당위적 품질요소가 되었다.

> 기업의 경쟁우위를 확보하고 유지하기 위해서는 제품 및 서비스 개
> 발부서에 끊임없이 새로운 매력적 품질요소를 찾아내어 구현하고 일
> 차원적 품질요소에 대한 충실도를 높이려는 노력을 계속하지 않으면
> 안 된다.
>
> -『품질경영』, 김연성 외, 박영사, 1999 -

기업이 의도적으로 제품의 품질 특성을 진부화시키는 계획적 진
부화(Planned obsolescence)가 있다. 이는 새 품종의 판매를 위해서
구(舊) 품종의 상품을 계획적으로 진부화시키는 기업 행동을 말한
다. 이는 심리적 진부화를 계획적으로 행함으로써 대체수요의 증
가를 꾀하는 기업정책이다. 그러나 이것은 소비자에게는 가계 부

담을 주고 자원을 낭비한다는 점에서 사회적·윤리적 측면에서는 문제점을 가지고 있다고 생각한다.

- 미국 전구회사의 계획적 진부화 사례

20세기 초, 미국은 각 분야의 산업 발전에 힘입어 기술력이 크게 증가했는데, 그 결과 더 빠른 속도로 고품질의 우수한 제품을 생산할 수 있게 되었다. 문제는 기술적 성공의 이면에 제품의 수명 증가로 인해 판매가 줄어드는 현상이 생겨났다. 이로 인해 1930년 대부터는 경제의 활력을 위해 짧은 수명의 제품을 생산하도록 법적으로 의무화했다고 한다. 이것은 소비를 늘려 실업률을 줄이기 위한 정책적 필요에 의해 도입되었다.

1930년대 전구업체 생산제품은 한 개가 최대 25,000시간 수명을 유지할 수 있었지만 모든 제조사는 서로 협의하여 전구의 최대 수명을 1,000시간으로 제한하는 지침에 협조했다고 한다. 다시 말해서, 의도적으로 수명을 단축함으로써 소비자들에게 미래에 더 많은 제품을 구매하도록 촉구한 것이다. 이 계획적 진부화 사례가 기업이 가지는 사회적 책임을 고려할 때 타당하게 보호받아야 할지에 대해서는 의문이다. 따라서 저자는 이것에 대해 사례로 소개만할 뿐 가치 평가는 생략한다.

34
표준화 경영(標準化 經營)

복잡한 교차로에 신호등이 없거나 고장이 났다고 생각해보자. 여섯 갈래 길이 만나는 광장의 출·퇴근 시간이라면 그곳을 지나는 운전자와 보행자가 아무리 주의를 기울인다고 해도 원활한 통행에 지장을 겪거나 교통사고를 피할 수 없을 것이다.

회사에 기준과 절차, 즉 사내표준이 갖춰지고 운영되어야 하는 이유는 바로 이런 이치와 유사하다. 기준과 절차가 부재하면 모든 일에 사사건건 부서 간 협의가 필요할 것이고, 그 과정에서 부서 간 알력과 이기주의 등 혼란을 피하기 쉽지 않을 것이다.

일하는 방법과 절차, 기준은 문서로 제정되어 관리되어야 하는데, 이렇게 일하는 체계를 사전(事前)에 갖추는 것을 표준화(Standardization)라고 한다. 즉, 표준을 제정하고 이를 실무에 적용할 수 있도록 하는 기업의 조직적인 행위가 바로 표준화다. 법률에 의해 국가와 사회가 운영되듯이 기업이 운영되는 기본 원칙 역시 표준과 표준화다.

사내표준이란 회사 내 조직이나 구성원에게 책임·권한을 부여하고 업무 방법과 절차, 설비의 운전과 점검, 제품의 사양, 품질의 관리 등 모든 기업 활동을 효과적이고 효율적으로 추진하기 위해 정한 기업 내부 규칙을 말한다. 사내표준화를 추진함으로써 단순화·표준화·전문화가 가능하고 이를 통해 기업의 고유기술을 축적할 수 있으며, 업무와 제품의 품질을 향상할 수 있다. 나아가 각종 업무의 효율화와 비용절감도 가능하다.

기업은 규모가 커질수록 복잡성과 다양성이 증가하고 이는 효율적 관리를 어렵게 한다. 이런 상황에 사내표준화가 되어 있지 않으면 그 복잡성과 다양성으로 인해 생기는 혼란을 해결하기 어렵다. 기업이 성장하는 과정에서 일정 규모에 도달하면 복잡성과 다양성의 증가로 혼란이 생기게 되는데 이런 '성장통'을 극복하고 지속된 성장을 하기 위해서는 사내표준화가 필수적이다. 최근 사내표준화의 필요성을 낮게 평가하는 분들이 간혹 있는데, 이들의 의견은 표준화가 최근 급변하는 경영환경이 요구하는 혁신과 자율성을 해친다는 것이다. 이는 매우 잘못된 생각이다. 사내표준화는 조직 내 불필요한 혼란과 논쟁을 줄여준다. 사내표준화는 결코 혁신을 해치지 않는다. 가장 이상적인 표준화는 혁신, 즉 PI(Process Innovation)의 결과물을 표준체계에 반영하는 것이다. 혁신의 결과물이 표준에 반영되어야 하는 것처럼 혁신 활동의 방법론도 사내표준에 의해 규율되어야 한다. 마치 사회의 개혁이 법률에 기초하여야 하듯이 기업의 혁신도 그 방법론과 추진 프로세스가 표준의 규율에 기초되어야 한다. 기업의 모든 업무는 표준에 의해 규율되고 실행되고 통제되어야 마땅하다.

각 기업에서 운영하는 표준 및 표준화의 수준은 매우 다양하다. 사내표준화 성공의 두 축은 표준의 완성도와 준수도다. 이 두 축의 수준에 의해 사내표준화의 수준과 효과는 결정된다.

업무매뉴얼 또는 집무기준, 절차서 등의 사내표준이 형식적으로 구비되어 있긴 하지만 표준들이 효율적이고 혁신적인 업무방식을 규율하지 못하거나, 업무 상황에서 발생할 수 있는 모든 경우들을 뒷받침하지 못하는 경우가 많다. 이는 완성도가 낮은 표준화다. 업무 상황에서 발생할 수 있는 경우들을 모두 규율하는 것이 중요하다. 사내표준을 몇 건이나 보유하느냐보다는 완성도가 높은 표준을 보유하는 것이 중요하다.

또한 표준이 존재하고 또 작업장에 잘 걸려있다고 해서 표준화가 잘 되었다고 할 수는 없다. 작업자가 표준에 기록된 내용을 정확하게 이해하지 못한다면 이 역시 표준화의 진정한 완성과는 거리가 멀다. 표준이 실제 업무와 일치하지 않는다면 이 역시 표준화가 안 된 것이나 마찬가지다. 예컨대 수개월 전에 이미 작업 방법이 변경되었는데 표준은 이전 작업 방법을 규율하고 있다면 표준에 대한 기본관리조차 이루어지지 않는 것이다.

그런데 위와 같은 표준과 표준화의 문제를 지적하면 일부의 사람들은 쉽게 수긍하지 않고 역으로 문제를 제기한다. 그 문제 제기의 90% 이상은 '표준은 표준일 뿐 작업할 때 표준을 보고 작업하는 것은 아니다'는 것이다. 당연한 이야기다. 표준을 보지 않고는 작업과 업무가 불가능한 인력이 있다면 아직 현업에 투입하기엔 부족한 미숙련 인력이다. 표준은 작업과 업무의 정확한 기준과 방법을 제시하는 것이기 때문에 이미 현업에서 임무를 수행하는 사람이라면 표준에 규율된 내용을 다 숙지하고 있는 것이 기본이다.

저자가 생각하는 표준의 가치, 즉 표준의 존재 이유는 크게 세 가지라고 생각한다.

첫째, 표준은 신입사원 및 기존사원을 가르치는 도구다. 신규작업자가 공정에 투입될 시점에는 표준의 내용을 훤히 알고 있어야 한다.

둘째, 품질문제가 발생하면 원인을 찾는 것과 현재 대비 개선점을 찾는 용도로 표준이 사용된다.

셋째, 경영진과 관리자가 작업을 관리하기 위한 수단으로써 표준이 사용된다. 업무나 작업이 이루어지는 현장을 관찰하지 않는 관리자가 있다면 기본을 실천하지 않는 관리자다. 표준에 명기된 표준절차의 문제점은 없는지, 실제 현장에서 표준작업으로부터 일탈한 업무와 작업은 없는지 지속해서 관찰해야 하는데 그 활동의 그 도구가 바로 표준이다. 업무가 정상적으로 수행되는지 판단하는 기준이 표준이며, 그래서 표준은 현장 관리를 위해 꼭 필요하다.

표준화 경영이란 표준을 올바르게 제정해서(Plan), 표준대로 작업한 후(Do), 이를 평가해서(Check), 만일 표준에 문제가 있다면 개선(Action)하는 것이다. 즉 표준화 경영에도 P-D-C-A사이클이 적용된다. 공식적인 표준보다 구전과 경험, 감(感)을 중시하는 분위기가 팽배하다면 표준화 경영의 완성도가 매우 낮은 기업이다.

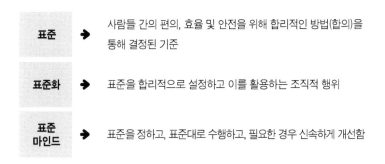

표준	→	사람들 간의 편의, 효율 및 안전을 위해 합리적인 방법(합의)을 통해 결정된 기준
표준화	→	표준을 합리적으로 설정하고 이를 활용하는 조직적 행위
표준 마인드	→	표준을 정하고, 표준대로 수행하고, 필요한 경우 신속하게 개선함

❮ 표준화의 범위

사내표준은 크게 기술표준, 업무표준의 두 가지 축으로 구성된다는 것이 가장 심플한 표준 분류법이다. 여기에 운영표준을 추가할 수도 있다.

기술표준은 품질표준과 방법표준으로 나뉜다. 품질표준은 각 품질 특성의 척도로 이용되는 규격을 말한다. 품질표준의 대표적인 것은 검사표준(ITP), QC공정도, 부품규격 등이며, 방법표준에는 작업표준, 설계기준 등이 있다.

기술표준이 부가가치를 창출하기 위한 제품 메커니즘을 다루는 표준이라면, 업무표준은 회사의 업무 프로세스를 다루는 표준이다. 업무표준은 신제품 개발 규정, 양질의 부품을 구매하기 위한 규정 등이 해당된다.

그럼 운영표준이란 무엇일까? 기술표준 및 업무표준을 효과적으로 운영하기 위한 표준이다. 즉 표준을 생활화하고 자율적으로 개선하게 하기 위한 일련의 행동을 제도화하고, 이를 위한 시스템의 이지뷰(Easy View) 환경을 구축하여 제공하고 표준화를 교육하는 등의 표준을 말한다. 이 역시 하나의 업무표준이라고 볼 수도 있지만, 저자는 이를 별도로 구분하는 것에 더 동의한다. 말하자면 운영표준은 컴퓨터의 Window와 같은 운영체계를 다루는 표준에 해당한다.

표준이란 존재 그 자체만으로 효과를 창출하는 존재가 아니라 적용되고 활용될 때 효과를 창출하는 것이다.

❮ 표준화의 효과

- 균일한 품질 확보

제품의 균일성은 업무의 균일성의 결과다. 제품에 산포가 있다면 이는 업무의 산포의 결과다. 일하는 방식을 표준화함으로써 제품의 산포를 제어할 수 있다. 이상적이고 최적화된 방법을 채택하고 제공함으로써 산포가 제어되고, 이상 행동이 제어되는 등 공정이 안정되고 품질문제를 예방할 수 있다. 나아가 통계적 방법을 적용할 수 있는 장(場)이 조성되어 품질을 추가로 개선할 수 있는 기반이 구축된다.

- 책임과 권한의 명확화

표준화를 통해 조직의 R&R(Role & Responsibility)이 명확하게 정의되고 관리기준이 제공되면 문제가 발생했을 경우 무엇이 잘못인지 누구의 잘못인지를 명확하게 구별해 낼 수 있다. 따라서 품질 불량이나 기타 사고를 예방할 수 있다. 여기서 책임소재를 파악하는 것은 오로지 개선을 위한 목적이어야 한다.

표준화가 미흡한 기업일수록 불필요한 회의가 많고 부서 간 다툼도 많다. 왜냐면 사전에 규율된 R&R이 없거나, 있더라도 Gray하거나 불명확하기 때문이다.

- 노하우의 축척: 암묵지의 형식지화

표준을 활용하여 업무를 수행하고 이를 교육에 활용함으로써 숙련된 인력을 육성할 수 있다. 기업의 모든 암묵지(暗默知)는 형식지(形式知)로 전환되어야 하며, 기업에서 '관리'를 한다는 것은 암묵지 형태의 지식과 노하우를 형식지 형태로 전환하는 것이다. 표준화는 개인이 업무 과정에서 습득한 지식과 노하우를 회사의 자산으로 전환하는 과정인 것이다. 개인이 업무 과정에서 습득한 지식과 경험은 개인의 것이기도 하지만 회사의 입장에서는 회사의 자산이다. 회사는 표준화를 통해 개인의 업무 관련 소유 지식을 회사의 소유 지식으로 Upgrade 하는 것이다. 만약 이런 과정이 없다면 지식과 노하우가 해당 개인의 머리에만 존재함으로써 개인이 퇴사하면 회사의 자산도 소멸되고 만다. 물론 해당 인원의 퇴사로 함께 소멸된 경험은 후계자에 의해 수습을 거쳐 다시 생성될 수는 있을 것이다. 이렇게 회사의 소중한 자산을 '쌓았다 무너뜨렸다' 하는 것이 정상적인가? 이것 또한 지극한 낭비다. 지적 자산의 문서화는 이렇게 '쌓았다 무너뜨렸다' 하는 불필요한 과정이 더 이상 필요 없게 할 것이다.

- 의사소통의 원활화

표준화는 사내 관계 부서와의 업무처리 방식의 공유, 처리방법의 단순화 및 정형화 등을 통해 호환성을 증대시킨다. 조직은 규모가 커질수록 부정적 의미의 블록화가 따라오기 마련이다. 블록화는 전체 최적화보다는 부분 최적화를 추구하는 병폐로 작용한다. 표준화는 책임과 권한의 명확화를 유도함으로써 부서 간 업무처리의 R&R을 명확하게 하고, 기능부서 간 의사소통과 업무처리를 원활하게 한다. 표준화가 덜 진전된 기업일수록 Gray 영역의 업무가 많고 이로 인해 부서 간, 부문 간 알력이 생기고 결국 부정적 조직문화가 확대되게 된다.

- 기업문화의 개선

'표준이 없으면 일하지 않는다'고 할 정도로 표준을 중시하는 문화, 즉 'No Spec, No Work'의 문화를 정착시키는 일은 고품질을 달성하는 것은 물론 품질·원가·납기·안전 경쟁력의 열쇠가 된다. 표준경영의 강화는 기초질서 지키기를 비롯한 규정준수, 협력하는 문화 조성, 애사심 등 긍정적 문화의 조성에도 큰 도움이 된다.

- 고객만족 달성의 기초

결국 고객만족 달성 여부는 모든 운영성과의 결과다. 이상 열거한 모든 성과는 고객에게 돌아간다. 반대로 표준경영의 실패로 제품의 산포가 증가하고, 부서 간 협조 미비로 납기준수율이 저하된다면 고객은 제품과 서비스로 인해 고통을 받을 것이다. 따라서 모든 품질경영의 성과는 고객만족에 있다는 것을 명심하기 바란다.

35

표준 3원칙 활동

앞서 품질의 3원칙을 품질비용과 연관지어 설명하였고, 표준화 및 표준경영에 대해서도 요점을 설명했다. 이번 장에서는 '표준'이라는 단어와 '3원칙'이라는 단어를 결합시킨 '표준 3원칙'에 대해 언급하고자 한다. 실제 국내 굴지의 S사와 P사 등이 이 '표준 3원칙' 활동을 통해 품질다지기 및 표준정착을 도모한 것으로 안다. 저자는 이 활동이 매우 의미 있고 중요한 것이라고 생각한다.

원칙	내용	지향점
제1원칙	모든 업무·작업에 표준이 구비되어야 한다.	표준 구비
제2원칙	관련 업무 종사자와 관리자는 해당 표준의 내용을 자세히 알고 있어야 한다.	표준 인지
제3원칙	표준이 준수되어야 한다. 실제 업무는 표준과 일치하여야 하며 Gap이 존재해서는 안 된다.	표준 준수

위의 3개 원칙은 매우 당연한 것처럼 보이지만 사실상 일류 품질 기업의 경우에도 이 모든 원칙이 모든 공정에 완벽하게 안착되었다고 보기는 어렵다. 그래서 표준 3원칙 활동을 품질다지기 활동의 일환으로 장기적으로 실행하게 되면 표준화가 기업의 체질로 내재화될 수 있다. 단, 최고경영자의 관심과 열의가 전제되어야 한다.

제1원칙은 사내에 존재하는 모든 작업은 반드시 그것을 규율하는 사내표준이 존재해야 한다는 원칙이다. 표준이 없는데도 불구하고 작업이나 업무가 수행된다면 그것은 '무표준 작업'이고 넓은 의미에서 '임의작업'이라고 해도 무방하다. 여기서 '모든 작업'의 의미는 수정작업이나 비표준작업 등 일회성 작업까지 포함하는 그야말로 모든 작업이다. 예상하지 못한 돌발작업까지도 작업 전에 이를 규율하는 작업표준을 갖추어야 한다. 표준이 없는 작업은 시행되지 못하도록 회사 차원에서 통제하고 관리하는 기능도 구축되어야 한다.

임시표준도 엄연히 사내표준의 일부다. 정말 시간이 촉박하다면 임시표준이라도 만들어서 검토, 승인을 거쳐 업무에 반영하도록 해야 한다. 표준에 대한 이러한 강박에 가까운 의인식이 확산되어 있지 않으면 바람직한 품질문화는 정착되지 않는다. 이런 경우 항상 규격 이탈과 산포에 의한 품질문제가 끊이지 않을 것이고, 그것을 해결하느라 늘 힘들고 분주할 것이다. 품질 개선의 여력은 생기지 않고 늘 품질문제의 조치와 재발방지에 허덕일 것이다.

경영자가 절차와 과정의 중요성과 준엄함을 모범적으로 실천하지 않는 한 고품질은 요원하다. 만약 경영자가 나서서 '이번 수리 오더는 시간적으로 긴급하니 수리절차서 없이 선(先) 작업을 하라'하고 지시하는 분위기라면 문제는 심각하다. 경영자의 의사결정에 모든 직원이 주목할 것이고, 직원들도 언젠가 상황이 어려우면 기준에 어긋나는 '융통성'을 발휘하게 될 것이기 때문이다. 불확실성과 리스크가 내재된 품질 업무 영역에서 융통성은 약 대신 독이 될 때가 많다. 표준대로 일해야 한다는 일종의 '강박'을 심어주는 것은 더없이 중요하다. 표준이 없는 작업은 시키지도 말고 하지도 말아야 한다. 과정과 절차를 중시하는 것이 올바른 품질문화의 특징이다.

교육을 통해 사람이 변화될 것이라고 기대하지만 정작 사람을 바꾸는 것은 문화다. 문화란 조직원을 조용히 그 문화에 동화(同化)시키는 힘을 가지고 있다. 회사에 품질문화가 없거나 부실한 상태에서 직원에게 "잘하라"고 말만 하는 것은 사과나무에서 배가 열리기를 기대하는 것과 크게 다르지 않다. 고품질을 통해 세계1등 제품을 만들겠다는 의지, 전 조직원이 품질을 중시하고 품질을 위해서라면 그 어떤 타협도 하지 않는 분위기, 정해진 기준은 어떤 어려움이 있더라도 지키는 자세 등이 확산되어야 품질문화가 구축된다. 그 가운데 가장 중요한 것은 리더의 의지와 자세다.

제1원칙이 제대로 구현되지 못한 기업의 특징은 사람마다 일하는 방법에 차이가 있고, 동일한 사람이라도 일하는 시점에 따라 업무의 방식이 약간씩 차이를 나타낸다. 프로세스의 입장에서 보면 업무의 산포는 제품의 산포를 일으킬 수밖에 없다. 본서의 여러 장에서 언급하지만 품질에 있어서 가장 나쁜 적(敵)은 바로 산포다.

제2원칙은 관련된 업무 종사자와 관리자는 해당 표준의 내용을 자세히 알고 있어야 한다. 발주처로부터 품질심사를 받거나 각종 인증에 필요한 심사에 대응하려면 사내표준화는 필수적인 구비조건이다. 이로 인해 대다수 규모의 기업이 외견상 표준화가 정착된 것처럼 보이는데, 실제로는 작업자가 해당 표준의 내용을 정확하게 숙지하지 못하는 경우마저 적지 않다. 이런 경우 표준화의 효과는 제로다. 작업자가 내용을 알지 못한다면 표준은 그저 낭비에 불과하다. 그것은 그냥 종이 위에 적힌 까만 글자에 불과하다.

표준이 제정되거나 개정되면 반드시 관계된 모든 사람을 대상으로 교육을 시행해야 한다. 불량에 대한 개선대책으로 작업 방법과 관리기준이 변경되었다면 이를 즉각 표준에 반영하고 관련자들에게 반드시 교육해야 한다. 제2원칙의 구현을 위해 주기적으로 표준 윤독회(輪讀會)를 시행하는 기업을 본 적이 있다. 제2원칙을 구현하기 위한 고민과 노력이 반영된 사례가 아닌가 생각한다.

제3원칙은 실제 업무가 규율하는 표준의 내용과 동일하게 이루어져야 한다는 것이다. 제1원칙과 제2원칙이 잘 구현되었더라도 표준대로 일하지 않는다면 표준화의 효과는 제로다. 이 역시 표준은 낭비에 불과하다. 실무자의 업무 속에서 살아서 구현되지 않는 표준 역시 내재화가 되지 않는 표준이다.

결과적으로는 제3원칙이 가장 중요하다. 제3원칙의 정착을 위해서는 반드시 제2원칙이 구현되어야 하고, 제2원칙의 정착을 위해서는 반드시 제1원칙이 구현되어야 한다. 제2원칙이 제대로 구현되지 않아서 제3원칙이 구현되지 못하는 경우도 있다. 즉 사람이 표준을 인지하지 못하기 때문에 표준대로 일하지 못하는 경우다. 또한 작업자가 표준 내용을 알기는 하지만 긴박한 납기 문제 등으로 인해 표준대로 일하지 않는 경우도 있다. 이것은 일종의 Violation, 즉 의도적 위반(반칙)이다. 또한 표준이 정확하게 작업 방법을 규율하지 못한다고 스스로 판단하고 표준의 내용은 무시하고 자신의 경험과 주관에 의해 업무를 하는 경우도 있다.

저자는 표준대로 일하는 회사 분위기를 만드는 방편으로 상시적 현장 예찰활동을 권유한다. 전담인원들이 현장을 순회하면서 표준의 존재 여부, 작업자의 인지 여부, 표준과 업무의 차이를 점검하는 활동을 권하고 싶다. 점검 결과 나타난 문제점이 경영진에게 보고됨으로써 더 강한 보완의 기회를 얻도록 하는 것도 필요하다. 기업에서 3자에 의한 '지적질'이 매우 부정적인 의미로 인식되는 경우가 많지만, 지저질이 추구하는 목표를 이해하고 그것을 개선의 수단으로 인정하는 조직원이 많을수록 회사는 건강하게 성장해 갈 것이다.

S사의 경우 표준3원칙 각각에 대해 미리 제정된 체크항목에 의해 정기적으로 모든 공정을 점검하는 활동을 진행하고 있다. 그 결과를 반영하여 공정별·조직별 수준을 점수로 나타내고 이를 전사에 발표한다. 객관적 관찰이 곤란한 제2원칙의 경우 실제 작업자들에게 인터뷰를 통해 인지 여부를 직접 확인하기도 한다. 제3원칙 항목을 평가하기 위해서는 작업장에 멈춰 서서 동작 분석을 통해 작업표준과의 일치성을 확인하는 방법을 활용한다. 평가 결과 우수 조직에 대해 정기적으로 시상하는 방법을 통해 동기유발을 하는 것으로 안다. 이러한 활동은 최고경영층의 의지가 없이는 정착이 어렵다.

포스코 광양제철소의 '100% 표준 준수'란 모든 작업과 업무 활동에 표준이 있어야 함을 인식하고, 지킬 수 있는 완벽한 표준과 실행 기준을 정하여 누구도 예외 없이 사소한 것이라도 100% 정확하게 지켜나가는 것을 의미한다. 제철소는 수많은 인력과 기계 장치들이 함께 움직이는 현장인 만큼, 직원 모두가 표준을 완벽하게 수행해 사고를 예방하고 최고 품질의 제품을 생산하는 환경을 구축한다는 방침이다.

광양제철소장은 "표준 없는 작업은 없으며, 표준은 지킬 수 있는 완벽한 표준이어야 한다. 그리고 정해진 표준은 누구나 사소한 것이라도 100% 지켜야 한다."라며 "표준 준수의 의미를 정확히 이해하고 표준을 반드시 실천으로 옮기는 제철소를 만들기 위해 노력하겠다."라고 말했다.

좋은 작업습관 만들기 캠페인, 표준 준수 의식 향상 Event, 기준 미준수 사례 토론 및 모니터링, 표준 일제 점검 및 UCC 제작을 공유하며 표준 준수를 최고의 가치로 두고 실천하고 있다.

지킬 수 있는 표준을 만들고, 학습과 훈련을 통한 100% 표준 준수 문화 정착을 위해 표준 준수 교육 및 결의대회, 표준 자가 진단표 운영, 작업표준 윤독회 및 작업 동영상 촬영 후 비교, 수리 후 안전 결산 및 안전 토론회 등을 중점적으로 추진하고 있다.

한편, 광양제철소는 작업표준 준수를 통해 우수한 품질의 제품을 안전하게 생산하는 문화를 조성하고 직원들의 실행력을 높이고자 1,000여 명의 임직원들이 참석한 가운데 100% 표준 준수 달성 다짐 행사를 한 바 있다.

(출처: 뉴스웨이, 2017. 9.5)

표준점검 활동 모습[26]

26) 광양만신문 http://www.gymnews.net/news/articleView.html?idxno=467047

36

글로벌 생산거점에 대한
통합 품질관리

　해외 글로벌 생산 거점을 운영하는 기업의 주된 관심사는 국내
공장의 운영과 동일한 수준으로 글로벌 거점을 운영할 수 있느냐
하는 것이다. 언어와 사고(思考)와 문화의 장벽을 극복하고 국내공
장과 동등한 수준의 품질과 효율을 달성하기는 쉽지 않다. 이것은
생산거점을 해외로 옮기는 이른바 Off Shore가 빈번한 현재에는
무엇보다 중요한 과제다.

　글로벌 생산거점의 통합관리는 먼저 본국의 생산시스템을 옮겨
오는 이른바 이식(移植)의 단계와, 생산시스템을 실제 가동하는 운
영(運營)의 단계가 있다. 해외거점의 통합 품질관리와 관련 저자가
파악한 우수사례를 중심으로 개념과 방향성을 설명하고자 한다.

✎ K사의 글로벌 생산거점 운영시스템인 GMS
　　(Global Management System)

　미국에 본사를 두고 있는 K사는 국내에 2개의 생산거점을 운영
한다. K사의 GMS(Global Management System)는 좁은 의미로는 공

장평가시스템인 것처럼 보이지만, 실제로는 글로벌 공장을 설립·운영·평가·개선하는 통합 운영 시스템이다. GMS는 모든 세계의 K사 생산 공장을 설립·운영하는 기본원칙과 구체화된 요구사항 중심으로 되어 있다. 먼저 미국의 본사가 해외공장을 신규로 설립할 때에 이 GMS의 요구사항에 준해 수행한다. 그리고 공장 운영이 개시된 후에도 오로지 GMS에 명기된 요구사항에 준해 공장을 관리하고, GMS가 요구하는 지표만을 관리한다. GMS의 요구사항을 따라 실행하기만 하면 본국 K사와 동등한 수준의 공장 운영이 가능하다.

K사의 GMS는 상위에 총 5개의 원칙(Principle)을 두고 있으며, 각각의 원칙에 대해 매우 구체화된 수백여 개씩의 요구사항(평가항목)을 갖고 있다.

No	Principle
1	전원참여(PI: People Involvement)
2	표준화(STD: Standardization)
3	제조공정 품질(BIQ: Built-In Quality)
4	리드타임(SLT: Short Lead Time)
5	지속적 개선(CI: Continuos Improvement)

G사의 GMS의 기본 5가지 원칙

본국에서는 매년 모든 세계의 글로벌 생산거점을 순회하면서 GMS 항목을 평가하여 각 생산거점의 분야별 수준을 측정하여 순위를 매기고, 그 결과는 글로벌공장 경영진의 평가 자료로 활용된다.

품질관리 활동의 결과는 품질비용 감축, 클레임, 불량률 개선 등의 성과로 구성된다. 품질비용 등 본원적인 사업성과가 뒷받침되지 못하면 공장의 활동 내용이 아무리 우수하더라도 세 번째 원칙(Principle)인 제조공정품질(BIQ) 부문에서 높은 점수를 얻지 못한다. 품질 활동의 과정과 함께 그로 인한 성과에 대해서도 함께 평가하게 되어 있다.

그리고 첫 번째 원칙(Principle)인 전원참여 부분은 작업자의 의식 수준까지 정량화하여 평가할 정도다. 즉, 위로는 경영성과로부터 아래로는 작업자 마인드까지를 평가하는 도구인 것이다.

K사는 GMS에 의해서 공장을 세우고, GMS에 의해서 공장을 운영하고, GMS를 통해서 공장을 평가하고 개선하는 것이다. 그래서 통합시스템이라고 부르는 것이다. 공장 간 순위를 매기는 것은 개선을 유도하기 위함이며, 심사에 대응하기 위한 준비 과정을 통해 K그룹의 공장 운영의 DNA와 철학·기법이 해외 생산거점으로 전수되고 더욱 고도화된다는 것이다. 각 해외 공장은 이 평가에서 상위성적을 거두기 위해 노력하고, 이러한 노력이 진행되는 동안 모든 단위공장은 자연스레 그룹(H/Q)이 의도하는 글로벌 수준의 공장으로 변모하도록 되어 있다. 이러한 일련의 활동은 전 세계 공장

의 수준을 상향평준화하기 위한 것이다. 이것이 바로 많은 다국적 기업을 운영하는 글로벌 생산거점 통합 운영관리의 사례다.

저자는 K사 외에도 우리나라에 글로벌 생산거점을 둔 글로벌 기업이 K사의 GMS와 유사한 통합시스템을 운영하는 것을 목격한 적이 있다.

아래 표는 K사의 5개 Principle 중 하나인 제조공정품질(BIQ) 부분의 내용을 예시로 나타낸 것으로, 28개의 평가항목(Subject)이 있다. 항목(Subject)의 수준이 매우 높고 구체적이며 정교하다는 것을 알 수 있다.

No	Element Name	Subject
1	Product Quality Standard (제품 품질 표준)	제품 품질 개발
2		명확한 제품 품질 표준
3		제품 품질 표준 적용
4	Manufacturing Process Validation (제조공정 확인)	P-FMEA
5		공정관리와 Error-Proofing
6		장비 및 공정 타당성 확인
7		제조공정 타당성 확인

8		표준작업
9		TPM(설비보전) 계획
10		부적합 자재
11		주요 공정 장비
12		실수방지장치
13		효과적인 품질점검
14	In Process Control & Verification (공정에 대한 관리 및 검증)	위험으로 정의된 품질 점검
15		검사공정 요구사항
16		검사 빈도
17		수정 확인
18		검사 방법
19		알람 및 Escalation 절차
20		안돈
21		문서화된 억제(유출 방지)
22		문제 해결
23	Quality Feedback/ Feedforward (고객/공급자 간 기대 공유)	업체/고객 의사소통
24		데이터 검토
25		공정 측정
26	Quality Management System (품질경영체계)	전략적인 품질 계획
27		자원 계획
28		품질 절차

K사의 제조공정품질(BIQ) 부분의 평가항목

또한 위의 표 BIQ-2 '명확한 제품 품질 표준' 항목의 요구사항(상세요건)은 아래와 같다. 이것이 바로 구체화된 요구사항인 것이다. 실제 공장에서 운영할 때는 이 요구사항에 따라 운영을 하면 된다.

'제품 품질 표준은 사용자·팀원에게 명확하게 전달되고 사용되는 JES(단위작업서)에 반영되어야 하며, 팀원은 문서화된 표준을 이해해야 한다. PQS는 팀원이 쉽게 접근할 수 있는 곳에 위치하고 JES에 문서화되지 않은 복잡한 PQS(제품품질표준)는 작업자의 판단을 돕기 위해 JES와 같이 보관된다. 표준은 한도견본 등 시각보조물을 통해 전달된다. 제품 품질 표준은 측정 가능해야 한다. 작업장에서 팀원을 돕기 위해 설정된 품질기준과 비교될 수 있어야 한다.'

K사의 제조공정품질(BIQ) Principle의 2번(BIQ-#2) 요구사항 전문

위에 명기한 제조공정품질(BIQ) Principle의 2번 평가항목(Subject)인 '명확한 제품 품질 표준'의 요구사항에는 전체 공정의 작업기준을 사내표준 형태로 매우 구체적이고 완전하게 사전에 작성할 것을 요구하고 있다. 그리고 이것은 작업자의 주변에 게시되어야 할 것과, 작업자가 작업표준의 내용을 매우 자세히 인지하고 있어야 할 것을 요구하고 있다. 그리고 복잡한 작업 방법의 경우 한도견본 등 시각보조물을 제작하여 활용해야 할 것도 요구한다. 그리고 모든 CTQ(품질영향인자)는 실측 또는 평가방안이 사전에 마련되어야 할 것을 요구하고 있다. 실제로 본국의 평가요원은 작업표준이 구축되어 게시된 상태만 확인하는 것이 아니라 모든 작업자가 작업표준의 내용을 알고 있는지 인터뷰를 한 후 평가한다.

이상 예를 든 바와 같이 GMS의 품질 부문의 요구사항은 매우 정교하고 공정 품질 확보에 필요한 관리 항목이 누락 없이 제시되어 있다.

우리나라에도 국내·외 여러 Site에 생산거점을 운영하는 기업이 많다. GMS와 같은 정형화된 선진 통합 운영프로그램이 갖추어지지 않은 상태에서는 주재원의 역량에 의존할 수밖에 없다. 따라서 해외 글로벌 생산거점을 운영하는 기업이라면 GMS와 같은 정형화된 혁신의 플랫폼을 먼저 구축할 것을 권장한다.

❮ U사의 해외공장 전담 관리조직 운영

U사는 우리나라에 본사를 두고 해외 10개국에 15개 공장을 운영하는 글로벌 기업이다. 본사에 해외공장지원실을 두고 부사장급 임원이 실장 역을 맡고 있으며, 공장운영의 3분야(품질, 생산관리, 생산기술)의 총 13개 상세분야 업무에 대해 본사가 해외공장의 운영 실태와 지수를 실시간 모니터링하고 있으며 문제가 발생하면 개선 조직과 연계하는 활동을 수행한다.

분야	상세분야	세부 모니터링 업무
생산 관리	생산관리	생산계획수립, 진도관리, 사양관리, 원가관리, 자재•물류관리, 공장가동률 관리, 공장혁신, 생산시스템 운영
	생산운영	프레스•차체•도장•의장 공정 개선, 생산성 개선(M/H), 신차 개발 대응
	보전기술	보전기획, 설비개선, 보수•보전 프로세스
	계량 및 시험	완성차 품질확인 및 품질개선, 개량관리, 품질정보관리, 물성(MS)시험, 기능(ES)시험
생산 기술	생산기술 기획	공장 신•증설 및 합리화계획 수립, 생산설비, 검증, 생산기술 시스템관리, 프로젝트 관리
	생산기술 개발	신기술•신공법 개발(공법•설비•시스템 등), 금형기술 개발
	부문 생산기술	신차생산 준비, 공장 신•증설, 공장개선 및 합리화, 신기술•신공법 적용(프레스, 차체, 도장, 의장, 엔진, 변속기, 주단조)
	금형 및 자동화기술	프레스, 주•단조, 다이케스팅, 플라스틱금형 설계 및 제작관리, 자동화설비 구축 및 제어 설계
품질	품질기획	품질정책, 중장기 전략, 對 관청업무, 품질, 업적평가, 품질시스템 구축 및 운영
	선행품질	개발차종 품질평가, 부품품질 확보, 초도부품 승인(ISIR), 권역별 현지평가
	품질보증	대외 미디어 품질지수 향상, 완성차 품질보증, 클레임비용절감, 고객 니즈조사
	품질지원	품질평가, 품질교육, 품질시험

U사의 해외공장 상시 모니터링 항목

37

고질적 품질문제 해결 스텝과
필요 역량

품질문제를 포함한 모든 문제를 해결하는 활동에는 크게 세 가지의 단계(차원)가 있다. 세상에 많은 문제 해결 프로세스가 존재하지만 모든 문제 해결 프로세스는 이 세 가지 단계가 뼈대를 이루며 나머지는 이를 보완하는 부차적인 것으로 보면 된다. 물론 부차적이라고 해서 중요하지 않다는 뜻은 아니며, 이 세 단계의 중요성이 가장 크다고 할 수 있다.

◀ 첫째, 문제를 명확히 하는 단계

즉, 현상파악의 단계다. 해결해야 할 문제를 명확히 해야 한다. 해결해야 할 문제를 잘 모르거나 명확하게 해 두지 않으면 활동 중간에 엉뚱한 길로 빠질 수 있다. 문제를 명확히 한다는 것은 바람직한 상황(또는 목표)과 현재의 모습을 명확히 하는 것이고, 그 차이인 Gap을 파악하는 것을 포함한다. 문제를 전혀 모르고 개선에 착수하는 경우는 없을 것이고 문제를 모른다면 개선 활동 자체를 시작하지 않았을 것이다. 그러나 첫째 단계가 중요한 것은 문제의 정확한 내용과 현재 상황을 정량적으로 인식하는 데 있다. 또한 개선할 목표수준을 정량적으로 Targeting 하는 것도 이 단계의 중요한 과제다. 이를 위해서는 자사의 상황을 넘어 경쟁사 또는 글로벌 선진사의 역량에 대한 정보를 수집하는 것도 필요하다.

◀ 둘째, 원인을 발견하는 단계

문제를 명확히 정의 했다면 그 문제를 일으키는 원인을 도출하는 단계로 넘어가야 한다. 요인분석 또는 진인분석(眞因分析)이라고 하고, RCA(Root Cause Analysis)라고도 한다. 이 차원에서는 '왜 문제가 발생하고 있는가?'라는 물음에 대한 답을 찾는 단계다. 사실 원인을 정확하게 파악하는 것이 고질적 품질문제 해결에 있어서 가장 중요하고 핵심적인 단계다. 그만큼 정확한 원인분석이 어렵다는 뜻이기도 하다.

동일 또는 유사 불량이 반복되는 이유의 상당수는 진인(眞因), 즉 진짜 근본원인을 찾지 않고 피상적으로 인식되는 잠재원인, 즉 추론을 진인이라고 속단하거나 오해하는 데 있다.

'5-Why' 사고 등을 통해 참된 원인, 즉 진인을 끈질기고 줄기차게 찾지 않으면 안 된다. 진인에 도달하지 않은 원인은 추론(잠재원인)이며, 어떻게 보면 거의 문제 또는 현상에 가까운 1차 원인이다. 예컨대 사고의 원인이 표면의 녹 발생 때문이었다면 1차 원인은 '녹 발생'이지만 진인은 녹이 발생한 2차, 3차의 요인이어야 한다. 그런데 원인을 '녹'이라고만 하고 끝내버리면 실질적이고 핵심적인 대책을 수립할 수 없다. 제 길로 가야 할 기차가 정상적인 궤도를 벗어나 딴 길로 가 버리게 된다. 저자는 많은 품질문제 대책서가 1차원인(잠재원인) 내지는 문제의 현상을 진인으로 속단하거나 오해하는 경우를 아주 많이 봤다. 이것이 품질문제의 시정·예방 활동에서 가장 경계해야 할 점이다. 사실 진인파악을 잘 하기 위해서는 적지 않은 훈련과 노력이 필요하다.

◀ 셋째, 해결책을 고안하는 단계

도출한 진인을 바탕으로 문제를 해결하기 위한 구체적인 해결 수단을 강구하는 단계다. 문제의 원인을 사전에 제거하기 위해서 무엇을 해야 하는지를 파악하고, 그 구체적인 실행방안을 도출하는 차원이다. 앞서 이야기한 것처럼 진인이 파악되지 않으면 왜곡된 대책이 수립된다. 이 단계에서는 반드시 진인을 바탕으로 진인을 제거하기 위해 '무엇을 해야 하는가' 하는 물음에 대한 답을 찾아야 한다.

본서에서 여러 번 언급하지만 문제에 대한 해결책으로 검사 강화나 확인 추가 등과 같은 수준의 대책은 바람직하지 않다. 이런 식으로 대책을 손쉽게 수립하는 것이 습관화되면 나중에는 생산 인력보다 훨씬 많은 검사 인력이 필요하게 될 것이고, 생산 현장은 아마 '검사 현장'으로 전락하게 될지 모른다. 검사를 하지 않더라도 양품이 나올 수 있는 수준의 대책을 수립해야 한다. 제품 구조나 공정 자체를 개선하여 불량을 유발한 원인이 원천적으로 제거되는 수준의 대책을 수립해야 한다. 본서에서 별도로 언급하지만, 도요타자동차 등 일본 품질 우수기업들은 이러한 수준의 대책을 '뽀까요케'라고 부르며, 뽀까요케의 수준으로 대책을 수립해야 한다는 것이 정신적으로 무장되어 있다.

　시중에 소개된 모든 문제 해결 프로세스는 이상 설명한 이 세 가지를 요체로 하여 부차적인 것을 추가하여 만들어졌다. 따라서 모든 문제 해결 프로세스는 위에서 언급한 것과 맥락 면에서 대동소이하다. 시중에 나와 있는 문제 해결 프로세스들을 위에서 설명한 세 가지 단계와 비교해서 아래 표에 나타내고자 한다.

차원	문제 해결 프로세스 간 단계 비교			
	QC 소집단	6시그마	Single PPM	데밍
문제의 명확화	주제선정	Define (정의)	S (범위선정)	Plan
	활동계획수립			
	현상파악	Measure (측정)	I (현상파악)	
원인 발견	원인분석	Analyze (분석)	N (원인분석)	
	목표설정		G (목표설정)	
해결책 고안	대책 수립	Improve (개선)	L (개선)	Do
	대책실시			
	효과파악		E (평가)	Check
	표준화·사후관리	Control (관리)		Action
	반성·향후계획			

시중에 소개된 문제 해결 프로세스 간의 단계 비교

참고로 Single PPM에서의 S는 Scope, I는 Illumination, N는 Nonconformity Analysis, G는 Goal, L은 Level up, E는 Evaluation을 의미한다.

상기 비교표에서 확인했듯이 위에서 설명한 세 가지 단계는 모든 문제 해결 프로세스의 공통된 핵심 맥락이다. 미래에 어떤 새로운 문제 해결에 대한 프로세스와 도구가 나온다고 하더라도 위의 세 가지 핵심차원을 대체하지는 못할 것이다. 왜냐면 문제 해결은 이러한 맥락과 흐름을 거치지 않고서는 불가능하기 때문이다. 따라서 이러한 맥락과 흐름을 잘 이해해야 한다.

그러면 품질문제 해결에 필요한 능력이 무엇인지 살펴보자. 문제 해결에 필요한 능력은 관찰력·분석력·창조력이라고 생각한다. 물론 해당 공정이나 제품에 대한 이해나 지식은 그 이전에 기본적으로 갖추어야 할 역량이다.

관찰력은 문제를 파악할 때 주로 발휘되는 능력이다. 분석력은 원인을 도출할 때 주로 발휘되는 능력이며, 창조력은 문제의 해결책을 고안할 때 특별하게 발휘되는 능력이다.

엔지니어로서 공정이나 제품을 이해하고 있다고 해서 문제를 해결하는 능력이 자연적으로 습득되는 것은 아니다. 사람마다 관찰력·분석력·창조력의 차이가 크기 때문에 문제 해결 능력을 별도로 교육해야 한다. 사고가 논리적이고 탐구적이며 균형감이 높은 사람일수록 대체로 관찰력·분석력·창조력이 높다. 품질을 확보하는 과정에 있어서 문제 해결 능력을 가진 직원을 육성하고 배치하는 것 또한 회사의 역할이라는 점도 잊어서는 안 된다.

이상 소개한 문제 해결에 필요한 프로세스와 역량을 바탕으로 그간 해결하지 못한 고질적인 품질문제 해결에 승부를 걸어야 한다. LG전자의 TDR(Tear Down & Redesign)과 A/S같이 각 분야의 전문 인력을 현업에서 분리해 별도의 프로젝트 룸에서 집중개선을 하는 활동은 매우 좋은 품질혁신의 방법론이다.

경영자는 고질적인 문제를 신바람 나는 분위기 속에서 해결하는 문화를 만들어 주어야 한다. 질책하거나 강압적인 분위기에서는 고질적인 문제가 하루아침에 해결되지 않는다. 직원들이 신바람 나게 개선에 참여하는 분위기를 만드는 것은 품질 리더십에서 없어서는 안 될 요소다.

현상을 원인이라고 착각한다.

얼핏 보면 문제의 원인처럼 들리지만, 실제 원인이 아닌 것이 많다. 쉽게 말하면 '표층적인 원인'인 것이다. 저자가 본문에서도 말한 것처럼 표층적인 원인은 원인이라기보다는 현상에 가깝다. 원인을 분석하는 것은 대책을 수립하기 위한 활동이다. 그렇다면 불량이 발생한 제조공정, 제품 구조상의 문제를 깊이 분석해야 한다. 그래서 더 이상의 탐구가 필요 없는 근원적 수준의 원인에 도달했을 때 우리는 그것을 진인(眞因)이라고 부른다.

즉 진인에 도달하지 못한 원인은 잠재원인이다. 추론 또는 진인의 후보군에 불과하다. 이를 진인이라고 취급하는 禹를 범해서는 안 된다. 진인에 기반한 대책이어야 품질문제를 근절할 수 있다. 그러나 안타깝게도 무수한 기업의 무수한 사례에서 표층적 원인을 진인이라고 오인함으로써 섣부르고 불충분한 대책 수립 단계가 진행된다.

38
측정은 개선의 출발점

"측정할 수 없으면 관리할 수 없고,
관리할 수 없으면 개선할 수도 없다."

- 피터 드러커 -

If you can't
MEASURE it
you can't **MANAGE** it.

연료계기판이 없는 자동차를 상상해 본 적이 있는가?, 샷-클락 (Shot-Clock)이 없는 농구장은 어떨까? 이런 상황이 주어진다면 '현재의 상황'을 제대로 파악할 수 없기 때문에 정확한 판단이니 의사결정을 할 수 없게 된다. 농구의 공격수에게 남은 샷-클락이 1.3초를 가리키고 있다면 슛 기회를 찾는 것이 올바른 선택이다. 두 번 이상의 패스를 하게 되면 샷-클락 바이얼레이션에 걸릴 것이 분명하기 때문이다. 샷-클락은 농구코트에서 선수들이 플레이를 펼칠 때 의사결정에 도움을 주는 계측장비다.

기업 활동이란 현재 처한 상황에서 가장 바람직한 결정을 하고 그것을 효과적으로 실행하는 것이다. 여러 가지 문제들은 이리저리 얽혀서 복잡하고 어려운 상황이 조성되기 마련이다. 그런데 만약 경영자가 현재의 상황을 정확하게 파악하지 못한 상태에서 의사결정을 한다면 어떻게 될까? 그 결과는 눈에 보듯 뻔하다.

품질 활동에서도 상황을 정확하게 측정(파악)하지 않고 의사결정을 하게 되면 그 개선안은 아무리 모범적으로 실행된다 하더라도 개선 효과는 나타나지 않는다. 잘못된 방향으로 열심히 달려가면 원래 목적한 장소에 도달하지 못할 뿐 아니라 오히려 목적지와 멀어진다. 그것은 미봉책을 넘어 낭비다.

단지 열심히만 한다고 해서 훌륭한 성과를 거둘 수 있는 것은 아니다. 문제를 정확하게 진단하지 못한다면 아무리 열심히 해도 문제를 해결할 수 없다. 문제 해결 과정에 있어서 가장 핵심적인 열쇠는 현재의 문제적 상황을 정확하고 상세히 인식하는 것이다. 문제를 인식하는 것은 측정을 통해서 이루어진다. 6시그마 운동의 대가 마이클 해리는 "우리가 모르는 것은 모르는 것이다. 모르는 것을 실천에 옮길 수가 없다. 우리는 측정하기 전까지는 모르는 것이나 다름없다."라는 명언을 남겼다.

측정된 데이터는 개선에 활용되기 위해 통계처리 과정을 거쳐야 제품이나 서비스의 상황과 문제점을 정확하게 표현할 수 있고, 개선의 방향과 과제를 명확하게 제시할 수 있다. 또한 개선을 추진한 후에 실시한 개선이 효과적인지 여부 역시 데이터를 통해 판별해야 한다. 나아가 개선이 유의하게 유지되는지를 확인하기 위해서 일상적인 데이터 수집과 분석도 필수적이다.

우리말은 매우 훌륭하지만, 일부에 모호성이 있는 것 같다. 예컨대 '푸르스름하다' 내지는 '푸르죽죽하다'라는 단어는 정확하게 어떤 명확한 차이를 파악하기 쉽지 않다. '파랗다'와 '퍼렇다'와 '새파랗다'는 어떤 의미적 차이가 있는지 모호하고, 따라서 이것을 외국어로 번역했을 때 각각 어떤 차이로 변별될지 의문이다. 또한 우리는 부모 세대로부터 '두서너 개'라는 말을 자주 듣고 자랐다. 두 개인지, 세 개인지, 네 개인지가 애매한 말들을 듣고 성상한 것이나. 또한 우리 민족은 '대충'이라는 단어를 유독 많이 사용한다.

이러한 우리의 언어적 성향과 전통적 사고는 측정과 데이터 기반 경영을 내재화하는 데 있어 다소 불리한 요인으로 작용해오지 않았나 생각한다.

쉽지는 않겠지만 산업계에서, 특히 품질 활동의 영역에서는 모든 상황을 수치화하는 습관과 자세를 필요로 한다. 욕조에 물을 받을 때 물이 욕조의 75% 정도 채워져 있다고 구체적인 수치를 들어서 말하는 것이 좋다. 나아가 직원들의 사기나 만족도와 같은 무형적인 것들도 수치로 표현해야 개선에 유리하다.

품질관리의 세계적 권위자인 데밍 교수는 "측정 가능한 모든 것을 측정하라, 그리고 측정이 힘든 모든 것을 측정 가능하게 만들어라."라고 말했다.

39

원인의 추정과 실증

게이지 R&R의 기법에 있어 핵심은 재현성(Reproducibility)과 반복성(Repeatability)이다. 재현성이란 다른 사람이 같은 조건에서 여러 번 측정을 반복했을 때 결과값의 변동이며, 반복성은 같은 사람이 여러 차례 측정했을 때 결과값의 변동이다.

이와 달리 좀 더 일반적으로 사용되는 재현시험은 원인 분석 과정에서 도출된 잠정적으로 추론한 원인을 최종 진인(眞因, Root Cause)으로 확정하는 단계에서 거치는 검증시험이다. 여기서 잠정적인 원인은 합리적 판단에 의해 추정된 원인을 이야기한다. 많은 경우 이 잠정적인 원인을 진인(眞因, Root Cause)이라고 확정해 버림으로써 동일·유사 품질문제는 근절 기회를 상실하게 된다. 앞에서도 이 부분은 강조하였다.

원인의 추정(Estimation)과 실증(Verification)은 항상 한 쌍으로 붙어 다녀야 한다. 원인을 추정하였으나 실제와 동일·유사한 모의된 상황에서 최초의 불량 현상이 재현되지 않는다면 추정원인을 진인

(眞因)으로 취급하는 것은 성급한 조치다. 흔히 '해석'이라고 이야기하는 시뮬레이션도 과학적 재현활동의 하나로 볼 수 있다. 각 회사가 가지고 있는 품질개선 역량의 차이는 재현 활동의 깊이와 범위에 의해 결정된다고 해도 과언이 아니다.

저자는 최근 일본 T사 출신 엔지니어와 대화를 가진 적이 있는데, 한국기업과 일본기업의 품질 활동에 있어 큰 차이 중 하나는 일본 기업은 불량원인을 규명하기 위해 어렵더라도 재현시험을 꼭 거치는 반면 한국 기업은 사정과 여건이 허락하는 범위에서만 재현시험을 시행한다는 것이다.

어느 기업이나 고객 클레임이나 사내 불량이 발생하면 근본원인을 찾는 노력을 한다. 원인도출과 대책수립 사이에서 조급함이 앞서다 보면 조직이나 개인이 가진 지식이나 경험을 토대로 섣부르게 원인을 추정하고 이를 진인으로 확정해 버린다. 이 경우 추정한 진인에 기초하여 재발방지대책을 수립하게 될 것이고, 결국 문제는 미봉책(彌縫策)으로 남게 되고 동일·유사한 품질문제는 근절되지 않는다. 기업이 겪고 있는 소위 '다람쥐 쳇바퀴'식 시정조치 활동의 대표적인 모습이다.

근본원인을 찾기 위해서는 먼저 집단지성을 활용하여 '5-Why' 사고를 통해 '왜 그렇게 되었는가?'를 다섯 번 반복하는 탐색 질문을 통해 문제를 일으킨 '근원'에 점차 다가서는 활동이 1차적으로 필요하다. 제조 현장에서 발생한 문제에 대한 근본원인을 찾을 때는 5M(Man·Method·Material·Machine·Measurement)별로 체계적으로 탐색해 나가면 좀 더 빠르게 문제의 근원에 다가갈 수 있다.

　중요한 것은 이렇게 논리적 방법에 의해 파악된 원인은 아직 추정원인에 불과하다는 것이다. 심지어 전문가들조차 '5-Why' 과정을 거친 원인이 진인이라고 말하는 경우가 있지만 사실 그렇지 않다. '5-Why'는 진인으로 가는 여정에서 거쳐야 할 중간과정에 불과하며 그것만으로 진인이 도출되었다고 볼 수 없다. 왜냐면 '5-Why'는 과학적 방법이 아닌 합리적 판단 내지는 집단지성에 의한 추론에 불과하기 때문이다. 다시 말해 누가 '5-Why'에 참여하느냐에 따라 결과가 달라질 수 있다. 공정이나 제품에 해박한 사람들이 수행하는 '5-Why'는 비교적 진인에 가깝겠지만 그렇다고 100% 확신할 수 없다. 왜냐면 사람이 알고 있는 지식의 범주는 전체나 실제의 일부에 불과하기 때문이다.

　그러면 진인은 어떻게 도출하는가? 재현시험 등을 통해서 추정된 진인을 실증(Verification)해야 한다. 이렇게 해야만 100% 오류 없는 문제 해결이 가능하다. 실증활동을 하다 보면 초기 개발단계에서의 오류나 생산기술 측면에서 개선해야 할 점 등도 발견할 수 있게 된다.

　회사의 문제 해결 역량을 높이고 체질을 강화하기 위해서는 구성원들이 발생한 문제에 대하여 추정과 실증을 한 세트로 보는 인식이 중요하다. 이 두 과정은 연속적으로 함께 이루어져야만 한다.

　품질문제 조사 양식에 이러한 절차를 미리 정해 놓으면 분석자마다 차이를 줄일 수 있고 분석자에게 Guide를 제공할 수 있어서 좋다.

40
우리나라 ISO9001 인증의
문제점과 극복방안

대량 생산이 가능해진 산업혁명 이후 소비자를 괴롭혀 온 것은 불량품의 생산과 이로 인한 소비자 피해의 확산이었다.

이를 방지하기 위해 제품 생산 과정에 검사가 강화되는 대대적인 조치가 마련되기도 했지만 이보다 더욱 효과적인 대안 마련을 위한 고민은 계속될 수밖에 없었다. 왜냐하면 검사는 '만능'이 못 되기 때문이다.

또한 국가 간 교역이 증가하면서 기업마다 자체 개발한 품질시스템이 각각 상이해서 자유무역의 장애요인이 되기도 했다.

이런 와중에 상품 및 용역의 국제적 교환을 촉진하고, 지적·학문적·기술적·경제적 활동 분야에서의 협력증진을 증진하며, 국제표준화 활동의 발전을 위해 ISO(International Standardization Organization)가 설립됐다.

최초의 국제 표준화는 전기 분야에서 시작됐으며, 1906년 국제전기회의(IEC: International Electrical Congress)가 창설되면서 국제규격이 제정되기 시작했다. 이후 다양한 내용의 품질시스템이 만들어지기 시작했고 ISO인증 시리즈의 태동도 뒤이어 나타났다.

품질경영시스템(ISO9001) 인증제도의 최초 시작은 1959년 미국이 군사 장비의 품질보증 관련 업무 체계를 정비하면서부터다. 이후 국가별로 표준화 전담기구가 설립되면서 품질경영시스템에 대한 관심과 필요성이 증가하게 되었다. 1980년 ISO/TC176(품질경영기술위원회)이 설치되면서 현재의 ISO 품질시스템 규격 제정이 본격화된 것으로 볼 수 있다.

7년 뒤인 1987년 ISO9000 시리즈가 정식으로 제정·공표 됐으며 이 국제규격은 현재 전 세계에 보급돼 이미 130개 이상의 국가가 국가규격으로 채택했고, 그중 약 100여 개 국가가 ISO9000 시리즈 규격에 의한 품질경영시스템을 인증제도 형태로 운영하고 있다. 이후 ISO14000(환경경영체제), ISO45000(보건경영체제) 등 기업의 다양한 요구와 사회변화 속에서 자연스럽게 다양한 모습의 인증 형태로 발전하게 됐다.

ISO 인증을 통해 기업이 얻게 되는 효과는 다음과 같다.

첫째, 업무의 경계가 명확히 됨으로써 기업의 모든 업무에 대한 책임 한계가 확립되고 담당자의 전문성을 담보할 수 있다.

둘째, 업무의 질 향상이 가능하다. 업무가 명확히 구분됨에 따라 불필요한 업무가 사라짐으로써 결국 업무의 질이 상승한다.

셋째, 개선의 일상적 진행이 가능하다. 신규 인증 단계뿐 아니라 인증 취득 후에도 사후관리심사, 갱신심사, 내부심사 등이 진행됨으로써 프로세스의 문제점을 찾아 개선의 기회로 활용할 수 있다.

유독 우리나라 기업 중에는 상당수가 ISO9001 인증에 대해 '인증서만 획득하면 그만'이라고 생각하는 것 같다. 품질경영시스템을 바라보는 기본적인 인식 자체가 결여된 것이다. 발주처가 입찰업체를 평가할 때 인증서 제출목록에 ISO9001이 필수사항으로 되어 있기 때문에 인증이 그런 기능적인 용도로 사용되기도 한다. 그러나 그것은 ISO9001을 유지함으로써 따라오는 부가적인 효용에 불과하다.

가장 큰 문제는 ISO9001 요건을 통해 프로세스를 개선하려는 의지나 생각 자체가 부족하고, 인증서를 마치 상장이나 표창장처럼 취급하는 것이다. 인증 취득은 개선을 위한 하나의 과정이고 수단이지 목적이나 결과가 아니다. 인증서의 취득으로 시스템 경영을 '졸업'하는 것이 아니라 '시작'되는 것이다.

ISO9001 로고[27]

인증은 양질의 품질경영 체계를 구축·유지하고 지속적 개선을 꾀하기 위해서 이루어져야 한다. ISO9001은 형식상 인증의 취득·유지보다 요구사항이 회사의 시스템에 내재화(Internalization, 內在

27) ㈜한국중소기업지원센터 https://www.xn--ok0b647a2ga72mfob27fd9aj18a.org/page/
    sub6_1

化)되는 것이 중요하다. 여기서 내재화란 '자신의 것으로 소화하고, 실제로 회사 시스템에 녹아서 운영되는 것'이다. 이런 점에서 우리나라 기업의 품질경영시스템의 내재화는 외국기업과 비교해 지나칠 정도로 부족하다.

ISO9001의 요구사항을 반영하여 회사의 업무 프로세스를 구축하여 사내표준에 반영하고, 사내표준이 규율하는 절차와 방법에 준해 업무가 진행되도록 해야 한다. 인증기업의 내재화를 확인하기 위해 인증기관은 정기적으로 사후 심사를 통해 회사의 프로세스가 ISO9001의 요구사항을 충족하는지 재검증을 한다. 또한 ISO9001의 9.2항에는 '인증기업이 계획된 주기로 내부 심사를 수행하여야 한다'라고 요구하고 있다.

이렇게 방대하고 복잡한 과정과 많은 비용, 그리고 인적 리소스가 투입되어야 ISO9001 인증의 취득과 유지가 가능하다. 어차피 할 일이라면 제대로 해야 하지 않겠는가? 많은 비용과 인적 리소스를 투입하고도 내재화를 이루지 못한다면 이 역시 낭비 그 자체에 불과하다.

ISO9001 외에도 IATF16949, AS9100, KEPIC, PED, CPR, EN 등 업종별·시장별로 다양한 국내·외의 인증이 존재하는데, 이런 모든 인증 요구사항에 대해 내재화 없이 형식적으로 운영한다면 엄청난 개선의 기회를 쓰레기통에 버리는 것과 같다. 형식적 인증을 유지하기 위해 불필요한 문서만 생산하는 낭비를 회사가 앞장서서 조장하는 것이다. 각 인증의 요구사항을 내재화해서 회사의 프로세스 개선에 충분히 활용한다면 엄청난 개선의 기회가 될 것이다.

이상의 모든 문제에는 인증기업 최고경영층의 ISO9001에 대한 이해 부족이 가장 크게 작용한다.

기업의 여건과 리소스가 허용하는 수준과 범위 내에서 시스템(업무체계)을 디자인하고 이행하는 것이 출발점이다. 지속적 개선의 마인드에 입각하여 매년 단 1%씩만이라도 시스템의 수준을 업그레이드해 나간다면 그것 자체가 ISO9001을 올바로 활용하는 것이다.

나아가 우리나라 ISO 문제에 대해 이야기할 때 인증기관의 문제를 지적하지 않을 수 없다. 지나치게 많은 인증기관이 존재하는 반면 신규로 인증을 취득하는 업체는 상대적으로 많이 줄었다. 이 불균형 속에서 소위 '인증장사'가 이뤄지는 것을 부정할 수 없다. 물론 대다수의 건전한 인증기관은 원칙을 준수하고 정상적으로 인증업무를 진행하고 있기 때문에 모든 인증기관을 문제로 취급해서는 안 된다.

벌써 몇 년이 지난 일이지만 지식경제부 기술표준원이 국제표준화기구(ISO) 경영시스템 부실 인증 신고센터를 개소하여 운영한 적이 있다. 인증기관끼리의 과당경쟁에 따른 허위심사, 허위발급 등 부실 인증 사례가 다수 적발되는 등 심각한 문제가 지적되기도 했다. 심지어 사내표준 운영체계조차 구축되지 않은 기업이 버젓이

ISO9001 인증을 취득·유지하고 있는 경우도 있다.

그렇다면 ISO9001의 내재화를 위해서는 어떤 방향으로 개선할 것인가?

실질적이고 효과적인 내부심사를 진행하는 것은 ISO9001 내재화의 핵심적인 요소다. 훈련된 내부심사원에 의해 회사의 모든 업무가 ISO 요구사항 및 사내표준과 일치하는지 정기적으로 검토하는 활동이 필요하다. 이 과정에서 많은 개선의 기회가 제공된다. 불일치사항은 CAR(Corrective Action Request)을 발행하여 조치 및 재발방지를 하도록 해야 한다. 단, 심사결과는 회사의 최고경영진에게 필히 보고되어야 하고, 경영진은 품질경영의 리더십 차원에서 심사 내용과 개선방향에 대해 관심을 기울여야 한다. 이것이 바로 ISO9001 요건에 명시된 '품질경영시스템이 효과적으로 실행되고 유지되는지 여부에 대한 정보 제공'인 것이다. 기준과 실행과의 불일치는 크고 작은 리스크를 수반하고 있다.

41

품질 활동의 전통적 개념과 현대적 개념

全 세계적으로 일어난 품질 활동의 개념 변화에 관해 설명하고자 한다. 두말할 나위 없이 전통적 개념의 품질 활동에 비해 현대적 개념의 품질 활동이 발전된 개념일 것이다. 그러나 현재에도 전통적 관점에 의해 품질 활동을 하는 기업이 있는가 하면 오래전부터 현대적 관점에서 품질 활동을 전개한 기업도 있다. 즉 품질 활동에 있어서 시대를 앞서가는 기업이 있는가 하면 반대로 시대에 뒤처진 기업도 있다는 이야기다.

그래서 본서를 읽는 독자들은 자신이 속한 기업의 품질 활동의 좌표를 먼저 확실하게 읽어야 할 것이다.

관점	전통적 개념	현대적 개념
불량방지 컨셉	대응형(Reactive)	선행형(Proactive)
활동의 중심	검사·제품 중심	예방·프로세스 중심
목표의 표준	AQL(합격품질 수준)이 표준	ZD(Zero Defect)가 표준
품질/비용관련	품질과 비용의 양자택일	품질과 비용의 동시추구
품질 활동 대상	제조 부문	개발~서비스 전 과정
품질 책임	품질 부문(부서)의 문제	전 부문의 문제
품질의 목표	규격에 적합	지속적 개선
품질의 요소	품질은 기술적 문제	품질은 경영의 문제

전통적 개념 對 현대적 개념의 품질 활동 비교

상기 8가지 관점의 차이는 대부분 이해할 수 있을 것이다. 이 중 특히 중요하다고 생각되는 몇 가지에 관해 아래에 설명하고자 한다.

ⵒ 대응형 對 선행형

품질 사고가 생겼을 때 긴급하고 정확하게 대응하는 것 또한 고객의 추가적인 피해를 막는 길이기는 하다. 그러나 사전(事前) 예방 활동의 충실을 통해 품질 사고가 발생하지 않도록 선행적으로 관리하는 것이 고객 신뢰는 물론 회사의 품질비용 저감 차원에서 훨씬 우수하고 발전된 개념이다. 본서에서 언급한 1:10:100의 법칙도 이의 타당성을 명확하게 뒷받침하고 있다. 그렇다고 이미 발생한 품질문제에 대한 대응체계까지 불필요하거나 중요하지 않다는 것은 절대 아니다. 자동차 제조社가 예방 활동에 주안점을 둔다고 해서 모든 도시에 개설된 A/S 센터를 일시에 없앤다면 오히려 고객 불편을 가중하는 일이 될 것이다.

예방 중심의 선행관리를 정착시켜 품질 사고가 미연에 방지되면 대응형 활동은 더 이상 필요 없게 될 것이다. 위에서 언급한 것처럼 대응형 활동의 고도화를 위해 A/S 조직을 비대화하거나 수리공장을 별도로 운영하는 기업도 있다. 물론 이렇게 할 수밖에 없는 이유는 이해하지만, 고품질 기업으로 거듭나기 위해서는 대응형 활동에 기울이는 노력의 몇 배를 선행형 활동의 고도화에 투자해야 한다. 품질문제를 방지하기 위해 사전 예방 활동에 회사의 리소스와 자원을 집중적으로 투입하는 것이 현대적 개념의 품질 활동이다.

파부침주(破釜沈舟), 즉 '밥을 할 솥을 깨뜨리고 돌아갈 배를 가라앉히는' 각오로 불량제로에 도전하는 정신이 필요하다. 기업 스스로 불량에 대한 안전장치를 없애는 것은 혁신에 대한 직원들의 결의와 각오를 배가하는 효과가 있다. 그런 측면에서 A/S 조직의 비대화나 수리공장 신설 등과 같은 안전장치를 강화하는 것은 품질 혁신을 향한 각오에 방해가 되는 일일 수도 있다. 예컨대 생산계획의 정확도를 높이기 위해 재고 Zero화를 선언하는 것도 일종의 파부침주(破釜沈舟)의 각오가 아닐까 생각한다. 불량이 생길 경우 라인

스톱제도를 운영하는 것도 마찬가지라고 생각한다.

❮ 검사·제품 중심 對 예방·프로세스 중심

검사·제품 중심의 품질 활동이란 이미 만들어진 부품, 반제품, 완제품에 대해 사후적 품질검증 및 통제 활동으로 부적합 물건을 걸러내어 양품을 출하하는 것을 목적으로 한다. 반면 프로세스를 관리하는 것은 품질문제의 동기가 되는 업무상황, 기반구조, 운영 환경을 통제하는 선행관리다. 품질문제의 발생 가능성을 낮추기 위해 업무절차를 개선하는 것이다. 제품의 품질은 프로세스 운영의 산출물이기 때문에 좋은 프로세스는 좋은 품질의 제품을 만들어 내고 반대로 나쁜 프로세스는 나쁜 품질의 제품을 만들어 낸다.

품질 인원의 총원 중 몇 퍼센트가 검사 직무에 종사하는지, 그리고 몇 퍼센트가 불량예방 또는 보증활동에 배치되어 있는지를 파악하면 그 회사의 품질 활동의 주안점이 어디에 있는지 진단할 수 있다.

⋖ 목표의 수준, AQL이 對 ZD(Zero Defect)

AQL(Acceptable Quality Level)은 샘플링검사에서 검사를 통과한 로트에서 확률적으로 가질 수 있는 결점수의 상한을 말한다. 즉 AQL 수준의 불량이 섞여 들어오는 것을 인정하는 개념이다.

고객 요구수준의 향상, 기업 간 경쟁의 심화, 품질 사고에 대한 법적·규제적 제약의 확대 등으로 무결점을 지향해야 하는 시대적 상황을 맞고 있다. 크로스비(P.B Crosby)의 지적과 같이 '성과의 목표는 무결점'이 되어야 한다. 너무 느슨한 목표로는 일선 직원들의 결의와 동기유발을 불러오기 어렵다.

42

품질경영 행동강령

본서에서 여러 번 언급하였듯이 고품질을 달성하기 위한 수단으로써 구호나 표어만으로는 충분하지 않다. 구호나 표어는 고품질의 필요조건이기는 하지만 충분조건으로 볼 수는 없다. 그러나 자명한 것은 직원들의 의식과 인식이 동반되지 않을 경우 고품질 달성은 쉽지 않다. 품질을 절대 중시하는 자세, 사소한 문제라도 크게보는 자세, 소통하고 협조하는 문화는 품질경영의 성공에 꼭 필요하다.

Y사에서 시행한 품질경영 행동강령에 대해 소개하려고 한다. TQM(Total Quality Management, 전사적 품질경영)의 의미는 회사의 전 부문이 품질 활동에 적극적으로 참여함으로써 제품 및 서비스의 고품질을 달성하는 것이다. 일부 부서만의 활동과 노력으로는 고품질과 이를 통한 고객만족은 쉽지 않다.

제조업의 경우 설계(개발)·제조·검사 부문은 제품 품질 실현에 있어 가장 핵심인 트라이앵글(Triangle)이라고 할 수 있다. 그래서 Y

사는 이 세 분야의 구성원이 업무 과정에서 꼭 실천해야 할 품질 지침들을 모아 품질경영 행동강령으로 제정하였다. 모든 정례회의 시작 전에 참석자들이 품질경영 행동강령을 제창하도록 하였다. 물론 생산 현장의 기능직 사원들도 작업 전 조회시간 등을 통해 정기적으로 품질경영 행동강령을 제창하게 했다. 약 3년이 지나면서 전 직원들은 품질경영 행동강령을 자연스럽게 암기할 수 있게 되었다. 긴 문장을 단기간에 의도적으로 암기하는 것은 쉽지 않지만, 오랜 기간 행동강령을 제창하다 보니 자연스럽게 암기가 된 것이다. 우리의 뇌는 오랜 기간에 걸쳐 자연스럽게 입력된 정보와 문장은 잘 지워지지 않는 특징을 가지고 있다. 그리고 암기된 정보는 단순 인지정보에 비해 사람의 행동과 판단에 훨씬 유의미한 영향을 많이 미친다. 암기된 정보는 부지불식간(不知不識間) 무의식에서 의식의 영역으로 올라와서 사람의 생각과 행동에 영향을 미치는 것이다. 종교인들이 경전 내용을 암기하는 것도 이러한 이유다.

저자는 Y사와 같이 품질경영 행동강령 캠페인 활동을 도입해 볼 것을 권유한다. 아래 Y사의 행동강령은 하나의 사례에 지나지 않으며 해당 기업의 제품 특성과 불량 패턴을 반영·제정하여 운영할 수 있을 것이다.

• 설계(개발) 부분 품질경영 행동강령 사례

— 제품 품질은 설계에서 결정됨을 인식한다.

— 설계 사양이 고객의 요구와 일치하는지 필히 확인한다.

— 필히 검증된 기술과 계산, 프로그램에 따라 설계한다.

— 설계를 독단적으로 검증 없이 변경하지 않는다.

— 작업자의 실수를 구조적으로 차단한다.

— 도면은 작업자, 검사자 등이 보기 쉽게 작성한다.

— 설계 시에는 특성별로 품질의 검증방법을 제시한다.

• 제조 부문 품질경영 행동강령 사례

— 내가 만든 제품은 내가 책임진다.

— 작업표준, 체크시트 등은 누구라도 활용할 수 있도록 쉽게 작성한다.

— 작업 전에 반드시 도면, 체크시트, 전용공구 등이 준비되었는지 확인한다.

— 도면과 절차서 등 표준을 준수한다.

— 설계부서의 승인 없는 임의작업은 절대 하지 않는다.

— 불량품은 받지도, 만들지도, 보내지도 않는다.

— 작업 후에는 도면 등 지침서대로 작업 되었는지 필히 확인한다.

— 외관상의 어떠한 결점도 허용하지 않는다.

• 검사(시험) 부문 품질경영 행동강령 사례

— 고객의 입장에서 품질을 확인한다.

— 무결점의 완벽한 제품을 고객에게 인도한다.

— 검사기준은 요구품질을 확보할 수 있도록 작성돼야 한다.

— 검사 및 시험은 정해진 절차에 따라 엄격히 시행한다.

— 비표준품의 경우 검사 및 시험기준을 별도로 설정, 운영한다.

— 납기와 비용을 이유로 품질을 양보하지 않는다.

— 품질문제는 정직하고 신속하게 보고, 전파한다.

고품질
달성하기

시장품질의 결과가 설계품질에 반영되어야 하고, 설계품질이 제조품질에 그대로 반영되어야 한다는 것이다. 제조품질은 당연히 시장품질로 평가될 것이다.

43

제조업의 3대 품질

일반적으로 제품 및 서비스의 품질은 절대적 개념이 아니라 생산자의 조건과 소비자의 요구에 부응할 수 있는 상대적 개념으로 이해해야 한다. 즉 품질은 절대적인 기준이 있는 것이 아니라 고객 특성과 상황, 시대에 따라 달라진다는 이야기다.

나아가 고객 요구나 제품의 필요 기능 이상의 '과잉품질'을 실현하는 것은 기업의 입장에서는 매우 잘못된 것이다. 기업 또는 제품이 목표로 하는 시장의 요구나 전략적 Targeting에 의해 품질전략이 수립되어야 한다.

본 장에서는 기업의 품질에 대해 크게 3개 영역으로 나누고, 이 셋이 가진 상호 순환적(循環的)인 관계와, 이 순환적 관계가 기업의 품질 활동에 주는 시사점에 관해 설명하고자 한다.

❮ 시장품질

시장품질(Quality of Market)은 소비자의 실제 사용을 통해 평가되는 품질을 의미하는 것으로, 기업의 결과적인 최종 품질 성적표

(Score Card)다.

시장에서는 제품의 기능적, 물리적 특성뿐만 아니라 가격, 소비자의 취향, 소득수준, 심리적 취향 등이 복합적으로 잘 반영되어야 최고 품질 수준으로 평가되게 된다. 제품 그 자체의 품질 특성 외에도 A/S와 같은 서비스 활동 역시 시장 품질을 좌우하는 중요한 요인이다. 제품의 품질은 아주 우수하다고 하더라도 A/S 과정에서 어려움을 경험한 고객이라면 평소에 그 제품의 성능에 만족했다고 해서 최종적으로 품질 좋은 제품이라고 평가하지 않는다. 최근에는 고객을 대상으로 하는 제품 특성 교육, 설비 운전자 교육 등도 품질의 중요한 만족 요소로 인식되고 있다.

시장품질은 본원적 품질이다. 앞으로 설명할 설계품질과 제조품질이 기업의 내부 품질인 점에 반해 시장품질은 고객이 느끼는 품질이기 때문에 본원적인 품질이다. 기업 내부 품질은 시장품질을 위해 존재하며, 시장품질에 의해 내부 품질은 그 성패와 역량이 결정된다.

기업은 시장에서 고객이 제품과 서비스에 대해 느끼는 감정을 주기적으로, 그리고 지속적으로 조사해야 한다. 단순한 조사를 넘어 그 결과를 정성적·정량적으로 분석하여 품질개선에 반영해야 한다. 이런 프로세스를 가지고 있지 않다면 올바르게 시장품질을 관리하는 기업이라고 할 수 없다. 안타깝게도 적지 않은 기업이 고객만족도 조사를 일종의 이벤트 개념으로 생각하거나, 조사 결과의 분석·평가·반영이 미흡한 모습을 보이고 있다.

◄ 설계품질

설계품질(Quality of Design)은 시장품질의 정보나 소비자 요구를 자사의 제조기술, 설비, 관리능력, 경제성 등을 고려하여 제품과 서비스에 반영함으로써 실현되는 품질이다. 여기서 설계품질을 설계 과정에서 발생하는 설계적 불량을 관리하고 예방하는 이른바 '설계품질 활동'과 동일한 것으로 이해해서는 안 된다. 이것은 설계품질에 대한 절반의 이해에 불과하다. 설계품질은 시장에서 파악한 고객의 요구를 제품에 반영하는 것에서 결정된다. 설계품질의 입력요소(Input source)는 시장품질에서 파악한 정보나 소비자의 요구사항이다.

설계 부문은 제품을 디자인하는 동시에 제품의 품질을 디자인하는 역할을 동시에 수행한다. 설계품질은 제조품질에도 영향을 미치며 시장품질을 좌우한다.

설계품질의 범주는 제조과정 또는 시장에서 발생할 수 있는 품질 Fault나 인적실수 등 후방의 문제를 원천적으로 방지하는 기능까지를 포함한다. 제조공정에서 발생하는 품질문제의 상당 부분은 설계의 방법과 구조 등 설계적 요인에 기인하고 있으며, 설계에서 원천방지가 되지 않았기 때문에 발생하는 것이 많다.

후공정 중시의 관점에서 제조불량의 상당수는 넓은 의미의 설계불량에 해당된다. 작업자 실수로 제조공정에서 발생된 품질문제에 대해 우리는 전형적인 제조품질의 문제라고 인식한다. 완전히 잘못된 생각은 아니지만 2% 부족한 생각이다. 제품구조를 결정할 때 조립 중 발생 가능한 품질문제의 리스크를 예측하고 이것을 미연에 방지할 수 있는 구조나 방법이 포함된 설계개념을 채택해야 한다.

품질실패를 '사람'의 문제로 몰아가는 기업은 대부분 품질 수준이 낮고 후진적일 수밖에 없다. 왜냐면 사람은 실수할 수밖에 없는 존재이기 때문이다. 사람의 실수가 회사의 실수로 곧바로 직결된다면 매우 Risky한 기업이다. 자동차의 범퍼가 충격을 흡수하여 엔진 등 다른 부위에 충격이 전달되지 않게 하듯이, 사람이 실수를 하더라도 품질문제로 연결되지 않도록 제품의 구조와 제조방법을 개선해야 한다. 크고 작은 모든 사람의 실수가 회사의 실수로 곧바로 연결되어 버린다면 범퍼 없는 자동차와 다를 것이 없다.

제조과정에서 품질문제를 일으킬 가능성을 내포하고 있는 제품 구조는 설계품질의 관점에서 해결점을 찾아야 한다. 제품과 업종에 따라 다르겠지만 설계품질이 제조품질에 미치는 영향은 약 70% 이상이라고 생각한다. 상당 부문의 제조불량은 사실상 설계불량이라는 식으로 사고의 전환이 필요하다.

≪ 제조품질(적합품질, 합치품질)

제조품질(Quality of conformance)은 적합품질 또는 합치품질이라고도 한다. 설계품질이 실현된 실제품질을 의미한다. 이를 다시 재구분하여 부품품질, 작업품질, 설비품질 등으로 나눌 수 있다. 제조품질이 설계품질의 허용공차를 벗어났을 때 이를 부적합(Nonconformance)이라고 말한다.

제조는 철저히 설계기준 대로 이루어져야 한다.

만약 설계자가 도면 작성 과정에서 실수로 규격을 잘못 지정하였는데, 베테랑 작업자가 자신의 오랜 경험에 의해 잘못 작성된 도면과 다르게 작업을 해서 결과적으로 불량이 발생하지 않았다면 이 작업자의 행동에 대해 회사는 어떤 입장을 가져야 할까?

작업자가 자신의 경험치를 바탕으로 품질문제를 미연에 방지한 공로에 대해서는 일단 긍정적 평가를 해야 할 것이다. 그러나 도면 역시 사규(社規)의 하나다. 자신의 경험을 중시하고 회사가 정한 사규와 다르게 업무를 시행했다면 이 역시 임의작업이라고 간주해야 한다.

이 문제는 결과 중심으로 행위를 판단할 것인가 아니면 과정 중심으로 행위를 판단할 것인가의 문제다.

만약 작업자가 회사의 공식적인 설계변경 절차를 통해 자신의 경험치를 도면에 반영한 후 작업을 했다면 이는 더없이 옳은 일처리였을 것이다.

회사의 품질경영, 특히 제조품질 측면에서는 룰과 기준을 준수하는 자세와 일 처리가 가장 중요하다. 물론 룰과 기준의 정합성이 부족하다면 이것은 계속 개선되어야 마땅하다.

만약 당장 눈앞의 결과만 보고 기준을 어긴 작업자에 대해 후한 평가를 내린다면 장래에 어떤 부정적인 상황이 전개될지 생각해 봐야 한다. 기준을 어겨도 문제만 발생하지 않으면 된다는 생각이 만연할 것이고, 이는 품질경영을 가로막는 걸림돌이 될 것이다. 어떠한 경우라도 룰과 기준을 지켜야 한다는 인식이 제조 현장에 뿌리내려져야 한다. 이러한 과정 중시의 생각이 제조 현장 문화로 정립되는 것이 무엇보다 중요하다고 하겠다.

3대 품질의 정의보다 더 중요한 것은 이들 간의 순환적 관계라고 생각한다. 위에서도 설명했지만, 시장품질의 결과가 설계품질에 반영되어야 하고, 설계품질이 제조품질에 그대로 반영되어야 한다는 것이다. 제조품질은 당연히 시장품질로 평가될 것이다. 즉 이 3대 품질은 하나하나가 독립적으로 존재하는 것이 아니라 순환적 관계에 있다는 것이다. 순환의 고리가 단절된다면 올바른 품질경영이 될 수 없다.

많은 전문가들이 기업의 3대 품질을 설계품질→제조품질→시장품질의 순서로 표현하고 설명하는 것을 보았다. 이것은 고객의 관점이 아닌 자사 관점에서 품질을 바라보는 방식에서 비롯된 것이다. 시장품질에서 출발하여 설계품질로, 그리고 제조품질로 순환이 일어나기 때문이다. 이것은 단순한 언어의 유희가 아닌 아주 중요한 사고체계와 관련되어 있다.

시장품질→설계품질→제조품질의 순환으로 개념을 정립해야 올바른 품질 활동의 전개가 가능하다. 시장품질의 결과가 설계품질로 반영되지 않는다면 출발부터 고객과는 무관한 영역에서 품질이 실현될 수도 있다.

이것은 큰 의미에서 'P→D→C→A'의 개념과도 유사하다. 시장품질을 통해 사내품질을 계획하는 P(Plan), 이를 통해 사내 품질이 실현되는 D(Do), 다시 출하되어 다시 고객에 의해 재평가 일어나는 C(Check), 이를 분석하여 다시 사내품질을 보완하는 A(Action)의 순서로 진행되어야 한다. '설계품질→제조품질→시장품질'의 순서가 아니라는 점을 다시 말해 둔다.

44
크로스비의 품질
절대 4원칙

품질 예찬론자인 크로스비(P.B Crosby)

품질 예찬론자인 크로스비(P.B Crosby)는 1952년 미국 인디에나 소재 크라이슬러에서 경력을 쌓기 시작하여 1979년 저서『품질은 공짜(Quality is Free)』로 유명해졌다. '품질이 공짜'라는 의미는 품질을 올리기 위한 노력에 비해 품질향상으로 얻는 이익이 너무 많아서 결국 공짜나 다름이 없다는 뜻이다. 즉, 부주의에 의해 발생한 품질 사고의 여파나 손실에 비하면 아주 조그마한 노력과 관심으로도 그런 품질 사고를 예방할 수 있다는 뜻이다.

크로스비가 주창한 '공짜'의 의미는 처음부터 올바르게만 한다면 불필요한 돈을 들이지 않고 양질의 제품이 저절로 생산된다는 의미를 내포하고 있다. 애초에 일을 잘못하면 그것을 수정하거나 재제작(Re-work)하기 위해 불필요한 추가 비용이 발생하게 된다.

저자는 품질에 대한 많은 정의와 원칙 중 크로스비가 주창한 품질 절대 4원칙에 특별히 공감한다. 다음에 설명할 크로스비의 품질 절대 4원칙에는 위에서 언급한 '품질은 공짜'의 개념이 직·간접적으로 잘 녹아있다는 것을 알 수 있다.

- **크로스비의 품질 절대 4원칙**
  - 1원칙: 품질은 고객의 요구에 대한 적합성
  - 2원칙: 처음부터 올바르게 하는 것
  - 3원칙: 성과의 목표는 무결점
  - 4원칙: 품질의 척도는 오직 비용

1원칙은 품질은 시각적 우아함 등과 같은 주관적인 성질의 것이 아니라 고객의 요구에 적합하게(Conformance to requirement) 만드는 것을 의미한다. 고객이 가진 기대를 충분히 이해하고 이를 제품과 서비스를 통해 잘 실현하려고 노력하는 것이 기업의 사명이다.

크로스비의 1원칙은 당시까지 기업이 내부적 효율성에만 관심을 가졌던 분위기였기 때문에 이를 과감히 탈피하여 외부의 고객에게로 시선을 옮겼다는 점에서 매우 획기적이고 선구적이다.

기업이 품질을 관리하는 가장 큰 이유는 고객만족을 달성하기 위함이다. 돈을 버는 것은 고객만족을 통해 돌아오는 결과일 뿐이다. 고객만족을 거치지 않고 기업이 돈을 벌 수 있는 방법은 없다. 만약 품질에 기초하지 않은 상태에서 돈을 벌려는 욕구가 지나치게 되면 고객에게 불편과 불만을 끼칠 확률이 매우 높아진다는 것이다. '적합성'으로 번역된 'Conformance'는 '일치'라는 뜻이 있는데, 이는 어떤 정량(定量)을 기준으로 남지도 모자라지도 않는 일치되는 수준을 의미한다. 고객이 요구하는 그 수준에 딱 일치시키는 노력이 필요하다.

2원칙은 품질은 '최초에 올바르게 하자는 것(Do it right the first time)'이라고 강조한 것이다. 본서의 여러 군데에서 '처음부터 올바르게 하는 것'이 품질의 절대명제임을 여러 번 반복하고 있다. 크로스비의 2원칙 역시 처음부터 올바르게 일함으로써 재작업이 필요 없고, 나아가 검사가 필요 없는 능률적인 품질 체계를 만들자는 것을 역설한 것이다.

21세기의 제조 현장에도 품질 활동을 오로지 검사 기능에만 의존하는 경우가 적지 않다. 크로스비가 1970년대에 이미 검사 무용론을 주장한 것을 생각하면 그는 분명 시대를 앞선 식견의 소유자다.

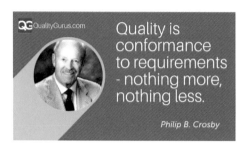

3원칙은 성과의 목표는 무결점, 즉 완전무결(完全無缺)과 Zero Defect라는 것이다.

완전무결의 성과목표를 추구하는 전략은 실패의 심각도가 높은 항공기 제조사나 의료기관 등에 국한되어서는 안 된다. 모든 기업의 품질 성과 목표는 'Zero Defect'가 되어야 하며, 현재 품질수준이 지나치게 저조하여 이를 단기간 내에 달성하기 어렵다면 연차적으로 중간목표를 세워서 조금씩 Zero Defect에 근접하도록 관리하는 것이 올바른 자세다. 만약 학생이 학습의 목표를 80점에 둔다면 80점에 걸맞은 실행을 하기 때문에 목표를 100% 달성한다고 해도 80점에 불과하다. 만약 목표에 차질이라도 생긴다면 70점을 얻을 수도 있고 60점에 머무를 수도 있다. 하지만 목표를 100점에 두게 되면 100점을 달성하기 위한 계획을 수립하게 되고 그에 걸맞은 마음의 각오를 할 것이다. 이 결과 만약 목표인 100점에는 미달한다고 하더라도 90점 또는 80점 달성은 가능할 것이다. 이것이 바로 도전적인 목표가 주는 유익인 것이다. 그래서 항간에 5% 원가절감

---

28)   https://www.qualitygurus.com/philip-crosby/

은 어려워도 30% 원가절감은 가능하다는 말이 있는 것이다.

현재의 불량률이 지나치게 높다고 하더라도 일단 장기목표는 '불량 Zero'로 세울 것을 권유한다. 그리고 연차적으로 중간목표를 두고 각 단계의 로드맵을 수립해야 한다. 중요한 것은 포기하지 않고 지속해서 목표를 향해 활동계획을 수립하고 추진하는 것이다.

한때 한국의 기업들은 혁신의 도구를 무엇으로 하느냐에 너무 큰 의미를 두었다. 그래서 과거 TPS와 6시그마가 혁신 활동의 양대 산맥을 이루던 시절에는 TPS를 하다가 성과가 안 나면 6시그마로 갈아타기도 하고, 또 반대의 경우도 있었다. 그리고 또다시 6시그마의 효과가 미미하면 또 다른 활동을 찾아 나서는 기업들도 많았다. 그런 상황 속에서 컨설팅 기관은 호황을 누렸겠지만, 정작 변화활동의 핵심인 '지속과 진화'에는 덜 치중했는지 모른다.

마지막 4원칙은 '품질의 척도는 품질비용'이라고 정의했다.
저자는 본서의 여러 군데에서 품질을 '돈'으로 강조하고 있는데, 크로스비의 4원칙도 바로 이 점을 지적한다.

	절대 원칙	
	크로스비 이전의 견해	크로스비의 견해
품질의 정의	양호함	고객요구 적합성
품질시스템	평가(사후검사)	예방
품질 목표	충분히 근접	완전무결(ZD)
품질의 척도	불량률 등 각종 지표	부적합(결함) 비용

크로스비와 크로스비 이전의 품질 절대원칙에 대한 견해

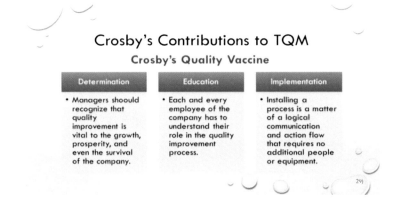

이상으로 크로스비의 품질 절대 4원칙에 대해 알아보았다. 추가하여 크로스비가 권장한 '품질백신(Quality Vaccine)'을 소개할까 한다. 백신이란 각종 감염을 예방하기 위해 사람이 자동으로 면역을 갖추기 위한 항원이다. 크로스비가 강조한 기업의 품질백신은 바로 결의(Determination), 교육(Education), 실행(Implementation)이다.

---

29) http://fulyayuksel.com/wp-content/uploads/2017/02/TQM-Introduction.pdf

결의(Determination)란 말 그대로 회사가 생존하고 성장하기 위해서는 품질혁신이 필요하며, 고품질 외에는 다른 길이 없다는 것을 모든 조직 구성원들에게 인식시키고 이해시키는 것을 말한다. 개인과 마찬가지로 조직도 사람들의 마음의 다짐 없이는 어떤 큰 목표에 도전할 힘과 용기를 얻기 어렵다. 그래서 기업에 소속된 모든 종업원에게 품질혁신에 대한 동기를 부여할 수 있는 방법이 무엇인지 고민하고 추진해야 한다.

교육(Education) 역시 중요하다. 기업에서 업무와 병행하는 OJT(On the Job Training)는 업무와 병행하여 시행하는 교육을 말한다. 특히 직원들 모두가 품질에 관한 공통된 이념과 언어·방법을 공유하고, 품질개선 과정에서 각자의 역할을 이해하고, 품질개선을 수행할 수 있는 역량과 기법을 기르는 것이 중요하다.

교육은 품질 활동에 있어서 큰 몫을 한다. 상당 부분의 '결의'도 사실상 교육이라는 수단을 통해 실현되는 경우가 많다.

실행(Implementation)은 말 그대로 품질개선 프로그램이나 계획을 일상 업무에서 실행에 옮기는 것을 말한다. 실행하지 않는 계획은 낭비나 다름없다.

45
일본 품질 최고의
의사결정

데밍(W. Edwards Deming), 미국의 경제학자 및 품질 컨설턴트 [30]

데밍상 [31]

매년 열리는 데밍상 시상식 장면 [32]

---

30) https://www.census.gov/history/www/census_then_now/notable_alumni/
   w_edwards_deming.html
31) https://deming.org/2020-deming-prize-winners/
32) https://www.elgi.com/kr/elgi-wins-the-deming-prize/

데밍(W. Edwards Deming)이 패망한 일본 산업을 일으켜 세웠다. 1950년 여름 일본 도쿄, 일본 기업 대표 21명이 참석한 워크샵의 주강사로 참석한 사람은 바로 에드워즈 데밍이었다. 당시 데밍은 내세울 만한 화려한 직장 근무 이력도 없었고, 일본에 처음 방문한 미국의 평범한 통계학자였다. 그런데도 데밍은 자신이 일본의 전후 경제 문제를 푸는 방법을 잘 알고 있다며 확신에 찬 발언을 이어나갔다. 반신반의하는 시선으로 바라보던 청중들에게 데밍은 "고품질 제품을 수출하고 식량을 수입하면 됩니다."라며 간단하고 간결한 멘트를 던졌다.

계속해서 그는 고품질이야말로 더 높은 생산성, 더 많은 이익, 더 많은 일자리를 보장할 것이고, 더 풍요로운 사회로 가는 유일한 비결이라고 강조했다. 또한 그는 고품질을 달성하려면 생산라인 맨 끝에서 결함을 찾는 최종검사(Final Inspection)만으로는 달성할 수 없다는 주장을 이어 나갔다. 고품질은 공급업체부터 설계·제조현장·A/S에 이르기까지, 그리고 경영진에서 최하위 직원에 이르기까지 모든 구성원의 자발적인 협력과 노력이 전제된 공급망 체인 전체의 노력으로 달성되는 것이라고 역설했다.

그날 모임에서 데밍은 일본 기업이 만약 자신이 제시하는 14가지 품질요점을 준수하기만 한다면 일본의 제품이 5년 이내에 세계 최고가 될 것이라고 자신 있게 단언했다. 그 당시 'Made In Japan'이라는 말은 해외에서는 웃음거리가 될 정도로 일본 제품의 품질은 낙후되어 있었기 때문에 청중들은 데밍의 이런 주장에 대해 반신반의할 수밖에 없었다. 일본의 고위 관료들은 일단 데밍의 이 같은 말을 수용하기로 정부 차원에서 결정했다. 당시로써 일본은 이 아이디어보다 더 훌륭한 대안을 찾을 수 없었기 때문에 데밍의 지침을 따라보기로 했다.

1957년까지만 해도 일본의 대표 제조업체인 도요타자동차는 미국 시장에서 형편없는 제품으로 평가되었지만, 1980년대에 이르러 일본은 세계 모든 국가의 경제를 집어삼킬 태세를 갖춘 놀라운 제조업 강국으로 성장했다. 이는 데밍의 지침을 착실히 준수한 것과 전혀 무관치 않다는 것이 일본 산업계 내부의 평가였다.

당시 데밍이 주장한 14가지 품질관리 철학은 오늘날까지도 전 세계의 표준 운영 절차로 이용되고 있다고 해도 과언이 아니다. 14가지 중 중요한 철학은 다음과 같다.

— 제품과 서비스의 개선을 끊임없이 추구해야 한다.

— 낭비에 대한 올바른 가치관과 철학을 가져야 한다.

— 검사업무에만 의존하지 말아야 한다.

— 원가에만 지나치게 치중하여 품질이 양보되어서는 안 된다.

— 생산 과정과 서비스 시스템을 지속해서 개선해야 한다.

— 일선 사원에 대한 교육·훈련을 지속해서 실시해야 한다.

— 관리·감독을 철저히 해야 한다.

— 부서 간의 벽을 없애야 한다.

— 각종 구호·슬로건·경고문에는 크게 의존하지 않아야 한다.

— 작업자에게 직무 숙련도에 대한 긍지를 심어주어야 한다.

46

품질 개념의 확장,
8가지 품질의 차원

하버드대학교 가빈(G.A Garvine) 교수는 1984년 생산자와 고객을 동시에 고려하여 품질을 구성하는 8가지 차원에 관해 설명하였는데, 많은 시간이 지났음에도 불구하고 현재에도 매우 주목할 만한 교훈이다. 당시에도 품질의 범주에 성능, 특징, 신뢰성, 적합성, 내구성 등은 포함되었으나, 가빈교수는 여기에 추가하여 서비스 편의성, 심미성, 평판(인지품질)에까지 품질의 차원을 확대해서 설명하였다.

❮ 성능

제품의 주기능이 가지고 있는 운영적인 특징(Operating characteristic)을 말한다. 예를 들면 벽돌의 강도, 접착제의 접착력 등이 해당된다.

❮ 특징

주기능을 보좌하는 2차 특성 또는 보조 특성으로, 꼭 필요하지는 않으나 있으면 편리한 성능을 말한다. 예를 들면 자동차의 후방 인식 카메라, 비행기의 기내식 등이 해당된다. 고객은 일반적으로 보조 성능 자체의 품질뿐 아니라 보조 성능의 선택 범위와 선택 가능성에 대해서도 의미를 부여하는 경향이 있다.

❮ 신뢰성

규정된 조건에서 규정 시간 동안 규정된 기능을 고장 없이 수행할 확률이다. 즉 일반적 의미의 품질이 특정 시점에서의 정적인 품질이라면 신뢰성은 시간에 따른 품질이라고 할 수 있다. 정적인 품질이 초기의 특정 시점에서 제품에 나타나는 품질이라면, 신뢰성은 시간의 변화와 함께 일어나는 품질의 변화나 추이를 이야기한다. 넓은 의미의 품질은 정적인 품질과 신뢰성을 포괄한다. 본서에서는 신뢰성에 대해 별도의 장에서 설명할 것이다.

❮ 적합성

표준(규격)이나 고객의 요구조건에 일치되어야 하는 것 또는 고객들의 세분화된 요구를 충족시킬 수 있는 능력을 말한다. 이는 제품이 가져야 할 당연한 성질이며, 만일 규격이나 요구조건에 일치되지 않을 경우 제품은 불량이 되거나, 설령 양품이라고 할지라도 시장에서 팔리지 않을 것이다.

☇ 내구성 또는 지속성

제품의 수명을 말한다. 기술적인 수명은 제품을 사용하지 못하게 될 때까지의 총 사용 시간을 말한다. 경제적인 수명은 기존 제품의 향후 수리비용과 신규제품의 투자 및 운영비용을 비교하여 신규제품으로 교환하는 것이 유리할 때까지의 총 사용 시간을 나타낸다. 전구와 같이 수리할 수 없는 제품은 기술적인 수명과 경제적인 수명이 동일할 수밖에 없다. 일반적으로 기술 발전이 빠른 컴퓨터 등의 제품은 경제적인 수명은 짧고, 기술 발전이 느린 제품의 경우 경제적인 수명은 기술적인 수명에 의존하게 된다. 내구성은 신뢰성, 서비스 편의성과 밀접하게 관련되어 있다.

☇ 서비스 편의성

고객이 원할 때 필요한 서비스를 즉시 받을 수 있어야 한다. 최근에는 서비스 편의성이 제품의 구매를 결정하는 매우 중요한 요인이 되고 있으며, 서비스의 중요도가 더욱 강조될수록 서비스 편의성의 중요성은 당연히 증가할 것이다.

최근 기업들은 A/S 조직과 역량을 강화하여 고객만족을 추구하는 경향을 가속화하고 있다. 중간재나 B To B 제품의 경우 A/S 조직과 역량의 강화는 단순히 고객에 대한 편의성 제공 차원을 넘어 새로운 시장을 창출하는 기회의 역할도 하고 있다. 이로 인해 'A/S 마켓'이라는 새로운 용어가 등장하기도 했다.

❮ 심미성

사용자 감각에 소구(訴求. Appeal)할 수 있는 내용이다. 음식점에 들어갔을 때 느껴지는 분위기와 같이 제품과 서비스로부터 느껴지는 감정으로서 제품의 외관 또는 냄새, 소리 등으로부터 결정된다고 할 수 있다. 제품의 성능이 아무리 우수하여도 제품으로부터 느껴지는 감정이 좋지 않다면 선뜻 구매하고 싶은 생각이 들지 않을 것이다.

❮ 평판 또는 인지품질

'자동차' 하면 어떤 특정한 회사가 떠오르거나 '핸드폰' 하면 어떤 특정한 회사가 곧바로 머리에 떠오르는 것과 같이 특정 제품에 대한 기업의 인지도를 말한다. 많은 고객이 제품을 선택할 때 품질과 가격 면을 우선으로 고려하겠지만 그동안 해당 제품을 공급한 기업에 대한 선호도에 의한 사전 평판이 제품을 선택하는 데 아주 중요한 역할을 한다는 것이다. 그래서 평판 또는 인지품질을 향상하기 위해 기업들은 제품 자체에 대한 광고와 홍보 전략 외에 기업이미지 광고, 자선 및 기부 활동, 사회적 책임 활동 등으로 전략의 범위를 확장해 나간다.

위에서 살펴보았듯이 최근 서비스의 편의성, 심미성 및 평판이 새로운 품질의 범위로 확장됨에 따라 새로운 범주의 품질개념을 만족할 수 있는 전사적 차원의 품질향상 노력이 필요하며, 품질만족을 통한 고객 감동을 위해 기업이 혁신의 속도를 높이고 있다.

☰ 심미성 - 자동차의 사운드 디자인 ✎

사운드 디자이너(Sound Designer)는 소리를 새로 만들거나 기존의 소리를 편집하는 직업이다. 시각 디자인에 그래픽 디자인, 웹 디자인, 제품 디자인 등 다양한 분야가 있듯이 소리를 개발하고 디자인하는 사운드 디자이너가 존재한다.

TV나 컴퓨터를 켜거나 끌 때 나는 소리, 휴대전화의 알림음이나 벨소리, 시계 알람음 등을 개발하는 것이다.

이미 자동차의 품질(심미성) 분야에 사운드 디자이너의 역할이 매우 중요하게 부각되었다고 한다. 자동차의 전자장치에서 나는 다양한 소리를 기능이나 성능, 상황과 어울리게 디자인함으로써 운전자의 심리를 만족시키는 역할을 한다.

고가의 제품인 자동차는 기본적인 기능이나 특성 못지않게 고급스러운 사운드 역시 고객을 향한 소구점이며 새로운 심미성 분야의 품질 영역이다.

47

품질 활동의
발전 과정

본서 Ⅱ부에서 품질 활동의 전통적 개념과 진보적 개념을 각각 설명하고, 올바른 방향성에 대해 언급하였다. 본 장에서는 산업혁명 이전부터 현재까지 품질 활동의 변천과정을 조명해 보고자 한다.

품질의 발전단계에 대해서는 여러 가지의 견해가 존재한다. 그중 저자는 본 장에서 인용하는 방식이 가장 유익하다고 생각한다.

◀ 작업자 품질관리

최초의 품질관리는 생산을 담당하는 작업자 자신이 자신의 작업 결과물의 품질에 대한 책임을 스스로 지고 작업을 수행하는 형태였다. 이 시대에는 오로지 작업자에 의한 검사에만 의존했다.

◀ 직장(감독자) 품질관리

산업혁명 이후 분업의 개념이 도입·확산되면서 작업자는 제품 생산만을 전적으로 수행하고, 이를 관리(지휘)하는 직장이 품질검사를 도맡아 하던 형태였다. 효율의 관점에서 작업자는 작업만 수행하는 것이 더 낫다는 생각이 지배했던 품질 활동의 형태다.

❮ 검사자 품질관리

생산량의 증대로 인해 작업 관리자인 직장의 직무가 증가하고 품질에 대한 중요성이 강화되면서 품질 업무를 별도의 검사부서가 수행하도록 하는 형태로 발전하게 되었다. 효율을 중시한 직장 품질관리가 한 단계 추가로 발전된 형태라고 볼 수 있다. 직장 품질관리와의 차이점은 품질관리 업무만을 수행하는 제3자가 이 시점부터 출현하기 시작했다는 점이다.

❮ 통계적 품질관리(SQC: Statistical Quality Control)

지금까지 설명한 발전 단계는 품질 활동 주체의 관점에서 분류한 것이다. 이와 달리 통계적 품질관리는 활동주체에 의한 분류라기보다는 품질 활동 방법의 관점에서 일어난 새로운 변화를 반영한 분류다.

대량생산체계가 확대되면서 모든 생산품에 대한 전수검사가 불가능하게 되었다. 1924년 Bell연구소의 슈하르트(Shewhart)에 의해 관리도(Control Chart)가 개발되면서 SQC(통계적 품질관리)가 태동되었고, 닷지(Dodge)와 로밍(Romig)에 의해 과학적 샘플링검사법이 개발되면서 SQC가 본격적으로 시행되었다고 볼 수 있다. SQC는 제2차 세계대전 중에 全 군수산업계에서 활용되기 시작하면서 자연스럽게 全 산업계에 급속하게 확산되었다.

미국에서 태동한 SQC가 1950년대에 데밍(Deming)과 쥬란(Juran)에 의해 일본으로 전파되면서 일본 제조업이 비약적으로 도약한 밑바탕이 되기도 하였다.

❮ 전사적 품질관리(TQC: Total Quality Control)

고객만족에 대한 요구가 더욱 강화되면서 품질검사 기능과 통계적 기법으로는 고품질 달성이 어렵다는 것을 깨닫게 된다. 1960년대에는 제품의 설계부터 생산, 판매, 제품보증 및 A/S에 이르기까지 품질에 영향을 미치는 회사 내 모든 부문의 노력을 모아 총체적으로 품질관리를 추진해야 한다는 TQC의 개념이 도입되었다.

아웃소싱이 본격화되면서 구매품과 구매부서의 품질 수준이 완제품 품질에 절대적 영향을 미치게 되었다. 또한 설계·개발 기능역시 품질에 막대한 영향을 미친다. 즉, 제품과 서비스를 위하여기업 내부의 모든 부서가 품질 수준과 연관되어 있다는 사고에 의해 태동한 형태의 품질관리다.

SQC가 TQC로 대체된 것이 아니라 SQC의 유지·발전과 더불어TQC가 병행적으로 확대되어 나갔다고 보는 것이 타당하다. 즉 통계적 기법은 TQC 단계하에서도 중단 없이 지속적으로 확대되었다.

❮ 전사적품질경영(TQM: Total Quality Management)

TQC가 품질 활동의 대상을 제품(완제품, 반제품, 부품 등)에 국한했던 것과 달리, TQM은 제품 품질의 근간이 되는 조직의 시스템과 프로세스의 품질로 그 대상을 이동시켰다. 또한 과거 품질이 경영의 하부 기능의 하나였던 점에 반해 TQM의 태동으로 품질은 경영에 있어 핵심의 하나로 인식되기 시작했다. 기업 전반의 경영관리를 품질 전략에 따라 행하는 것으로 변화한 것이다.

즉 TQC에서 TQM으로의 이동은 제품관리에서 업무관리로 중심을 옮긴 것이다. TQM은 최고경영자의 품질방침에 따라 국제적으로 경쟁력 있는 품질을 확보하는 것을 목표로 제품과 생산공정을 지속해서 개선함으로써 고객만족을 극대화하기 위한 기업의 총체적인 전략으로 볼 수 있다. TQM은 TQC와 SQC, QM을 포함하는 더 넓고 진보적인 개념인 것이다.

48

품질과 신뢰성

품질과 신뢰성은 어떤 차이가 있을까?

신뢰성은 품질의 또 다른 모습이다. 품질이라는 큰 범주 안에 신뢰성이라는 축(軸)이 존재하는 것이라고 생각하면 된다. 신뢰성은 품질의 한 영역이며, 일반적으로 품질이 모수(母數)의 영역에서 분포를 통제(Control)하는 활동이라면, 신뢰성(Reliability)은 고객의 사용 시간의 영역에서 고장의 분포를 관리(Management)하는 특별한 개념이다.

본서에서 논하는 품질은 광의(廣義)의 품질에 대한 것이다. 그래서 신뢰성은 품질을 구성하는 한 축이며, 품질의 한 영역이라는 것이다.

신뢰성의 가장 큰 특징은 제품 수명의 차원에서 양품과 불량품을 평가한다는 것이다. 일반적으로 품질을 평가할 때 어떤 척도를 사용하는가? 그것은 불량률(또는 양품률), 클레임률 등이다. 대개 불량률과 양품률은 사내 품질관리 활동에서 널리 사용되는 지수이고, 클레임률은 출하 후 필드에서 많이 사용되는 지표다.

이와 달리 신뢰성 측면의 지표는 신뢰도와 누적 고장확률이 있다. 신뢰성의 척도인 신뢰도는 '어떤 특정시간에 제품이나 시스템이 고장을 일으키지 않고 정상적으로 작동되는 확률'이다. 누적 고장률은 누적된 사용 기간에 따라 고장을 평가하여 산출하는 개념이다.

신뢰성에 대한 정확한 이해를 위해 예를 들겠다.

A전자가 생산하는 두 모델의 TV가 있다고 할 때, #1 모델은 10년간 누적된 클레임률이 5%이고, #2 모델은 5년간 누적된 클레임률이 5%라고 가정하자. 그리고 #1 모델과 #2 모델의 TV를 동시에 생산 개시하여 10,000개만 출시했다고 가정하자.

이 경우 단순히 시간 개념을 통일하지 않고 클레임률로만 계산한다면 #1 모델과 #2 모델의 품질의 차별은 존재하지 않는다. 왜냐면 클레임률이 모두 5%이기 때문이다.

그러나 예시된 두 모델에 사용 기간 개념을 넣어 클레임률을 산출한다고 하면 #1 기종의 경우 5년까지 누적된 클레임률은 분명히 5%보다 낮을 것이다. 반대로 #2 기종의 10년까지 누적된 클레임률은 5% 이상이 될 것이 분명하다. 나아가 기간 개념을 통일하면 #1 기종이 #2 기종에 비해 누적 고장률이 낮기 때문에 신뢰성이 상대적으로 우수한 제품이다.

이처럼 사용 기간 또는 수명의 차원에서 확률을 분석하고 결론을 도출하는 것이 신뢰성의 개념이다. 반면 협의(狹義)의 품질은 특정 시점에서의 확률만 분석하는 것이다.

다시 한 번 강조하지만, 본서에서 품질에 관해 이야기할 때 좁은 의미의 품질만이 아닌 신뢰성까지 포함된 넓은 의미의 품질에 관해 이야기하는 것이다.

그런데 왜 최근에 신뢰성이 이렇게 주목을 받는 것일까? 그것은 그만큼 수명분포가 소비자에게 중요한 인자이기 때문이다. 생필품에서 군수품, 산업설비에 이르는 다양한 제품에 있어서 수명분포는 고객의 신뢰와 밀접하게 관련되어 있다.

품질 평가척도	기종 #1	기종 #2
출시수량	10,000개	10,000개
클레임건수	5개	5개
클레임률	5.0%	5.0%

⇨ #1과 #2 품질 수준은 무차별

신뢰성 평가척도	1번 기종	2번 기종
출시수량	10,000개	10,000개
클레임건수	5개	5개
누적사용 기간(평균)	10년	5년
$F(t)=1-R(t)$	F(10년)=5.0%	F(5년)=5.0%
F(5년)<5.0%	F(10년)>5.0%	

⇨ #1이 #2보다 신뢰성이 우수

앞의 R(t)는 시간 t시점까지의 정상적으로 작동할 확률이다. 즉 신뢰성함수다. 반대로 F(t)는 시간 t까지의 누적고장확률이다. 그러면 R(t)+F(t)는 당연히 1이 된다. t시간에 '고장'과 '작동' 외에 존재할 수 있는 사상(Event)은 없기 때문이다. 나아가 신뢰성의 지표인 신뢰도 $\lambda(t)=f(t)/R(t)$로 계산될 것이다.

F(t)는 t시간까지의 누적 고장확률이고 f(t)는 특정시간 t에서의 고장확률이다. 본서가 수리적 방법보다는 품질 철학을 주로 다루고 있기 때문에 추가적인 내용은 신뢰성공학 관련 도서나 자료를 참고하기 바란다.

앞의 표는 신뢰성이 수명에 기반하고 있는 품질지표라는 점을 명시한다. 신뢰성 향상을 위한 활동의 방법과 도구 역시 협의의 품질의 향상기법과는 다르다.

신뢰성은 다음과 같이 고유 신뢰성과 사용 신뢰성의 두 가지로 구분해서 고려할 수 있다.

◄ 고유 신뢰성

제품의 설계, 제조 및 시험 등의 과정을 거쳐서 형성되는 신뢰성으로 제조된 제품의 특성을 나타내게 되며, 수명자료를 이용한 통계적 분석을 통하여 계량적으로 표시될 수 있는 제품이나 시스템의 고유 성질이다.

쉽게 말해서, 사람의 수명에 비유하면 고유 신뢰성은 사람마다 유전적 요인에 의해 타고난 본래의 생물학적 예측 수명에 가깝다.

❮ 사용 신뢰성

제품의 가동(사용) 상태에서의 신뢰성으로 예방보전, 사후보전 등을 포함한 사용의 용이성과 A/S 등도 고려하는 광범위하고 포괄적인 개념의 신뢰성이다.

사람의 수명에 비유하면 사용 신뢰성은 사람의 노력, 즉 운동이나 주기적인 건강검진과 치료 등을 통해 달성 가능한 노력 요인에 의한 수명에 가깝다.

이상 언급한 바와 같이 신뢰성을 관리하는 목적은 시간 경과에 따른 품질의 변화를 예측하고 관리하는 것이라고 할 수 있다. 시간 경과에 따라 제품의 성능과 품질 특성이 어떻게 변할지 예측·설명하기 위해 신뢰성이 활용된다.

신뢰성을 정량적으로 측정하기 위해서는 '규정된 조건, 의도하는 기간, 만족할 만한 작동'이라는 3가지 조건을 명확히 해야만 측정·관리가 가능하다.

신뢰성은 시스템, 제품 또는 부품이 규정된 조건에서 의도된 기간에 만족스럽게 동작하는 시간적인 안전성을 나타내며, 신뢰도란 시스템, 제품 또는 부품이 규정된 조건에서 의도된 기간에 정해진 기능을 수행할 확률이다.

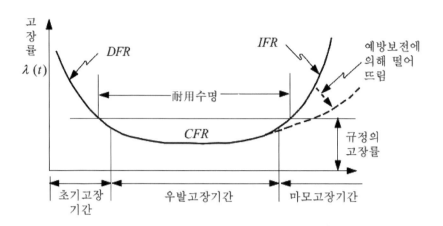

제품의 전형적 고장률 패턴 (욕조곡선)[33]

위의 그래프는 사용 시간의 경과에 따른 고장률(Failure Rate)의 일반적인 분포를 나타내는 곡선이다. 사용 시간과 고장발생 빈도의 관계를 나타내는 이 곡선은 욕조를 닮았다고 하여 '욕조곡선(Bath-tub Curve)'이라고도 불린다. 이 특성곡선은 해당 제품이 정상적인 제조공정에서 만들어졌고, 정상적 운용방법에 의해 사용된 것을 전제로 한다.

여기서 정상적인 제조공정이란 소정의 제조 절차가 준수되고, 그 절차가 일관성 있게 전체 제조제품에 적용된 상태를 말한다. 정상적인 운용방법이라 함은 규정된 사용조건을 지키면서 지정된 조작방법과 취급방법을 준수하는 것이다. 이 외에도 사용 장소의 습도, 온도 등의 환경 조건이 규정된 사용조건에 저촉되지 않는 것을

33)　http://www.atpm.co.kr/5.mem.service/6.data.room/data/sqc/sqc(10)/sqc(10)5.htm

전제로 한다.

이러한 제품은 시간의 변화에 따라 고장률의 분포가 다음과 같은 특성을 가진다.

◄ 고장률의 분포 특성

- 초기 고장 기간(Early Life)

욕조곡선은 제품의 사용 초기에는 고장률이 높다가 사용 시간이 경과하면서 점점 감소하여 특정 시점이 지나면 일정 수준으로 떨어진다. 공장에서 규정된 검사와 시험을 거쳐 출하된 제품이라 하더라도 일반적으로 초기고장은 존재할 수 있다. 일반적인 초기고장은 일정 시간 후 최저수준으로 안정된 고장률에 비해 상대적으로 높은 것이 일반적이다. 이러한 초기의 고장률은 DFR(Decreasing Failure Rate)의 특징을 갖는다.

◄ 우발 고장 기간(Steady-state Life)

욕조곡선 중간의 수평부분은 고장률이 일정한 부분으로써, 제품의 내용수명기간으로 Normal Life라고도 한다. 고장률은 CFR(Constant Failure Rate)의 특징을 갖는다.

◀ 마모 고장 기간(Wearout Life)

욕조곡선의 오른쪽 부분은 제품이 수명을 다하고 노후화되는 기간으로 폐기까지의 고장률(노후기 고장률, Wear-out Mortality)로써, 서서히 고장률이 증가하는 부분이다. 고장률은 IFR(Increasing Failure Rate)의 특징을 갖는다.

아래 표는 단계별 고장 원인 및 대책을 정리한 것이다.

	원인	조처
DFR	• 출하 전 불충분한 품질관리 • 불충분한 디버깅(출하 전, 설치 시) • 번인(Burn In)의 미흡 • 조립상의 과오, 오류 • 표준 이하의 재료 사용	• 번인 테스트 • 디버깅 실시 • 보전예방
CFR	• 제품의 안전계수가 낮기 때문 • 사용부하의 과다 • 무리한 사용 등 사용자 귀책	• 안전계수 고려한 설계 • 극한 사용조건 감안한 설계 • 사후보전
IDR	• 제품의 수명 마모, 피로 • 예방보전 활동의 부족	예방보전 강화

단계별 고장 원인 및 대책

◀ 대표적인 신뢰성 향상 활동 개요

- 가속수명시험(ALT, Accelerated Life Test)

시험 시간을 단축할 목적으로 부품에 가해지는 스트레스의 수준을 사용조건보다 높임으로써 인위적으로 고장 시간을 단축하는 방법이다. 특히 부품과 재료의 신뢰도 정보를 신속하게 얻고자 할 경우 널리 사용된다.

가속수명시험의 절차를 간단히 도표로 나타내면 아래와 같으며, 가속수명시험의 궁극적인 목적은 정상 사용조건에서의 수명을 추정하기 위한 것이다.

1	가혹한 스트레스 수준에서 시험(온도, 습도, 전압, 전류 등)

▼

2	고장 가속화

▼

3	가속조건의 측정 데이터 분석

▼

4	수명-스트레스 관계식 추정

▼

5	정상 사용조건으로 외삽(Extrapolation)

▼

6	정상 사용조건에서의 신뢰도(수명) 예측

- 리던던시 설계(Redundancy Design)

일부의 부품에 고장이 나더라도 전체가 고장이 나지 않도록 기능적으로 여력의 부품을 부가 사용함으로써 신뢰도를 향상시키는 중복설계의 방식이다.

그 방식으로는 병렬리던던시, 대기리던던시, K out of N, 스페어에 의한 교환 등이 있다.

- 디레이팅 설계(Derating Design)

주로 전자, 전기 기기에 있어서 신뢰성을 향상하기 위해서 부품에 걸리는 부하(동작스트레스)를 정격치보다 내려서 사용하도록 하는 설계법을 말한다.

◄ 번인테스트(Burn in Test)

일종의 스크리닝 방법으로 고장률이 높은 것은 제거하고 고장률이 낮은 것만 선별해서 사용하는 것이다.

문제가 있는 부품, 신뢰성이 크게 요구되는 제품에 대해서 시행하는 방법이다.

◄ 디버깅(Debugging)

최초에는 소프트웨어 산업에서 사용되었으나 모든 산업계로 일반화되었다. 제품, 기기의 오류를 사전에 발견하고 조치하는 제반의 활동을 일컫는다. 출하 전 시험·검사 등의 과정을 거침으로써 버그(오류)를 제거한다는 문자적 의미가 있다.

성능이 뛰어나고 기능이 우수한 제품이라도 빈번히 고장 나는 제품은 품질이 좋다고 할 수 없다. 고장이 적은 제품을 제공하는 것은 품질 활동의 최우선 사항이며 이를 위해서는 신뢰성을 보증하기 위한 활동이 필요하다.

49
외주 품질관리

과다한 원가 경쟁으로 인해 기업들은 저마다 아웃소싱과 글로벌소싱의 확대가 불가피해졌다. 아니 제품에 소요되는 원·부자재와 부품을 모두 자작(自作)으로 생산한다면 투자비 상승과 관리항목 증가 등을 불러일으켜 오히려 비효율이 증가하게 될 것이다. 완성품 제조업체는 원가와 품질, 기술, 관리 면에서 우수한 외주 공급처를 확보하는 것이 핵심 경쟁력의 하나다. 부품별 전문업체 혹은 자작에 비해 싼값으로 생산할 수 있는 기업에 위탁 생산을 하는 이른바 '외주화'는 선택이 아닌 필수가 된 지 오래다.

과거에는 발주처와 공급처의 거래 행위를 '하청'이라 불렀고, 두 거래 당사자를 '모기업'과 '협력업체'로 명명했다. 시대의 변화와 함께 이러한 차별적 명칭은 점차 사라졌고, 비단 명칭의 변화에 머무르지 않고 실질적으로 서로가 상생(相生)하고 윈-윈(Win-Win)하며 동반 성장하는 관계로 발전하였다.

구매 업무를 구매품의 성격에 따라 분류하면 시중에 출시된 표준화된 품목을 조달하는 시중구매, 자사의 사양 또는 도면을 주고

위탁 생산 하는 외주구매로 나눌 수 있다. 이 둘은 부품 품질관리 활동의 방법적인 면에서 확연한 차이를 나타낸다. 후자인 외주구매 방식으로 조달하는 경우 공급품과 공급처에 대한 품질관리가 전자인 시중 구매품에 비해 훨씬 중요하다고 하겠다.

공급품 또는 공급처에 대한 품질관리는 매우 중요한 품질 활동의 영역으로, 사내 품질관리에 비해 그 중요성에 있어서 절대 뒤지지 않는다.

외주 품질관리는 선행적 활동과 본원적 활동으로 나뉜다. 선행적 활동이란 외주 품질관리의 첫 단추가 되는 공급처를 선정하기 위한 심사·등록 프로세스라고 할 수 있다. 그리고 본원적 활동은 거래가 개시된 이후 공급품과 공급처에 대한 본격적인 품질 통제 및 개선 활동을 말한다.

먼저 선행적 활동인 신규 공급처 심사·등록 프로세스의 사례를 다음과 같이 소개한다.

1	신규업체 선정동기 발생(제품개발 등)	(공통)

▼

2	사전조사	개발, 기술 부문

▼

3	상세실사(분야별 평가)	구매 부문

▼

4	현장실사(전문 분야)	품질, 기술 분야

▼

5	신뢰성 검증(샘플 대상)	품질 부문

▼

6	최종 평가 승인(양산품질 확인)	구매 부문

▼

7	거래 개시(계약 체결, Code 부여)	구매 부문

위에 제시한 사례는 업무 흐름만을 나타낸 것이며, 실제로 중요
한 것은 각 단계에서 어떤 평가항목으로 잠재 공급처를 평가하느
냐 하는 것이다. 잠재 공급처에 대한 평가항목으로는 크게 경영 안
정성, 생산능력, 품질관리체계 등이 있다. 이 세 가지는 가장 기본
이 되는 평가항목이다. 여기에 기업의 상황을 고려하여 평가항목
을 추가하여 운영하는 것이 바람직하다.

그럼 본원적 외주 품질관리의 개념 및 원칙에 대해 언급하고자

한다.

거래가 개시되면 드디어 공급품과 공급처는 정식으로 본격적인 외주품질관리의 대상이 된다. 본원적인 외주 품질관리는 아래 표와 같이 인수검사, 품질 지도·지원, 정기 품질평가 등 셋으로 나눌 수 있다.

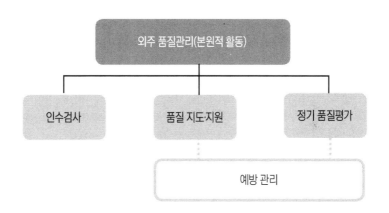

과거의 품질관리는 수입검사 또는 인수검사라고 불렀던 부품검사 활동에 주로 집중되었다. 그러나 현대의 외주 품질관리는 위에서 언급한 세 가지 기능을 균형적으로 수행하는 방식으로 변화되었다.

검사만으로 완벽한 부품품질을 보장한다는 것은 현실적으로도 불가능하지만, 품질관리의 기본 사고체계인 원류 관리의 측면에서도 바람직하지 않다. 본서의 여러 군데에서 언급한 것처럼 검사 중심의 품질 활동은 예방 중심의 품질 활동으로 발전되어야 한다.

예방 중심 외주 품질관리의 핵심을 이루는 두 축은, 하나는 공급선의 품질에 대한 광범위한 지도·지원 활동이고, 다른 하나는 공급선에 대한 엄격한 정기 평가체계의 운영이라고 저자는 생각한다.

◄ 공급처에 대한 품질 지도·지원 활동

지도·지원은 모든 등록된 공급처를 대상으로 하는 것보다 품질에 대한 개선 의지가 높은 공급처를 대상으로 우선 시행하고, 성공 사례를 타사로 확대하는 방식으로 추진하는 것이 좋다. 천편일률적으로 모든 공급처를 대상으로 한다거나 품질 실적이 우수하고 자체 보증역량이 뛰어난 공급처를 선정하는 것은 효율적이지 않다. 자발적인 품질보증이 충분히 가능한 공급처에 대해서는 공급처 평가를 통해 그 대가로 발주물량 확대 등의 인센티브를 주는 방향으로 관리하는 것이 바람직하다.

또한 저자의 경험으로는 품질에 대한 개선 의지가 빈약한 업체는 아무리 발주처가 관심을 기울인다고 하더라도 실질적인 품질 개선이 일어나지 않는다.

품질 마인드와 품질 성과가 우수하며 개선성과가 특출한 공급처에 대해 발주처는 과감한 수준의 보상을 함으로써 관망하는 소극적인 다수 업체의 참여를 유도할 수 있다. 이런 방법이 공급처 수준을 가장 단기간에 끌어올릴 수 있는 가장 효과적인 비책(秘策)이라고 생각한다.

공급처 지도에 있어 가장 중요한 점은 전문화된 지도요원의 확보와 육성이다. 많은 공급처가 발주처의 품질지도를 반가워하지 않는 이유는 지도요원의 전문성 저하에 그 이유가 있다. 지도에 참여하는 발주처 인원이 해당 공급처 품질에 있어 중요하지도 않고 비핵심적인 부분에 집착하여 개선을 요청할 경우 공급처는 발주처의 지도를 반가워하지 않게 된다. 따라서 발주처는 공급처의 공정 및 프로세스를 진단하고 개선할 수 있는 실질적인 분야별 전문가를 보유해야 한다. 만약 이런 전문 인력이 아직 갖추어지지 못한 발주처라면 공급처에 대한 품질지도는 당장 시행하지 않는 것이 낫다. 대부분의 경영진들이 이 부분을 간과하고 있다. 실제로 공급처 지도 활동에 성공한 기업들의 사례를 보면 지도요원 육성에 많은 시간과 노력을 들였고, 결국 우수한 지도요원의 역량에 의해 지도 활동의 성과가 나타났다고 이구동성(異口同聲)으로 이야기한다.

만약 사내 전문 인력이 부족한 상황에서 지도 활동의 필요성이 강하게 대두된다면 외부 전문가를 활용하는 것을 권하고 싶다.

공급처를 지도할 수 있는 공정별 전문가, 시스템 전문가를 육성하기 위한 중·장기적인 계획을 수립하고 시행해야 한다. 다시 한번 강조하지만, 공급선 품질지도 성공의 90%는 지도요원의 정예화·전문화에 있다고 생각한다.

공급처에 대한 공정진단을 통해 개별 개선과제를 부여하는 지도 활동과 공급처가 필요로 하는 검사장비, 품질시스템 등을 직접 구축해주는 지원 활동이 상호 균형을 이루어야 한다.

◀ 공급처에 대한 정기 품질 평가

올바른 공급처 평가는 우수업체와 부진업체의 차별화를 가능하게 한다. 차별화를 통해 얻을 수 있는 효과는 우수업체에는 보상을 주고 부진업체에는 반성과 보완의 기회를 제공하는 것이다. 이러한 인센티브와 페널티 부여가 최종적으로 지향하는 것은 모든 공급처 품질 수준의 상향평준화다.

최근에 공급처를 합리적으로 평가하는 정형화된 SSC(Supplier Score Card)를 구축하고 운영하는 기업들이 점차 늘어나고 있다. 평가 주기는 반기, 분기 또는 연간 등의 형태로 운영할 수 있다.

외주업체 평가시스템에는 다음과 같은 기본원칙이 있어야 한다고 저자는 생각한다.

- 공정하고 객관성이 있어야 한다.
- 평가 기준에 대한 상호 이해와 합의가 필요하다.
- 품질시스템 향상과 제품 품질 향상에 모두 기여할 수 있어야 한다.
- 평가 결과를 토대로 사후관리를 엄격하게 시행해야 한다.
- 평가의 사후관리는 공급선이 자발적으로 노력하여 개선할 수 있는 방향이어야 한다.
- 평가항목은 기본적으로 경영 부문, 기술력 부분, 품질역량(품질지수, 품질시스템 운영), 제조시스템 운영이 포함되어야 하고 추가적으로 협력도, 납기 충족도 등을 포함하는 것이 좋다.

항목	지수	지수배점	항목배점
납기	납기준수율	15	25
	평균지체일수	10	
품질	수입검사불량률	10	45
	공정불량률	15	
	클레임건수	20	
가격	가격인하율	25	25
협조도	약속이행도, 회의, 교육 참가, 협력 및 유대관계	5	5

공급처 정기평가 항목 사례

현대기아차 SQ마크[34]

현대자동차 그룹 협력사인증평가제도 "5스타"[35]

34) 철강금속신문 http://www.snmnews.com/news/articleView.html?idxno=402034
35) https://blog.naver.com/computermate/220601064202

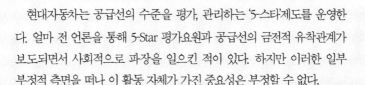

　　현대자동차는 공급선의 수준을 평가, 관리하는 '5-스타제도를 운영한다. 얼마 전 언론을 통해 5-Star 평가요원과 공급선의 금전적 유착관계가 보도되면서 사회적으로 파장을 일으킨 적이 있다. 하지만 이러한 일부 부정적 측면을 떠나 이 활동 자체가 가진 중요성은 부정할 수 없다.

　　이 평가시스템은 공급처가 공급하는 부품품질과 기술력 등을 득점으로 종합 평가하는 것이다. 현대자동차는 일정 수준 이상의 득점을 획득한 업체와만 거래를 유지한다. 이는 공급처와 공정한 거래를 구축함과 동시에 기술개발과 품질향상에 대한 동기부여를 하는 중요한 장치이며 회사의 품질경영과 의지가 녹아 있는 상징적 제도다.

　　득점은 품질, 기술, 생산성 세 분야로 평가된다. 평가 결과는 곧바로 공개된다. 평가 결과에 불만이 있으면 재평가를 신청할 수도 있다. 처음에는 구매담당자만 평가결과를 알 수 있었다. 그러다 보니 구매담당자 외에는 입찰에서 떨어져도 어떤 평가로 왜 탈락했는지 알 길이 없었다. 이후에 구매담당자 외의 사람들에게도 평가 결과가 공개되는 것으로 바뀌면서 평가하는 사람들도 더욱 신중하고 공정하게 평가할 수밖에 없는 분위기가 되었다고 한다.

　　업체가 별 4개 이상을 받으면 신규부품개발에 참여시키고, 별 3개를 받으면 제한적인 참여를 허용하고 선별적 육성 대상에 해당된다. 별 2개를 받은 업체는 부품개발 참여가 제한되며, 별을 1개만 받은 업체는 신규부품개발 참여도 안 되거나 거래 관계가 끊어질 수 있는 것이다.

50
변경점 관리

　만약 제조 현장에 시간이 흐르거나 각종 이벤트가 발생하더라도 생산요소에 아무런 변동이 발생하지 않는다면 가장 이상적이다. 예컨대 설비 정밀도라는 같은 생산요소가 최초 셋업 상태로 영원히 유지될 수 있다면 품질문제는 획기적으로 감소될 것이다. 나아가 여러 특성치의 산포도 전혀 일어나지 않으면 균일하고 이상적인 공정이 될 수 있을 것이다.

　그러나 현실적으로 대부분의 생산요소는 시간과 함께 변동하는 특징을 가진다. 그렇기 때문에 제조 과정에서 발생하는 변동을 자연스러운 것으로 받아들이는 자세가 먼저 필요하다. 변동을 검토하고 관리하는 업무를 운영함으로써 변동요인이 특성의 산포와 불량으로 발전하는 메커니즘을 단절시키는 것이 중요하다. 이렇게만 한다면 변동을 공정의 적(敵)으로 볼 수는 없다.

　부지불식간에 발생하는 변동도 있지만, 어떤 필연적 이유에 의해 의도적으로 생산요소를 변경시켜야 할 경우도 생긴다. 부지불식간에 일어나는 변동은 회사가 기 수립한 품질계획의 확인·점검·

검사 등의 과정에 의해 탐지·검출(Detecting)되도록 해야 하는데 이 것이 회사의 대표적인 품질통제 역량의 하나다. 반대로 원가, 방법 등의 이유로 의도적으로 시행하는 변동은 '변경점 관리'에 의해 통제되고 검증되어야 한다.

제조 현장에서의 의도적 변동은 제품 규격의 변동, 공급자의 변경, 설비의 변경 등을 포함한 제품 품질에 영향을 미칠 수 있는 크고 작은 모든 변화를 의미한다. 변경점이란 의도적 변동이 최초로 적용된 기점 또는 제품 제조 Lot를 말한다. 그리고 변경점 관리는 제품 품질 특성에 영향을 미치는 의도적 변경사항을 고객 또는 사내의 특정 부서에 신고하여 변경이 미치는 위험성을 분석하여 리스크를 미연에 제거하는 활동 체계를 말한다. 제조업에 있어 주된 변경 요소로는 크게 설계, 원자재, 설비, 작업 방법, 사람 등이다.

일반적으로 많이 활용되는 변경점 관리제도는 모든 변동을 품질 영향도에 따라 1등급과 2등급으로 구분하는 방식이다. 1등급은 상대적으로 리스크가 큰 변경으로, 변경 적용 전 고객에게 신고하고 승인(또는 기각)을 취득하여야 한다. 상대적으로 리스크가 낮은 2등급은 고객에게 보고할 필요는 없지만, 자사(自社)의 변경점 검토 체계에 의해 신고·검토·결정이 이뤄져야 하는 변경이다.

1등급의 경우 당연히 고객 승인 전에는 양산에 적용할 수 없으며, 변경주체인 공급처가 변경에 의한 품질특성의 변화 여부를 먼저 검토·검증하여 고객에게 제시하여야 한다. 물론 변경점을 관리하는 발주처라면 자신들도 공급처로부터 의뢰된 변경 신고에 대해 별도의 검토·검증을 수행하는 절차를 가지고 있다. 사안에 따라 공급처가 제공한 시험성적서 등을 근거로 승인 또는 기각을 결정하기도 한다. 승인 후에는 적용된 초물에 대해 식별을 통해 사용상 타당한지 확인도 해야 한다. 작업자를 포함한 모든 관계자에게 변경 정보가 전달되어 변경으로 인한 품질 이탈이 있는지 자세히 관찰되도록 해야 한다. 그리고 이러한 변경사항이 적용된 Lot에 대해 식별과 추적성이 보장되도록 기록을 유지하고 관리하여야 한다.

많은 품질문제는 변경사항의 검토·검증 자체를 하지 않았거나 제대로 하지 않아서 생긴다. 특히 설계의 변경사항은 도면 승인 이전에 필히 영향성 평가를 해야 한다. 선행 품질관리를 수행하는 회사의 경우에는 대체로 설계 변경점 관리가 원활하게 이뤄지는 업무 구조를 가지고 있다.

위에서 말한 바와 같이 변경점 관리의 프로세스는 크게 사내 프로세스와 발주처-공급처 Co-work 프로세스로 나누어서 구축해야 한다. 사내 프로세스는 위에서 구분한 2등급의 변동에 적용하며, 발주처-공급처 Co-work 프로세스는 1등급 변동에 적용할 수 있다.

1단계	변경의 계획 및 자체 검토	(변경 시행 부서)
2단계	변경 신고	(변경 시행 부서)
3단계	신고된 변경의 검토·검증	검토부서 또는 검토위원회
4단계	결정(승인, 기각, 보류)	품질, 기술 분야

2등급 변경관리 프로세스 업무순서 사례

사내 변경점 관리 프로세스에 대해서 알아보고자 한다. 먼저 모든 변경 중 검토 책임부서에 신고해야 할 변경이 어떤 것인지 사전에 전사 기준으로 정립되어 있어야 한다. 설계·제조·구매·생산기술 등 현업 부서에서는 신고 대상 변경이 발생할 때마다 검토 후 책임부서에 건건이 신고를 해야 하고, 신고를 접수한 검토 책임 부서는 이를 평가하여 변동에 의한 품질리스크 유무를 검토·검증한다. 변경점 관리에서 가장 중요한 부분이 이 검토·검증 단계다. 검토·검증은 변경의 위험성에 대해 기계적·전기적·화학적 측면을 포함한 실증적 기술 분석을 하거나, 실제 상황을 모의한 컴퓨터 시뮬레이션 방법으로 진행할 수 있다. 이 모든 검증의 방법과 절차는 전담부서의 QP(품질계획)에 의거 시행되어야 한다. 전담부서의 검토 역량에 문제가 있다면 변경검토위원회라는 일종의 특별기구 또는 CFT(Cross Functional Team)를 만들어 전문가들이 집단지성을 발휘하도록 하는 방법이 있다. 검토 결과에 의해 변경사항을 승인할 것인지, 기각할 것인지, 보류할 것인지를 결정해야 한다. 변경 검토 이력은 문서화되어야 하고 주기적으로 경영진에게 보고되는 체계가 있어야 검토·검증이 실질적으로 이뤄지도록 분위기를 만드는 데 도움이 된다.

변경점 관리와 함께 장기 미사용 자재와 장기 미적용 제품 구조에 대한 관리도 매우 중요하다. 특히 다품종 소량생산 방식이나 수주 생산방식 업종의 경우에는 더욱 중요하다. 오랜 기간 적용 또는 사용하지 않은 제품 구조나 자재는 설계자 또는 작업자의 오류를 유발할 수 있는 개연성이 높기 때문에 특이사항, 주의사항 또는 작업 요령 등에 대한 상세한 정보전달이 중요하다.

변경점 관리가 검토·검증에 방점이 찍힌 활동이라면 장기 미사용 자재·구조 관리는 정보 전달에 방점이 있다고 하겠다.

구분	주요 변경 관리 대상
Man	• 신규 채용되어 최초 배치되는 작업자 • 생산 설비 조정에 따라 재배치되는 작업자
Machine	• 기존 설비와 동일 기능을 하는 신규 설비 도입 • 제품 품질에 중대한 영향을 주는 주요 부품 또는 예비품의 교체 • 기존 설비(품질에 영향을 가하는 부분)의 개조
Material	• 재료 공급선 변경 • 재료 국산화 • 재료 관리 조건 변경 • 6개월 이상 사용하지 않은 원·부재료의 사용 • 원, 부재료의 제조 생산 방식 변경 • 원재료 Lot 변경 • 기타 완제품 품질의 변화가 예상되는 원·부재료의 변동
Method	• 기술 표준의 중요 항목 변경 • 공정 순서의 조정 • 작업 조건의 조정

51

VRP(Variety Reduction Program)

VRP(Variety Reduction Program)란 말 그대로 부품의 다양성을 줄이는 활동 프로그램이다. 이 기법은 '부품 수(數) 반감법'이라는 이름으로도 알려져 있으며, 일본능률협회(JMAC)가 개발하였다. 원가를 절감하고 품질을 개선하기 위해서 '부품 수'라는 인자는 매우 중요하다. 원가와 품질, 생산성, 납기 등에 모두 영향을 미치는 인자다.

기본적으로 제품의 판매량을 높이기 위해서는 다양한 고객의 다양한 욕구를 충족시켜야 한다. 다양한 고객의 다양한 욕구를 충족시키려면 제품구성(Product Mix)과 이들을 구성하는 부품의 종류도 비례하여 다양해질 수밖에 없다. 부품 수 억제에 대한 강력하고 의도된 노력이 없는 상태에서 고객의 다양한 욕구만 중시하다보면 자연스럽게 부품의 다양성이 증가하기 마련이다. 고객의 요구에 대응하기 위해 부품 수를 한정 없이 늘리는 것은 일견 불가피하게 보일지 모르나, 회사의 입장에서 보면 노력과 관리를 통해 다양성을 끌어내리는 활동이 꼭 필요하다. 즉, 고객의 다양한 욕구는 수용하되, 이에 동반되는 부품의 다양화는 최대한 억제하는 방향을 추구해야 한다.

부품 수가 줄어들면 제조원가는 어떻게 될까? 재료비는 약간 감소하지만, 가공비와 조립비는 줄어드는 부품 수에 비례하여 큰 폭으로 감소한다. 특히 조립업종의 경우 부품을 체결·결합하는 것이 주된 작업이기 때문에 부품 수 감소는 조립공수의 감축과 직결된다고 할 수 있다. VRP기법은 부품 수를 50% 삭감하면 제조원가를 30% 정도 절감할 수 있다는 가설에서 탄생하였다. VRP기법은 고객의 요구는 충족시키면서 부품의 다양성(Variety)은 감소(Reduction)시키는 기법이다.

어쩌면 VRP기법의 실질적인 효용은 공수나 원가 측면보다는 품질 측면에서 크게 나타난다. 부품 종류가 많다는 것은 그만큼 공정 수가 많다는 것을 의미한다. 생산에 필요한 설비, 공구, 치공구의 종류도 그만큼 다양하게 필요로 한다. 이는 결국 제조 현장에서의 관리항목의 증가로 이어지고, 품질문제의 가능성은 증가할 수밖에 없다. 부품 수가 늘어날수록 자재의 취급·준비·투입·사용 과정의 인적실수의 위험도 그만큼 증가하게 된다.

전 세계의 공장이라 불리는 중국이나 인도는 일반적으로 생산 현장의 관리 수준과 작업자 기량이 선진국에 비해 현저히 낮다. 따라서 중국과 인도의 중소 제조업체에 부품을 발주하는 글로벌 소싱의 경우 표준화된 부품 내지는 소품종대량 품목을 골라서 발주하는 것이 유리하다. 중국과 인도에 진출한 글로벌 완성품 기업들은 현지 부품 제조업체의 다양성 관리가 취약한 것을 인식하고 단기간에 개선을 유도하기보다는 작업과 관리가 용이한 표준 부품 위주로 발주한다는 것이다. 대신 사양이 복잡하거나 고난도의 제품은 자체 생산을 하거나 중국과 인도 이외의 업체에 발주한다.

이 VRP 기법은 부품 수를 삭감하기 위하여 구체적으로 아래와 같은 방법론을 제공한다.

1. 공용화

고정화 또는 표준화라고도 한다. 공용 부품 수를 확대함으로써 전체 부품 수를 줄이는 것이다. 여러 모델의 제품을 생산하는 경우 공용 부품을 많이 사용할수록 전체 부품의 수가 줄어들면서 원가절감은 물론 품질향상의 효과를 거둘 수 있다. 유사한 기능을 갖는 제품 중에서 공용화 비율을 조사해 보면 그 기업의 공용화 진척 수준을 파악할 수 있다. 특히 수주산업에서는 설계자들이 신규 프로젝트 설계를 수행하면서 기존에 유사·동일 부품이 있음에도 불구하고 별다른 고민 없이 신규 도면으로 처리하는 경향이 있다. 그래서 일정기간이 지나게 되면 동일·유사한 치수·형상·용도의 부품이 상당수 존재하게 되는데, 이것이 모두 원가 추가로 이어지거나 오사용 등 품질 실패의 직·간접 요인이 된다. 설계에서는 원천적으로 불필요한 신규도면 발생을 억제하는 업무자세와 관리체계를 가져야 한다. 또한 일정 주기로 전체 발생한 도면 중 유사성을 검토하여 동일 도면으로 병합(Combine)하는 활동도 필요하다.

2. 편집설계(Module Design)

모듈화라고도 한다. 일반적인 제품 설계는 상위 개념인 구상도, 개념도 또는 조립도를 먼저 작성한 후에 상세 부품 설계를 하는 하향식 방법으로 진행한다. 그러나 편집설계는 사전에 필요한 기능들을 표준 설계한 후에, 필요한 기능들을 조합하여 제품을 설계하는 방식이다. 이 방법은 고객과 시장의 요구에 의한 제품 다양화와 부품 수 감소를 동시에 달성할 수 있다. 일반적인 설계를 'Top down' 방식의 설계라고 한다면 편집설계가 추구하는 설계는 'Bottom up' 방식의 설계라고 할 수 있다.

3. 다기능화

집약화라고도 한다. 모든 부품은 나름대로의 기능과 역할을 가지고 있는데, 이러한 기능들을 함께 수행할 수 있는 부품을 찾아서 대체시키면 부품 수가 삭감된다. 즉, 한 개 부품에 여러 부품이 가지고 있는 기능을 통합하는 방법으로 다기능을 부여함으로써 부품 수를 삼소하는 방법이다. 상대적으로 실현이 어렵고 시간이 많이 걸리는 단점이 있다.

4. 범위화(Range)

　제품마다 기능이 강화되면서, 오히려 제품과 제품 사이에 성능과 기능이 겹쳐지는 영역이 발생하는 것을 재조정하는 것을 의미한다. 그룹테크널러지(GT)법을 이용하여 패밀리화 시켜서 그룹별로 레인지화 하는 방법이다. 즉, 한 개의 부품이 커버하는 성능의 범위와 최대값을 고려하여 부품의 종류, 치수, 금형, 치공구를 줄이는 것이다. 나아가 한 부품이 커버하는 범위의 확대를 통해 부품 수를 줄이는 것이 가능하다.

　특히 자동차 산업의 경우 차종 간의 공용 부품 수의 비율은 타사와 구별되는 교유한 경쟁력 또는 기술력으로 인식된다. 일반적으로 회사마다 분석하는 기준이 달라서 정확한 상대 비교는 용이하지 않지만, 일본 스즈끼자동차의 '알토'라는 모델과 '웨곤'이라는 모델 사이의 부품 공용화 비율은 70%에 이른다고 한다. 또한 미국의 크라이슬러사의 경우, '네온'이라는 차종을 개발하면서 부품을 체결하는데 사용하는 볼트류를 표준화시켜서 딱 한 가지만 사용한다고 한다.

　가치공학이라 불리는 VE기법이 재료, 부품의 대체 안을 찾는 것에 집중한다면, VRP기법은 기능을 달성하는 구조를 어떻게 표준화하여 부품 수를 줄일 것인가에 집중하는 활동이다.

52
산포와 균일성 추구

한석봉(1543~1605)은 조선시대 명필가로 이름을 떨쳤고, 그의 어머니는 불을 끄고도 떡을 고르게 잘 썰었다는 일화로 유명하다. 3년간의 글공부로 명필이 되었다고 자랑하는 한석봉에게 어머니는 글씨 공부를 얼마나 하였는지 테스트하기 위해 등잔불을 끈 깜깜한 방에서 자신은 떡을 썰고 아들 석봉은 글씨를 쓰게 했다. 글쓰기와 떡 썰기를 다 마치고 불을 켜 보니 어머니의 떡은 크기가 고르고 균일한 모양이었지만 한석봉의 글씨는 크기가 일정하지 않고 비뚤비뚤했다는 것이다. 한석봉의 어머니가 떡을 잘 썰었다는 것은 두껍지도 얇지도 않게 일정하게 썰었다는 것이다.

이처럼 제품의 품질특성치가 가져야 할 가장 중요한 것은 얼마나 일정한가 하는 '균일성'이라고 할 수 있다. 여기서 균일성의 척도로 표준편차를 쓰는데, 통계 기호로는 '시그마(σ)'라고 한다. 이것은 네이터의 평균값에 대해 각각의 데이터가 흩어져 있는 편차의 평균이다. 이전에 기업들이 앞 다투어 벌였던 6시그마 운동은 제품, 나아가 업무의 산포를 최소화하려는 경영혁신 운동이다.

6시그마 수준이란 주어진 규격(LSL~USL) 사이에 총 12개(중심에서 양 방향 6개씩)의 시그마(σ)가 들어가는 수준을 의미한다. 즉 규격상한(USL)과 규격하한(LSL)이 존재하는 경우 두 값의 차이에 공정에서 추출한 데이터의 표준편차가 12개가 들어가는 품질수준이 바로 6시그마 수준이다. 이렇게 되려면 규격에 비해 제품의 산포가 매우 낮아야 가능하다. 5시그마 품질수준이란 규격상한과 규격하한의 차이 값에 공정에서 추출한 데이터의 표준편차가 10개 들어가는 공정이다. 당연히 6시그마 공정에 비해서는 다소 품질수준이 미달되는 공정, 다시 말해 산포가 좀 더 큰 공정이다.

위에서 이야기한 규격 내에 표준편차가 12개가 들어가는 공정을 불량률로 환산하면 100만개 제품 중 규격을 벗어나는 제품이 3.4개인 수준, 즉 0.00034%를 의미한다.

제조공정에서는 설계품질에 합치되는 제품을 만들어 내는 일이 중요 목표 중의 하나다. 그런데 일정한 생산 조건 하에서 작업한다고 하더라도 제품의 품질에는 반드시 산포가 생기기 마련이다.

초밥을 만들 때 초밥 1개당 밥의 무게는 14~16g이 적당하다고 한다. 초밥의 명인은 무심코 밥을 쥐었을 때도 그 중량이 14~16g에 가깝겠지만, 그렇지 않은 사람은 들쑥날쑥 산포가 생기기 마련일 것이다.

즉, 관리 수준이 높은 공정에서 만들어지는 제품은 산포가 크지 않지만, 반대로 관리되지 않는 공정에서는 산포가 큰 제품이 생산될 수밖에 없다. 제조 현장에서 품질을 관리한다는 것은 위에서 설명하였듯이 '산포를 관리하는 것'이라고 말하고 싶다.

아래 두 그래프의 가로축은 어떤 제품을 구성하는 길이, 중량, 강도 등과 같은 품질특성치이고, 세로축은 그 특성치에 해당되는 빈도(시료의 수)라고 하자. 그리고 이 특성치의 규격(Specification), 즉 합격구간이 40~60이라고 가정하면 팀A와 팀B에서 만든 제품의 산포 격차는 매우 현저하게 차이를 나타낸다고 할 수 있다. 팀A의 경우, 데이터가 규격의 중심 근처로 조밀하게 분포하고 있다. 반면에 팀B의 경우, 상대적으로 양극단으로 넓게 산포가 존재하고 있다. 합격구간인 40~60을 벗어나는 시료도 제법 존재한다. 따라서 산포가 낮은 팀A 공정의 품질이 훨씬 좋다고 이야기할 수 있다. 좋은 품질이란 산포가 최소화된 공정에서 생산된 제품이다. 이것은 '균일하고 안정적인 품질'의 제품이라는 것을 의미하고, 각종 인자의 변동이 낮다는 것을 의미하기 때문이다.

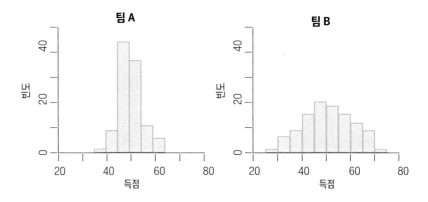

동일한 개념을 다트게임을 통해 알아보자. 아래 그림의 위쪽 나트는 아래쪽 다트에 비해 평균치는 훨씬 목표(정중앙)에 가깝지만, 산포 측면에서는 아래 다트에 비해 좋지 않다. 위쪽 다트는 산포를

감소함으로써 이상적인 데이터 분포로 개선이 될 것이며, 아래쪽 다트는 평균의 이동을 통해 이상적인 데이터 분포로 개선이 될 것 이다.

평균과 산포의 개선

평균은 목표에 가깝지만 산포가 너무 크다

산포 감소 : 소프트적 제어 방식 관리

On-Target

Off-Target

산포는 작지만 평균이 목표에서 벗어났다.

평균 이동 : 하드적인 제어위치 변경

6시그마는 과학적 기법을 활용하는 혁신 활동

USL(Upper Specification Limit)은 규격의 상한치이고, LSL(Low Specification Limit)은 규격의 하한치다. 즉, 제품의 특성치는 USL과 LSL 사이에 존재해야만 합격 제품이고, 그것을 벗어나면 불합격제 품이다. 물론 제품의 특징에 따라 USL만 존재하거나 반대로 LSL만 존재하는 경우도 있다. USL만 존재한다면 망소특성(望小特性)을 가진 제품이고, LSL만 존재한다면 망대특성(望大特性)을 가진 제품이다.

제품 특성치가 규격 내에 존재하지 않는다면 애써 생산한 제품 은 불량품이 되어 회사의 손해는 물론 고객의 피해로도 이어질 수 있다.

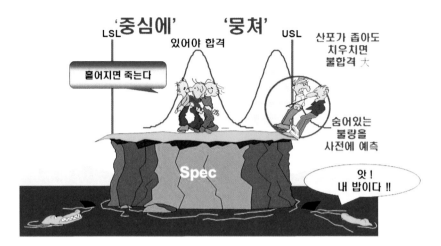

Spec과 데이터 분포 모습[36]

53

통계적 관리의 필요성

S

STATISTICAL
통계적 자료와
분석기법의
도움을 받아서

P

PROCESS
공정의 품질변동을
주는 원인과 공정의
능력상태를 파악하여

C

CONTROL
주어진 품질목표가
달성될 수 있도록 PDCA
사이클을 돌려가며 끊임없는 품
질개선이 이루어지도록 관
리해가는 활동

중견 기계가공업체인 B테크는 외부 품질전문가로부터 주요 생산품의 산포가 매우 좋지 않다는 지적을 받았고, 이를 개선하기 위해 공정능력지수(Capacity of Process)인 CP값을 도입하여 관리할 것을 권유 받았다. 외부전문가는 CP에 대한 개념과 산식, 운영방법 등에 대해 자세히 설명도 하고, 공정산포를 일으키는 요인을 찾아 개선하는 방법에 대해서도 지도했다. 그런데 B테크 대표는 컨설턴트에게 자신들은 CP값을 관리할 필요가 없다는 의견을 피력했다. 이유인즉 자신들은 PPM(Part Per Million, 백만 개 중의 불량수) 단위로 불량률을 매우 엄격하게 관리하기 때문에 CP값과 같은 어려운 다른 지수를 관리할 필요가 없다는 것이다.

B테크 대표의 견해에 대해 어떤 평가를 해야 할까?

먼저 B테크 대표는 SPC가 무엇인지, 왜 사용하는지에 대한 기본 지식을 전혀 갖추지 못하고 있다. B테크 대표가 "자신들은 PPM(Part Per Million) 단위로 엄격한 불량률 관리를 하기 때문에 CP나 CPk는 도입할 필요가 없다."라고 하는 주장은 그야말로 무지의 결과다. PPM은 %-불량률과 동일한 개념의 지수이며, PPM은 단순히 단위만 변환시켜 100만 개 중의 불량개수를 표시하는 방식이다. %를 PPM으로 대체하는 것은 수치의 단위를 크게 조정해서 미세한 불량률 변화까지 쉽게 인식할 수 있도록 하기 위한 것이다. 그리고 품질 지수를 소수점 이하 몇 단위로 부르는 것보다는 몇천, 몇 백 PPM으로 부름으로써 직원들에게 개선의 여지가 많다는 심리적 암시를 주는 효과만 있을 뿐이다. 즉, PPM이 %-불량률보다는 나을지 모르지만 이 둘은 표현방식의 차이만 있을 뿐 동일한 개념의 지수다.

이와 달리 대표적인 SPC(Statistical Process Control. 통계적 공정관리)의 도구인 CP(공정능력지수)는 규격 대비 특성치의 산포와 치우침까지 관리할 수 있는 선행적·예방적 관리도[7]다. 국내기업은 외국에 비해 상대적으로 통계적 공정관리에 취약하다. SPC는 반도체, 전자, 자동차 업종 등 시료수가 충분한 소품종대량 생산방식에서나 필요하다는 생각은 무지에서 비롯된 오해다. 대표적으로 다품종소량 생산방식인 조선업에서조차 통계적 공정관리는 매우 필요하다고 본다. 본 장을 통해 통계적 관리의 필요성을 인식하지 못하는 관리자나 경영자들이 있다면 SPC의 정체가 무엇이며 왜 필요한지 정도만이라도 이해하면 좋겠다.

(a) 대부분의 측정치들이 평균에 집중되어 있음

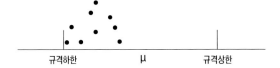

(b) 대부분의 측정치들이 규격하한 가까이 집중되어 있음

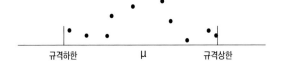

(c) 대부분의 측정치들이 광범위하게 분포되어 있음

정상적인 공정에서의 품질특성의 분포[37]

앞의 그림에서 (a), (b), (c) 세 공정의 특성치 분포를 살펴보자. 각각 10개의 완성품 시료를 추출하여 특성치를 측정한 결과다. 세

37)   https://blog.naver.com/nswve/222231388889

공정에서 규격을 벗어난 제품은 존재하지 않기 때문에 %-불량률이나 PPM의 관점에서 보면 생산품의 100%가 양품인 매우 우수한 공정이다. 그렇다고 해서 위의 세 경우가 모두 안정 상태의 공정이라고 판단할 수 있는가? 그렇지 않다.

두 번째 (b) 공정의 경우는 현재까지 계측한 시료에서의 불량은 없지만 거의 모든 시료가 규격하한(LSL, Low Specification Limit) 쪽으로 몰려있기 때문에 공정에 작은 이탈 요인만 발생해도 하한 방향으로 불량품이 발생할 가능성이 매우 높다.

세 번째 (c) 공정 역시 지금까지 불량은 없지만 모든 시료가 규격상한(USL, Upper Specification Limit)과 규격하한(LSL) 사이에서 마치 널뛰기를 하듯이 큰 산포를 보이고 있다. 이 경우 역시 작은 이탈 요인만 발생해도 상한 방향 또는 하한 방향으로 불량품이 발생할 가능성이 매우 높다.

이에 반해 첫 번째 (a)의 경우는 현재까지 불량품도 없지만, 규격의 중심(μ) 주변에 모든 시료가 몰려 있어서 상대적으로 불량품이 발생할 가능성이 낮다.

(b) 공정과 (c) 공정의 경우 결과적으로는 불량품이 발생하지는 않았지만 로트 불량의 가능성을 안고 있는 매우 위험한 공정이다. 위의 예는 이해를 높기 위해 시료수를 10개로 한정하였기 때문에 굳이 CP값을 계산하지 않고 눈으로도 얼마든지 위험 판독이 가능하다. 하지만 실제 현장에서는 훨씬 많은 데이터가 서로 얽혀서 존재하기 때문에 눈으로 위험을 판독하는 것이 쉽지 않을 때가 많

다. 이런 경우, CP값을 산출하면 위의 세 공정은 엄청난 차이를 나타낸다. 즉, 불량률로는 검출할 수 없는 공정의 위험을 공정능력지수를 사용하게 되면 사전에 예측하고 판단할 수 있다. 이것이 SPC가 가진 위력이다.

두 번째와 세 번째 공정의 CP값을 해석표를 통해 평가하면 아마 3등급 내지는 4등급 수준에 해당할 것이다.

여기서 CPk는 두 번째 경우와 같이 공정 중심에서 치우침이 있을 경우 적용하면 CP보다 훨씬 정확한 공정능력치를 산출할 수 있다. CP의 산출 공식과 해석표가 만들어진 통계적 배경에 대한 설명은 생략하겠다.

$$Cp = \frac{USL - LSL}{6\sigma_{ST}}$$

구분	CP값	해석
특급	CP≥1.67	공정능력이 매우 충분하다.
1등급	1.67>CP≥1.33	공정능력이 충분하다.
2등급	1.33>CP≥1.00	공정능력이 그런대로 괜찮다.
3등급	1.00>CP≥0.67	공정능력이 부족하다.
4등급	0.67>CP	공정능력이 대단히 부족하다.

CP값의 해석 기준

각 공정의 주요 품질특성치에 대해 각각 CP값을 파악하고 이를 개선하기 위한 활동을 전개해야 한다. 이렇게 함으로써 제품특성 산포를 줄일 수 있다. 균일한 특성의 제품을 생산하기 위한 과정이 품질개선 활동인 것이다.

$$Cpk = (1 - k) \times Cp$$

$$k = \frac{\dfrac{(USL + LSL)}{2} - \mu}{\dfrac{(USL - LSL)}{2}} = \frac{규격중심과 평균과의 차이}{규격폭의 절반크기}$$

$$Cpu = \frac{USL - \mu}{3\sigma}$$

$$Cpl = \frac{USL - \mu}{3\sigma}$$

❮ 분포특성에 따른 CP값

CPk: 치우침이 있는 경우에 적용

CPu, CPl: 규격 상한 또는 규격 하한만 존재하는 경우에 적용

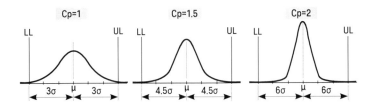

✖ 분포 특성에 따른 CP값

아직까지 사후적 공정 품질관리에 머물러 있다면 사전적 공정 품질관리를 가능케 하는 통계적 기법에 눈을 돌려야 한다. 위에서 예를 든 공정능력지수는 SPC 도구 중 하나의 도구에 지나지 않는다. 이밖에도 관리도(Control Chart), 통계적 검·추정, 상관분석, 회귀분석, 실험계획법, 신뢰성분석, Gage R&R 등의 SPC 도구가 있다. 본서에서는 CP값의 개념만 설명하는 것으로 하겠다.

품질을 관리한다는 것은 산포를 관리하는 것이다. 더 정확히 말하면 산포를 줄이면서 평균값을 목표치에 맞추는 노력이 품질 활동이다.

지금까지 이야기한 바와 같이 산업이 고도화되면서 균일성은 더더욱 요구되며 고객들도 이를 당연한 것으로 생각하게 되었다.

등급	PCI=C_p (또는 C_{pk})의 값	분포와 규격의 한계	공정능력 유무의 판단	조치
특급	$C_p \geq 1.67$	Si S Su $\overline{X}$	공정능력이 매우 충분하다.	제품의 산포가 약간 커져도 걱정할 필요가 없다. 관리의 간소화나 코스트 절감의 방법 등을 생각한다.
1 등급	$1.67 \geq C_p \geq 1.33$	Si S Su $\overline{X}$	공정능력은 충분하다.	이상적인 상태이므로, 유지한다.
2 등급	$1.33 \geq C_p \geq 1.00$	Si S Su $\overline{X}$	공정능력이 충분하다고 할 수는 없지만 근사하다.	공정관리를 철저하게 하여 관리상태를 유지해야 한다. Cp가 1에 가까워지면 부적합품이 발생할 우려가 있으므로, 필요할 때는 조치를 취한다.
3 등급	$1.00 \geq C_p \geq 0.67$	Si Su S $\overline{X}$	공정능력이 부족하다.	부적합품이 발생하고 있다. 전수선별, 공정의 개선, 관리가 필요하다.
4 등급	$0.67 \geq C_p$	Si Su S $\overline{X}$	공정능력이 대단히 부족하다.	품질이 전혀 만족스럽지 않다. 서둘러 현황조사, 원인규명, 품질개선 같은 긴급 대책이 필요하다. 또한 상한·하한 규격을 재검토한다.

54

강건설계(Robustic Design)

강건설계(Robustic Design)는 일본의 다구찌 박사가 개발한 기법으로 실험계획법(DOE: Design Of Experiment)의 일종이며, 다구찌기법(Taguchi Method)이 추구하는 설계 개념이다. 다구찌 품질공학이라고도 하며, 미국에서는 주로 저비용품질공학(Quality Engineering for Low Cost)이라는 명칭으로 사용되기도 한다.

'Robust'의 사전적 의미는 '강건한' 내지는 '둔감한'의 뜻이 있으며, 강건설계란 말 그대로 잡음(Noise)에 강하거나 둔감한 설계방식이다. 즉, 잡음인자에 영향을 별로 받지 않는 최적의 설계 변수를 찾기 위해 실험을 계획하고, 실험 결과를 분석하기 위한 수단과 방법을 제공하는 일련의 기법이다. 잡음이란 관리할 수 없거나 관리하기 힘든 변수다.

일반적으로 잡음에 대한 대응책은 잡음을 제거하거나 통제하는 직접적인 방법과, 잡음을 그대로 둔 상태에서 성능 특성치가 잡음에 둔감하도록 최적의 제어 인자 조합을 찾아 적용하는 두 가지 방법이 있을 수 있다. 다구찌 이전까지는 잡음을 제거하거나 통제하는 방법에 집중하였다.

그러나 다구찌의 품질공학은 관리 불가능한 요인에 의해 영향을 받지 않는 제품, 즉 잡음에 둔감한 제품을 만드는 것을 목적으로 하고 있다. 즉, 잡음을 그대로 두고 잡음에 둔감한 제품을 만드는 것이다.

자동판매기를 예로 들어보자. 기계에 구김이나 오염이 심한 지폐가 투입되면 기계가 고장 나거나 제 기능을 수행하지 못하게 된다. 여기서 구김이나 오염된 지폐가 바로 잡음, 즉 Noise다. 자동판매기 사용자 중에는 신권을 사용하는 사람도 있겠지만 구김이 많은 지폐를 사용하는 사람들도 있다. 그래서 자동판매기는 어떠한 상태의 지폐가 투입되어도 제대로 작동하는 것이 중요하다. 구매자가 구겨진 지폐를 투입하는 잡음에 대해 생산자가 이를 제어하거나 통제하는 방법이 있을까? 만약 있다면 그것은 자동판매기 사업을 그만두는 것 뿐이다. 잡음은 그대로 두고 잡음에 영향을 받지 않는 제품을 설계하는 것이 다구찌의 품질공학인 것이다.

추가로 볼펜을 개발하는 경우를 예로 들어보고자 한다. 고객은 사용하는 계절이나 누르는 힘 등에 관계없이 잘 써지고 오래 가는 볼펜을 구매하기를 원한다. 기업은 이러한 요구사항을 평가하고 수치화시킬 수 있는 품질특성치를 정의하고, 이 품질특성치에 영향을 미치는 인자들을 찾아서 설계에 반영해야 한다. 이 품질특성치에 영향을 미치는 인자들 중 제조자의 입장에서 제어가 불가능한 사용 온도, 습도 환경, 사용 시 누르는 힘 등은 잡음 인자로 둔다. 그리고 잉크 구성 성분 및 성분별 비율, 볼의 재질 및 치수 등 제조자의 관리가 가능한 인자는 제어인자(설계 변수)로 분류한다. 실험을 실시한 후, 각 설계변수가 품질특성치에 미치는 영향을 분석하고 평가하여 잡음인자의 영향을 가장 적게 받는 최적 수준의 설계변수 조합을 찾아 설계에 반영해야 한다.

일반적으로 실험에는 많은 시간과 비용이 소요되므로 시행착오를 줄이기 위해서는 실험 계획 단계에서 분야별 전문가들이 참여해 신중하게 검토하고 협의할 필요가 있다.

강건설계(Robust Design)는 통계적 지식이 별로 없는 실무 엔지니어들이 제품 개발 과정에서 쉽게 실험을 하고 결과를 분석할 수 있기 때문에 제품이나 공정 설계에 반영할 수 있는 유익한 수단이다.

마지막 사례로 유명한 일본의 이나타일회사(Ina Tile Company)의 사례를 통해 강건설계의 개념을 더욱 명확하게 설명해 보고자 한다. 건축용 타일 생산업체인 일본의 이나타일회사는 생산된 제품의 크기가 고르지 못하여 어려움을 겪고 있었다고 한다.

주된 원인은 타일을 구워내는 가마 내의 온도가 불균일하기 때문이라는 판단을 하고 있었으나, 해결을 위해서는 많은 투자비용을 들여야 하는 문제가 뒤따랐다. 따라서 이나타일회사는 투자 부담 없이 이 문제를 해결하기 위해 가마 내의 온도 분포가 불균일하더라도 제품의 크기가 균일하게 나올 수 있는 설계변수를 찾기 위한 실험을 실시하였다.

즉, 가마 내의 온도 분포 불균일을 불완전 제조의 잡음으로 보고, 이 잡음에 둔감한 원료 구성 성분별 비율의 최적 조합을 찾는 실험을 통해, 석회석의 비율을 당시의 1%에서 5%로 증가시키는 것으로 이 문제를 해결할 수 있다는 결론에 이르게 되었다.

동종 업계에서 이 문제에 대해 가장 손쉽게 생각할 수 있는 해결책은 가마 내의 온도가 균일하게 되도록 하기 위해 가마 자체를 재설계하는 것이었다. 하지만 이 경우 가마의 재설계와 제작에 추가 비용이 든다. 회사는 가마를 재설계하지 않고도 문제를 해결할 방법을 모색하였다. 그것은 바로 타일 내의 석회석 성분 비율을 약간만 변경하면 온도차에 의한 영향을 덜 받게 된다는 것이다. 이 방법은 비용이 적게 들면서도 가마를 재설계하는 것 못지않게 그 효과가 좋았다. 일본 기업 특유의 '돈 안 드는 개선'의 사례이기도 하다.

유명한 다구찌가 주창한 강건설계는 손실함수의 개념과 직교배열표에 의한 실험계획 등을 사용하여 구현되고 있다. 이 기법에 대해서는 별도의 품질공학과 관련된 서적을 탐독하면 많은 도움이 될 것으로 생각한다.

✎ Robust Design 적용 단계 구분

제품 개발 과정에서의 Robust Design의 적용은 아래의 3단계로 구분할 수 있다.

① **시스템 설계**(System Design)

- 제품의 원형 개발, 기능 시스템 연구

- 전문적인 지식·기술·경험이 바탕

- 주로 제품 기획 단계에서 적용

② **파라미터 설계**(Parameter Design)

- 제품의 품질이 환경 조건이나 사용 조건에 좌우되지 않는 것을 목표로 한 어프로치

- 적은 비용으로 가능한 손실 함수값을 작게 하는 제품 또는 공정의 설계 변수 발견

- 분산을 작게, 동시에 평균을 목표치에 근접시킴

- 잡음에 둔감한 설계 변수들의 최적 조합

- 품질특성치에 영향을 미치지 않는 인자는 경제적인 수준으로 결정 (예: 저렴한 부품 이용)

- 직교배열표 이용

- 주로 제품 설계, 공정 설계 단계에서 적용

③ **허용차 설계**(Tolerance Design)

- 품질과 비용의 교환을 생각하면서 설계하는 방법

- 일반적으로 안정된 기능을 확보하려면 제조비용이 상승하는데, 여기서 기능을 확보할 수 없는 것에 따른 손실과 비용을 저울질하면서 설계하는 것

— 품질특성치의 변동이 불만족스러울 경우, 큰 영향을 미치는 인자들을 선별적 선택 평가, 범위 결정

— 주로 제품 상세 설계 단계부터 양산 단계에서 적용

◂ 다구찌 사고의 기저를 이룬 품질에 대한 철학

다구찌는 품질을 '돈'의 관점에서 정의한 몇 안 되는 전문가로 알려져 있다. 즉, 제품으로 인해 생산자와 소비자에게 끼치는 사회적 손실이라는 개념에서 품질을 정의하였다. 앞서 예를 든 것처럼 만약 엔진오일을 과다하게 소모시키는 자동차가 있다면 자동차의 구매비용에 엔진오일 교환비용(유지비용)까지 포함해서 평가해야 한다는 것이다.

다구찌는 '품질이란 제품이 출하된 후 사회에 끼치는 손실이다'라고 정의하기도 했다.

구체적인 손실의 내용은, 첫째는 제품 기능의 산포에 의한 손실이고, 둘째는 폐해 항목(사용비용도 포함)에 의한 손실로 나눌 수 있다. 기능 산포에 의한 손실은 제품이 생산과정에서 가지는 산포에 의하여 기본적인 성능이 떨어지는 경우다. 폐해 항목에 의한 손실은 약품의 부작용, 모터의 진동이나 소음, 수리비용 등이 된다. 품질을 돈과 손실의 개념으로 확대하여 정량화한 적설한 정의라고 볼 수 있다.

55
간섭이론

심리학에도 간섭이론이 있는데, 망각은 다른 정보와의 간섭 때문에 생긴다는 것이다. 품질, 엄격히 말해 신뢰성에서의 간섭이론은 '시스템이나 기기는 시간이 지나면서 스트레스의 영향을 받아서 강도가 하강한다'는 의미다. 스트레스는 '응력'이라고도 하는데 노화나 고장의 원인이 된다. 우리가 아는 것처럼 각종 기기에 존재하는 스트레스의 형태는 기계적 스트레스, 전기적 스트레스, 환경적 스트레스, 기타 스트레스가 있다.

✎ 스트레스-강도 모델

최초의 가동 시점, 즉 t=0 시점에서 기기나 시스템의 강도 분포는 스트레스의 분포보다 훨씬 높게 설계하기 마련이다. 그 차이를 일반적으로 '안전여유' 또는 'Margin'이라고 한다. 그런데 위에서 언급한 바와 같이 기기나 시스템은 시간이 경과하면서 스트레스의 영향으로 강도의 분포가 점차로 하강하기 시작한다. 지속적으로 하강하게 되면 강도의 분포는 스트레스의 분포와 겹치게 되는데,

신뢰성공학에서는 이를 '간섭'이라고 한다. 그리고 이 간섭의 폭이 바로 '고장'인 것이다.

이렇게 기기나 시스템이 시간이 경과하면서 스트레스의 영향으로 강도 분포가 하강함으로써 안전여유의 폭이 사라지거나 고장으로 전이되는 것을 스트레스-강도 모델이라고 한다.

인간사회뿐 아니라 기기나 시스템에서도 스트레스가 문제다. 기기나 시스템에 가해지는 스트레스에 대해 우리는 어떤 대처를 함으로써 기기나 시스템의 간섭효과를 사전에 예방할 수 있을까?

먼저, 설계 또는 재료를 선정할 때 강도에 안전상의 적절한 여유 (안전계수)를 고려하여 반영해야 한다. 제품특성에 따라 다르지만 안전계수를 부하의 최소 2~3배 여유를 두고 계산해야 하는 경우도 있다.

또한 운전 중 구조적 문제에 기인하는 마찰, 진동 등에 의한 스트레스를 예방하는 품질 활동을 통해 원천적으로 스트레스의 크기를 줄이고 고장으로의 전이를 예방해야 한다. 즉, 강도는 높이고, 스트레스는 낮추거나 제거해서 방법을 강구해야 하는 것이다.

설계 시 채용한 정격(Rating)보다 낮은 스트레스가 걸리도록 함으로써 고장률을 감축시켜야 한다. 이 방법을 디레이팅(Derating)이라고 하며 전자부품 생산 등에 많이 채용하고 있다.

우리말로 '감률설계'라고 말하는 디레이팅 설계란 쉽게 말하면

100%의 힘을 낼 수 있는 기기에 90%의 부하만 걸리도록 함으로써 기기를 오랜 기간 고장 없이 사용하게 하는 설계 방법이다. 전자부품에서는 사용할 때의 온도를 10도 낮추면 수명이 2배가 된다는 '10도 법칙'이 있다. 이처럼 소비전력을 낮추어 발생할 수 있는 열을 낮추는 디레이팅 방법의 확립이 중요하다.

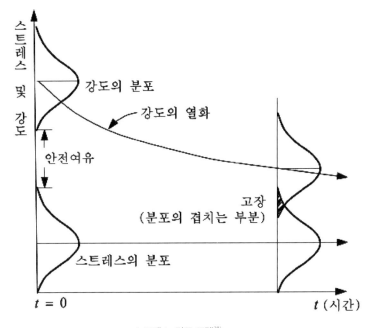

스트레스-강도 모델[38]

---

38) https://blog.naver.com/qkrdydtjq80/80062574341

강도-스트레스 모델에서의 신뢰도는 'P(강도-스트레스)>0'을 구하는 것이다. 일종의 품질철학서에 해당하는 본서에서 수학적 모델을 제시하는 것을 이해해주기 바란다. 특정 시점에서 강도가 스트레스를 초과할 확률이 신뢰도다.

이때 신뢰도의 평균분포는 당연히 '강도 평균-스트레스 평균'일 것이다. 그런데 신뢰도의 표준편차(분산)의 분포는 분산의 가성성에 의해 각각의 제곱에 로트근을 구하는 것이다. 이때 중요한 것은 설계를 할 때 평균치뿐만 아니라 변동까지 고려해서 안전율을 구해야 하는 것이다.

$$P(강도-스트레스) > 0 = \frac{P[Z>(강도-스트레스)]}{\sqrt{강도^2+스트레스^2}}$$

56
품질관리 소집단 활동(QC Circle)

품질관리 소집단 활동이란 일본의 이사카와 박사가 창안한 활동으로 유사 업무를 수행하는 사람들로 소집단을 구성하여 자신들의 업무 영역에 산재하는 품질문제를 자주적으로 개선하는 활동이다. 여기서 중요한 것은 '자주적으로'의 개념인데, 소집단 활동에 있어서의 '자주적'의 의미는 소집단 활동의 방법이기도 하지만, 그 자체가 목적이라고 해도 될 만큼 중요하다. 즉, 올바른 소집단 활동은 누가 시켜서 하는 것이 아니라 소집단 구성원들 스스로의 의지로 하는 것이다. 또한 활동 과정을 통해 서로 소통하고 협력하며, 문제와 개선에 대한 의미를 인식하게 하는 것이다. 소집단 활동은 금전적인 유형효과를 내는 것도 중요하지만 무형적으로 얻게 되는 효과도 유형 효과 못지않게 중요하다.

각자가 근무하는 현장이 조금이라도 일하기 좋은 곳이 되도록 소집단 구성원 스스로가 과제를 선정하고, 문제를 해결하기 위한 활동계획을 수립하고, 스스로 실행하는 것이다. 앞서 이야기한 '자주적'이라는 말을 좀 더 해부해서 깊이 생각해보면 그 속에는 세 가지의 의미가 함축되어 있는데, 그것은 자발성·자율성·주체성이다.

◀ 품질관리 소집단이 필요한 이유

생산 현장에는 그곳에 종사하는 사람들만이 알 수 있는 문제점들이 숨어있다. 이것들은 많은 경우 사소한 문제들이지만, 그렇다고 이것을 개선하지 않고 놔두면 언젠가는 공정트러블과 중대 품질 사고로 이어질 수 있는 문제다. 사소한 문제가 큰 문제로 발전하거나, 여러 개의 사소한 문제가 모여서 큰 문제를 일으키는 경우가 많다. 예방적 활동이란 문제의 크기나 파급력이 아직 미미한 상태일 때 미리 조치하고 해결하는 활동이며, 이런 활동이 일상화된 기업은 대부분 품질 성과가 높은 기업이다.

기업에 있어서 품질개선은 크게 두 개의 차원이 존재한다.
하나는 'Innovation' 또는 'Reengineering'이라고 할 수 있는 혁

신 수준의 대개선(大改善)이다. 이것은 근본부터 변화하기 위한 활동이며, 품질에 있어서는 아직 해결하지 못한 중대·고질적인 문제를 해결하는 것이다. 이것은 주로 경영진이나 관리자의 의지와 방침에 따라 간부급 사원들이 소위 Top Down 성격의 활동으로 진행하는 것이 일반적이다.

다른 하나는 일명 'Kaizen'이라고 부르는 것으로 개선의 효과는 작지만 연속적인 변화를 일으키는 지속적 개선이다. 이것은 품질개선을 체질화하고, 지속적 개선을 기업의 문화로 정착시키기 위한 '전원 참가형 활동'이다. 이것은 일선 현장 사원들이 주축이 되어 그들이 안고 있는 문제를 스스로 도출하여 해결하는 소위 Bottom Up 성격으로 추진하는 소개선(小改善) 활동이다.

이상의 둘은 모두 다 중요하다. 후자가 활성화된 현장은 지속적 개선의 성과도 왕성하지만, 전자인 혁신 차원의 변화가 현장에 잘 뿌리내릴 수 있도록 기반과 환경을 조성해 주는 역할도 한다.

소집단 활동을 통해 기대하는 또 다른 효과는 사원들의 애사심과 긍정적 마인드 함양이다. 오히려 이것이 가장 큰 효과라고 말하는 이들도 많다. 기업의 현장 조직에는 성취욕구 또는 개선의지가 강한 직원들이 있다. 이들이 자유롭게 활동할 수 있는 무대, 그것이 바로 소집단 활동인 것이다.

또한 소집단 활동은 개인의 개선역량을 높여주는 효과가 있다. 사람의 수준이 곧 그 기업의 수준이다. 제조 현장의 기능직 사원들 중에도 간부사원들을 능가하는 문제 해결 전문가들이 있다. 이들은 바로 지식근로자인 것이다.

지식근로자는 개선에 강한 인재이며, 개선이 현장에 안착되도록 하는 토양과 같은 인재다.

마지막으로 회사의 명랑한 분위기 형성에 도움을 준다. 오래 전의 일이긴 하지만, K타이어 곡성공장은 사내 소집단 경진대회에 가족들을 초청하여 실시한 적이 있다. 이렇게 함으로써 애사심을 높이고 개선에 대한 동기를 부여하는 좋은 효과를 거두었다.

❮ 품질관리 소집단 문제 해결 프로세스

여러 설(說)이 있지만, 다음과 같이 11단계 품질관리 소집단 문제 해결 프로세스가 가장 일반적이다. 테마 당 활동 기간은 3개월로 운영하는 것이 합리적이지만 테마의 난이도에 따라 1~6개월 등으로 탄력적으로 운영하는 것도 좋으며, 단순하게 해결할 수 있는 조치 중심의 테마는 2~3주 만에 마무리하는 것이 좋다. 테마 선택과 활동 기간 결정은 소집단 스스로에게 맡기고 스스로 결정하게 하는 것을 장려한다. 특히 소집단 활동을 도입한 초기에는 더더욱 그렇다.

활동단계	세부 활동내역	표준 진도
테마선정	• 테마의 표현은 수단+목적으로 표현 예) ○○○○ 개선을 통한 ○○○ 치수미달 방지 • 테마선정을 위한 적합성 검토 실시	
활동계획 수립	• 전체적 활동 기간을 정하고 주간단위로 세분화함 • 각 단계의 주담당자를 선정하여 책임감을 고취함	1.0 개월
현상파악	• 현재의 상태가 어느 정도인가를 파악하고, 어느 공정 또는 어느 설비에 문제점이 있는지 등을 중점 파악 • 각종 그래프 등을 활용해 불량항목, 생산수, LOSS율 등 파악	
원인분석	• 특성요인도(연관도 등)를 작성함 • 브레인스토밍 방식에 의한 토의가 효과적임 • 조치를 취할 수 있는 데까지 세부적으로(3,4,5차까지 발생 요인) 분석함 → 원인분석의 깊이만큼 대책 결과(효과)가 나옴	
목표설정	• 확실한 근거에 의해 목표를 설정함 • 해당 소집단의 능력에 맞게 목표를 설정함 • 목표는 반드시 수치화하여 나타냄	1.5 개월
대책수립	• 목표(기본목적)를 달성할 수 있는 대책전개형 계통도를 작성하여 효과적 방법을 찾고 대책안을 평가한 후 결정함	
대책실시	• 개선계획에 대해서는 필히 사전승인을 취득해야 함 (회의록 작성 시 필히 세부사항 표시) • 회의록 작성 시 반드시 개선 전, 후의 상황을 비교	

효과파악	• 유형효과는 금액으로 표시하고, 연간 효과를 산출함 • 무형효과는 팀워크, 모랄, 환경개선, 문제 해결능력 향상 등의 기대효과를 파악함	
표준화 사후관리	• 개선된 내용은 반드시 표준화할 것 (회사표준 제•개정 및 표준공수 개정 등) • 표준화 사항을 영속적으로 관리하기 위해 그래프 및 관리도를 사용하여 재발방지에 만전을 기할 것	0.5 개월
반성, 향후계획	• 테마 완료 후 전 멤버와 지도사원이 참석하여 반성회 실시 • 활동의 저조 또는 양호했던 점을 반성함 • 타 팀(또는 타 공정)과의 협조관계 등을 반성함 • 회합의 열성도, 멤버 간의 화합도에 대해 반성함	

❮ 품질관리 소집단 활동 활성화 방안

소집단 활동을 바라보는 경영자나 관리자의 자세는 칭찬과 격려가 기본이 되어야 한다. 너무 성급하게 성과를 기대하는 것은 경계해야 한다.

회합은 당연히 정규 업무시간 중에 실시하도록 보장해 주어야 한다. 작업 시간 중 시간을 내기 어려운 공정의 경우 연장 근로시간으로 인정해 주어야 한다. 소집단 구성원을 대상으로 문제 해결 기법에 대한 교육도 지속적으로 하는 것이 소집단 활동 성공의 열쇠가 된다.

사내경진대회 등을 통한 보상 및 격려는 '고래도 춤추게 하는' 놀라운 효과가 있다는 것을 꼭 기억해야 한다. 우수활동 사원에 대해서는 이른바 '스타 만들기'를 함으로써 적극 참여 인원 층을 지속적으로 확대하는 것도 소집단 활성화의 중요한 요인이 된다. 어느 조직에서나 방관적인 사람은 있지만, 그들을 얼마나 적극 참여 층으로 옮겨 놓느냐 하는 것은 회사의 관심과 노력에 달렸다. 기능직 사원 중 소집단 활동에 적극적이고 개선 마인드가 우수한 사람들을 선정하여 국가 품질 명장 또는 사내 품질 명장으로 추천하여 소집단뿐 아니라 사내 강사 또는 혁신 사관으로 육성하는 것도 개선에 강한 현장을 만드는 방법 중 하나라고 생각한다.

참고
문헌

· 『품질경영론』, 박영택, KSAM, 2018

· 『품질이야기』, 이상복, 이레테크, 2012

· 『품질경영론』, 박해근 외 공저, 형설출판사, 2016

· 『품질경영시스템을 위한 24가지 포인트』, 박지혁, KSAM, 2017

· 『품질경영테크닉 75』, 우치다 오사무, 비즈니스맵, 2018

· 『관리자, 경영자가 알아야 하는 품질경영의 핵심』, 양인모, 민영사, 2014

· 『품질의 맥』, 지경철, 북랩, 2018

· 『품질경영ABC』, 윤덕균, 민영사, 2007

· 『작업 실수 방지』, 나고야 QS 연구회, KSAM, 2002

· 『GMS는 린 생산 지수를 높이는가?』, 정승국, 한국고용노사관계학회, 2018

· 『넛지』, 리처드 탈러 외, 리더스북, 2018

· 『품질문화와 리더십』, 이재관 외, 피어슨, 2013

· 『품질의 차원』, 김연성, KSAM, 2020